严光辉————

著

狂儒怪杰

辜鸿铭

Kuang Ru Guai Jie
Ku Hongming

团结出版社
UNITY PRESS

图书在版编目（ＣＩＰ）数据

狂儒怪杰辜鸿铭 / 严光辉著 . -- 北京：团结出版
社 , 2020.1（2022.9 重印）
ISBN 978-7-5126-7339-7

Ⅰ . ①狂… Ⅱ . ①严… Ⅲ . ①辜鸿铭（1856-1928）
－传记 Ⅳ . ① K825.4

中国版本图书馆 CIP 数据核字 (2019) 第 192491 号

出　　版：团结出版社
　　　　　（北京市东城区东皇城根南街 84 号　邮编：100006）
电　　话：（010）65228880　65244790（出版社）
　　　　　（010）65238766　85113874　65133603（发行部）
　　　　　（010）65133603（邮购）
网　　址：http://www.tjpress.com
E-mail：zb65244790@vip.163.com
　　　　　tjcbsfxb@163.com（发行部邮购）
经　　销：全国新华书店
印　　装：三河市东方印刷有限公司

开　　本：160mm×230mm　　16 开
印　　张：20.25
字　　数：286 千字
版　　次：2020 年 1 月　第 1 版
印　　次：2022 年 9 月　第 2 次印刷

书　　号：978-7-5126-7339-7
定　　价：59.80 元
　　　　　（版权所属，盗版必究）

辜鸿铭签名照

年轻时的辜鸿铭

前排左为泰戈尔，右为辜鸿铭

严复画像

左为淑姑，中为辜鸿铭之女，右为辜鸿铭

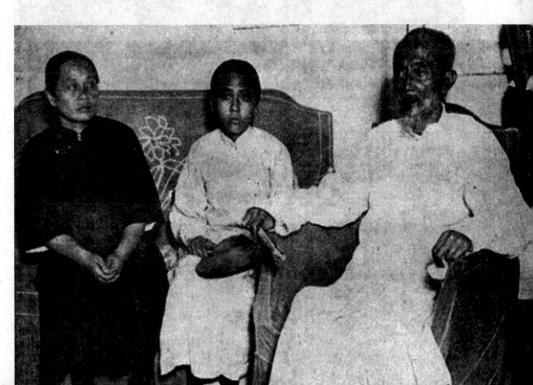

前排右一为臭名昭著的瓦德西元帅

前言：20 世纪初世界上
影响最大的中国人

"到中国可以不看紫禁城，到北京可以不看三大殿，却不可不看辜鸿铭。"

20 世纪初，来华访问、游历的政治家、作家、诗人、记者……都如此声称，以一见辜鸿铭为荣。让我们稍微一瞥辜鸿铭的会客室以及与他交往的名人吧——

1891 年，俄国皇储来华，赠他镂皇冠之金表。

1898 年，日本首相伊藤博文晤访。

1906 年，与托尔斯泰书信往来。

1920 年，英国著名作家毛姆来访。

1921 年，日本著名作家芥川龙之介来访。

1924 年，与印度诗人泰戈尔晤谈。

无缘相见的印度伟人圣雄甘地称他为"最尊贵的中国人"。

那些西洋人，不远万里，扛着枪，载着炮，坐上轮船，打到中国来，进出圆明园、霸占紫禁城……啥都见过了，土地、金钱、古董、珍宝……捞了不少，竟然又兴致盎然、风尘仆仆地来看一位中国人——辜鸿铭。

辜鸿铭，到底是何方神圣？！

辜鸿铭自己有个形象的说法，称自己："生在南洋，学在西洋，婚在东洋，仕在北洋。"标准的一个东西南北人。并且声称自己之所以姓辜，因为始祖是罪犯，但却不足为羞，数典忘祖，才真可耻。

辜鸿铭，字汤生，号立诚、汉滨读易者、读易老人、冬烘先生，又自称慵人。

生于南洋马来亚的槟榔屿，求学英国、德国、法国，在西洋世界修得一身本领，精通英、法、德、拉丁、希腊等语言，深知西洋人的老底。西洋人的世界早已被金钱装扮得华丽无比，用金钱和枪炮撑起一个巨人的形象——

1492 年，哥伦布发现美洲。

1649 年，温文尔雅的英国人把国王挂到了绞架上。

1776 年，美国人弄了部《独立宣言》。

1793 年，法国人毫不客气地砍了国王的头。

欧洲人，以其特有的工业文明，注定要席卷全球，哥伦布的航船开创了一个世界性的历程。金钱、金钱，已经成了前所未有的文明标志，欧洲人驶出剑与火的战舰，载回沾满血污的黄金、白银、珍珠、玛瑙……财富，使整个欧洲都为之疯狂。金钱，使所有的欧洲人都铆足了劲。金钱正以它不同凡响的魅力，开创一个全新的世界，兴高采烈的人们就是在这种心境下全力冲刺。

人类以它自有的节奏赶到了 19 世纪，19 世纪的世界已开始试图消化这堆让人胃疼的成就……

柏克、科贝特、卡莱尔、纽曼大主教、阿诺德、托克维尔……怀疑地看着热情的鼓吹者、新世界的预言家卢梭、伏尔泰、狄德罗们充满激情的赞美，冷冷地审视着西洋人的世界。

金钱，更美妙、更精致、更诱人的杀人武器，赤裸的征服和榨取……

辜鸿铭在欧洲学习时，正好就赶上了这样一个时代，他的师长卡莱尔批判的激情深深吸引了他。他看到这些茫然的哲人们，正忙着寻求解救世界的良方。特别是他以一个中国人的面孔出现在当时的英国爱丁堡，成了当地自负的英国人的沙文主义嘲弄的对象，这使他更倾向于咀嚼西洋世界的毛病，以医治自己的创痛。

浸染了欧洲文明的辜鸿铭，戴着一副西洋镜，回到他从未见过的祖国，又开始研习中国经典。他难忘父亲的谆谆嘱咐：

"不论你的身边，是些英国人、德国人，还是法国人，你千万不要忘了你是中国人。"

古老的中国早已幻化成一个伟大的象征，侵扰着他的灵魂。西欧批判的浪潮，让辜鸿铭觉得西方文明不过尔尔；他的自豪感，深深的乡土情结，神话般的儒家治世，使他深信，中国文明正是拯救欧洲世界的良方。他自己则正是向世界，特别是向欧洲人宣扬东方精神的当之无愧的代言人。

他，要拯救世界。

精心准备的辜鸿铭回到中国后，立誓要做个纯粹的中国人，担负起教化西洋人的职责。

辜鸿铭有幸进入大清封疆大吏张之洞的幕府，这一干就是二十年。在辜鸿铭看来，这是一场悲壮的使中国文化大放异彩的清流运动。

同时，辜鸿铭选中了中国的经典《论语》《中庸》等，以自己对欧洲文明的精深理解，以适合欧洲人的胃口翻译过去，正好挠着了欧洲人的痒处。神秘的中华帝国借他的笔在欧洲人寻求"他山之石"的迷茫中，填补了空白。他以一种救世主的姿态批判西方，以预言家的口气为西洋人指出了一个美好的救世方略，使西洋人推崇备至；而他的文化背景，正好适合他斥责西方人对中国知识的浅薄。

在这个世界上，在西洋人的眼中，辜鸿铭俨然成了积弱挨打的伟大中华文明的发言人。

伟大的想象与挨打的现实总是使辜鸿铭对西方人既刻薄又矛盾，他要替中国人扬眉吐气，用他在西洋世界练就的一身"金脸罩铁嘴皮"的功夫，对西洋人的毛病大加挞伐，毫不嘴软，用英文骂英国人"博大而不精深"，用德文嘲笑德国人"精深而不博大"，在美国报纸上说美国人"没有文化"……

特别是经过了第一次世界大战，在战火的硝烟中死伤惨重的西洋人，听到辜鸿铭的呵斥，无异于当头一棒，如悟妙道，顿时佩服得五体投地。

访华的西洋作家、记者、诗人、政治家……以及在华的欧美侨民，纷纷登门造访，听他讲英国人的"流氓精神"、德国人的"军国主义"、中华文明的"博大精深"。

在西洋人的眼里，辜鸿铭恰如他自己所希望的，成了中华文明的代言人，同印度的泰戈尔、日本的冈仓一起被奉为"东方三圣哲"。

"一战"后，最有哲学头脑的德国人，把辜鸿铭的著作列为哲学必备读物。哥廷根大学的一位哲学教授纳尔逊先生如此告诫他的学生：

"我读辜鸿铭的书，至今已十多次了，多读一次，即更有所得一次。大凡一本书，倘若它的价值仅值得读一次，那么它的价值必定不值得读一次，我希望你再读一次，你的见解或许与现在不同。"

更有甚者，一位教授声称，假如他的学生不懂辜鸿铭，就不让他参加讨论。

西洋人开始还不相信辜鸿铭的预言——"一战"中的德国必败。德国，现在果然战败了，西洋人心服口服，碰到有争议不决的难题时，就提议找辜鸿铭去。

辜鸿铭在中国人中则要寂寞得多。当他最活跃的时候，做了二十年幕僚，几年外交官，不过是个小人物。他的声名不出张之洞、刘坤一幕府。即使他后来名噪中国，站在北大讲坛上，拖着长辫子，讲授英文诗，在国人的眼里，他的名声多半来自于怪，最多不过是个怪人罢了。张勋复辟委任他为外务部官员，陈独秀、蔡元培、胡适等纷纷点名，指其为东西文化论战的靶子、复辟论的代表，纷纷抡起大棒，劈头盖脸地砸过去，一战就是两年，在辜鸿铭身上贴了一层厚厚的标签，仿佛他已是一件过时的文物，远古时代凝固的印迹，本应是博物馆中的陈列品，一个走错了时空的古人，总归不出一个"怪"字。

在国人的眼里，辜鸿铭的怪名声，多半还由于他天生的狂态，以及酷嗜小足，娶妾，逛妓院，穿长袍马褂，头上一顶平顶红结黑缎瓜皮小帽，用红丝线夹在头发里细细编成的色彩斑斓的长辫子，以及他的骂人、骂世。

他得的怪名正可以和他在西洋人中间圣哲的名声相比。

真正知道辜鸿铭的人太少了。国人几乎很少知道他说了些什么，他活着的时候就已经是神话和传说。与圣雄甘地称他为"最尊贵的中国人"相比，他在中国仅仅得了几位留洋学生贩回来的尊敬。唐绍仪甚至为他未获"国葬"鸣不平，孙中山把他列为中国精通英文的"三个半"之一。

一生获 13 个博士学位，操 9 种语言，足迹遍天下，学问贯中西的辜鸿铭，似乎注定只能在西洋人中间走红、在中国人中间寂寞？

辜鸿铭活着时，就已经被演绎成传说中的人物了。

辜鸿铭对东方古国文明的痴迷、对现代西方资本主义文明的深刻剖析，无不表现了他对东西方文化的透彻理解，以及他急于凭自己的见识、睿智来为这个世界把脉，继而"悬壶济世"的雄心。

但是，他往往又把文明的残渣当作进补汤药端将出来，就免不了为有识之士所诟病、所挞伐了。

目　录

上篇　东西南北人

生在南洋，学在西洋

婚在东洋，仕在北洋①

---

① 辜鸿铭称，想刻一枚图章，同康有为的"周游三十六国"比一比。他要刻上："生在南洋，学在西洋，婚在东洋，仕在北洋。"其中"婚在东洋"有点勉强，有记载说吉田贞子是辜的如夫人；"仕在北洋"呢，也是有点凑合的意思，辜鸿铭认为李鸿章才是"北洋派"。

▲混血儿的诞生：中国父亲，西洋母亲。

▲英殖民地马来亚患了流行病，那些英国公务员和橡胶园主苦心想营造出另一个英国来，待在无野兽可猎的狩猎俱乐部里，喝威士忌，私奔，通奸。

▲生活在马来亚槟榔屿的少年辜鸿铭，流着中国人的血，看到的是土著和华侨的屈辱，西洋人的横行。

▲他的父亲辜紫云，总是帮助他确定一个信念："我是中国人。"

一 生在南洋

清咸丰七年闰五月二十七日

公元 1857 年 7 月 18 日

南洋马来半岛西北侧的槟榔屿，尼蒙橡胶园

本就燥热难当，地处热带的槟榔屿，更是沉闷难忍

火辣辣的太阳当空直射，仿佛要把这个橡胶园烤熟、熔化

整个橡胶园的活力，正在一分一分地被蒸发掉……

午时，橡胶园内响起阵阵孕妇临盆的痛苦呻吟，夹杂着西洋语言的呻吟仿佛正在将生命从呼喊中一丝丝耗尽，又仿佛是要将生命的活力注入新生儿的体内。

整个橡胶园乱了套。早就派人去请的接生婆姗姗来迟，不用说，接生婆见到的是位金发碧眼的孕妇，早已在床上痛得筋疲力尽，挣扎的力气似乎都没有了。接生婆的到来使整个橡胶园顿时似乎又有了秩序，只有满怀焦虑的丈夫——辜紫云，这个橡胶园的总管家，焦虑不安地在卧房外走

过来又走过去，一会儿为妻子担心，一会儿为婴儿着急，虽然他们已经有了一个儿子，焦虑之心却丝毫不减。况且，今年是闰五月，在中国人的心目中，闰月年多半总是不祥的，唉，不早不迟，偏在今年而且又是在闰五月中生孩子，但愿母子平安才好，辜紫云心中暗暗祷告。橡胶园主、英国人布朗先生陪着他，试图让他放松绷紧的神经，却也是枉然。

"哇……"新生儿一声长长的啼哭，终于结束了母亲长长的呻吟。接生婆推门出来，对辜紫云说："恭喜，恭喜，是个男孩，母子平安。"

满怀焦虑的辜紫云，终于长长地松了口气，紧绷的神经松弛下来，忙着前去安慰爱妻——一位葡萄牙女子，只见产后的爱妻虚弱地躺在床上，金黄色的头发浸泡在汗水中，秀美的五官充满着母性的慈爱，蓝色的眸子里的祥光笼罩着初生的婴儿，充满青春活力的她，整个身心都放在了婴儿身上。

随着这一声啼哭，整个橡胶园沉闷、酷热的空气，又活跃起来。午后，海风吹来阵阵清新的空气，正在蒸发掉的活力，又回到橡胶园。顿时，尼蒙橡胶园又生气勃勃，金黄色的阳光不再那么暴燥，热带浓湿的空气杂着太阳的热浪，给绿色的树冠镀上了一层金色的光圈，鸟儿们在翠绿浓荫的树隙，伴着阵阵风声，鸣唱起来……

手忙脚乱的辜紫云，一阵忙碌之后，心思宁定下来，急忙拿出家谱，按照传统的谱序，小心翼翼、一丝不苟地在辜紫云的名下、长子辜鸿德的后面，添上一个新的名字——辜鸿铭。

辜紫云的一家子，完完全全是一个有代表性的东西方联合体。辜紫云，祖籍福建同安，标准的中国人，黑头发，黄皮肤，黑眼珠，操一口流利的闽南话，还能讲英语、马来语。辜紫云的妻子，标准的西方人，金发碧眼，一口流利的葡语、英语。长子，辜鸿德；次子，辜鸿铭。两个儿子，长得一副混血儿模样，黑色的头发微微泛黄，黑色的眼睛泛着蓝光，皮肤白皙。

这一家子，生活在马来半岛西北侧的海岛——槟榔屿上。

槟榔屿，位于北纬5°24′，东经100°—105°，面积280平方公里，终年阳光普照。潮湿的海风带着浓绿的种子播遍每一个角落，苍翠欲滴的森林漫山遍野。在浓醉的空气中，极易滋生欲望、安乐和满足，仿佛又是一架沉闷而静止的时钟，永远停留在令人躁动而又倦怠的正午时刻。

这个岛上的居民半数以上是华侨，他们主要来自中国南部的福建、广东、海南等地。他们把中国的主流信仰——儒佛道原样带到这里，在这个岛上的居民仍非常强调家族团结，甚至还有一个祭奠福建陈姓的陈氏颍川堂。

这个岛上，遍布着高大的橡胶树，岛周海湾散布着漂亮的白沙滩，海上是川流不息地进出马六甲海峡的帆船。片片白帆晃动，绿色的槟榔屿堪称"东方的珍珠"。岛上的极乐寺是一座完全中国式的寺院，成了该岛特别的象征。

英国人早就看上了这块宝地，这块地处马六甲海峡入口的小岛，让英国人垂涎欲滴。

1780 年，天朝正在十全老人乾隆皇帝御下山呼万岁，做着美妙的梦，四面的藩属国派出使臣，来到老人的御前，呈上贡品，表示一番忠顺之心，然后带着老人丰厚的赏赐，又顺着一直管吃喝拉撒衣食住行的来路，一路观光，脑中装满了天朝的辉煌，回国去了。

1780 年，英国人的战船在掠夺了无数地方后，又来到了槟榔屿。英国船长赖特打着英国国旗，带着东印度公司的伙计们前来探查富庶的马六甲海峡基地，找到了这个岛上，大英帝国的疆界就理所当然地划到了这里，槟榔屿成了名正言顺的"威尔斯王子岛"。

辜家是在辜鸿铭的曾祖父辜礼欢时开始从福建同安出发闯南洋，辗转来到槟榔屿。辜礼欢被赖特委任为殖民政府的首脑，获得了巨额的财富、显赫的声誉，并且协助赖特将这座岛屿开发为繁荣的港市。当他 1826 年逝世时，遗下八子三女、丰厚的财物和显赫的名望。

辜鸿铭的祖父辜龙池，在槟榔屿的英国殖民政府部门供职，干得非常出色。

辜鸿铭的父亲辜紫云，在英国人布朗先生的尼蒙橡胶园中担任总管，他的忠诚勤恳、精明能干、认真负责，赢得布朗夫妇的信任，交谊很深。无子女的布朗夫妇，就是辜紫云第二个儿子——辜鸿铭的义父义母，就是他们日后帮助辜鸿铭练就了一种具有透视能力的眼光。

这时的马来亚，早已是英国无数海外殖民地之一，而辜家成员都在英国人的世界里干得不错。这个家族的基因里，似乎饱含了敏锐、冲动和激情，以及审时度势的能力。辜礼欢的子孙们好像都有着躁动不安的灵魂、开拓的勇气、四处漂泊的癖好，同洋人打交道，已经是熟门熟路，他们似乎都很了解洋人，看透了洋人的花招。日后，辜鸿铭更是将此特点发挥到极致。

这里的华人大多以捕鱼、开掘锡矿和种植橡胶为业。精明的殖民主义者，总是在有着利害冲突的华人社会中利用一方打击另一方，玩弄手腕。

少年时代，辜鸿铭就是在这样的地方、这样的氛围中度过的。在他懵懂的儿童时代，他父亲经常领他到供奉着祖先牌位的大案前，按时祭拜，案上总是摆着水果、牺牲，祭拜时总是献上水酒一杯，其父首先恭恭敬敬地点上香，然后让鸿德、鸿铭哥儿俩跪到地上，叩下头去，再接受父亲的告诫：

"我们的祖国在遥远的地方，不论我们身在何处，千万别忘了那里是我们祖先的家园。"

年幼的辜鸿铭总是用迷惑的眼睛盯着案上的牌位，对于他来说，这是太严肃、太深奥的问题，远比不上树上的鸟儿、水中的游鱼、沙滩上细沙堆成的转瞬即毁的堡垒有趣。对他来说，祖国，太遥远了，甚至比天上的星星还要遥远。星星虽然微渺，倒还能看见。

在他敏锐的心灵里，留下的总是南洋华人的卑下，什么都是白人说了算。对此，他的父亲却不能给他答案。在母亲和布朗先生的口中，世界又是别一番模样，更广阔，更具吸引力。颇有学问的母亲，对他的好奇心总是尽量满足，使他小小的脑袋瓜里充满了东方的神秘和西洋的瑰丽。

也许是那个遥远的祖国之梦太神秘了，日后，在西洋世界丰满了羽翼的辜鸿铭，渴望着追逐这一漂亮的梦幻。

对于少年时代的辜鸿铭来说，除了孩子们喜欢的一切游戏外，布朗先生的书房对于他来说，充满了神秘的吸引力。他总是一个人躲到里面，似解非解、参禅似地阅读。通过阅读，他知道了莎士比亚、培根、弥尔顿……然而，在这个深思明辨的知识海洋里，他能理解的太少了，幸好有布朗先生的帮助。

不过，英国人从颇为严寒的地方来到这片酷热茂密的热带丛林，总是把这里弄成一个古怪的殖民地。他们试图在赤道四周营造出一个英格兰。他们把英国佬的生活方式也带到这个热带地方来了：午餐时穿上燕尾服；英王的生日也要隆重游行庆祝；人们穿着紧绷绷的白裤子和束腰半长外衣，钉着镀金扣子，脚蹬黑色高筒靴，戴着钢盔帽。百无聊赖、无所事事的英国绅士总是兴致很高、信心十足，甚至还建起了狩猎俱乐部，带来的英国猎犬却受不了这种闷热天气，终日待在俱乐部里，陪着主人喝威士忌。这个地方，实在没什么可猎，也猎不了，俱乐部却照开着。

30 余年以后，法国伟大的印象派画家高更，来到南太平洋酷热的小岛上，拿起他的油彩和画笔，画下了肥硕、烦躁和宁静得窒息却又温馨的南洋世界，恰如他画中那幅《死神》，一个皮肤黝黑的少女，丰腴、强健，斜躺在沉静、麻木的正午床上……在他笔下的世界里，仿佛一切都没有声音，一切都很和谐，一切都容易滋长。

20 世纪初，英国大作家毛姆来到辜鸿铭出生的小岛时，他正好看到那些百无聊赖的绅士们在俱乐部中喝威士忌。在这里，英国出版的《泰晤士报》要六个星期以后才能看到。他发觉，这些英国人试图在这里重建一个英格兰，他们错了。搜罗逸闻的毛姆看到，在这片热气逼人、狂躁不安而又寂寞无趣的地方，他们是太寂寞了。正儿八经的英国夫妇一到这里定居，就不正经起来，通奸、私奔比比皆是；立法委员到处拈花惹草；男爵带着中国富商的妹妹私奔；而一对法国兄妹在这里闹出乱伦的案件来。不过，他强调，大多数人都是普通的人，满足于他们的生活，他们是善良的、正直的、正常的人。

1869 年，布朗夫妇思谋着返回故乡苏格兰，虽然槟榔屿的生活在许多方面比英国更好，但久离了故乡的人，总觉得故乡更美，何况两人有些腻歪这里的生活和气候了。另外，布朗先生还有个想法，就是带聪颖的义子辜鸿铭同去苏格兰，对这孩子好好培养一番。于是，他们把这一决定告诉了辜紫云：

"我们夫妻二人决定回英国去，我们希望你能答应我们，帮助照料这个橡胶园。另外，我们准备带鸿铭一起走，希望你能同意。"

辜紫云闻言，喜不自胜，他深知现在的英国早已不再是蛮夷之邦，而是力量、信心和威严的象征，财富和地位的保证。他对这样的安排毫无异议，假如能在西洋人那里学得一身本领，那对他儿子的前途一定会有不小的帮助，当即点头应允，说：

"布朗先生，你对我们全家的照拂，已让我们感激不尽。现在，又要将犬子带在身边，实在让我不知说什么好。有你的照拂，我是百分之百地放心。只希望犬子不辜负先生的美意才好。"

布朗先生早打算好了："这你就不用担心了，我看这孩子天资不凡，在这里待下去，对他不会有太大的好处。你把他交给我，由我来负责他的教育，等到他的天资变成了实实在在的能力，学有所成，那时，我再送他回来，还给你们。"

一切谈妥，年方十三的辜鸿铭就要随义父布朗先生前往英国，开始漂泊四方的生涯了。

临行前，辜紫云在祖先的牌位前摆上供品，焚上香，让辜鸿铭拜倒在地，告诫他：

"不论你走到哪里，不论你身边是英国人、德国人，还是法国人，都不要忘了，你是中国人。"

还指着他脑后的辫子，说："有两件事我要叮嘱你，第一，你不可信耶稣教。第二，你不可剪辫子。"辜鸿铭似懂非懂，却牢记于心。

这一年，正是清同治八年，公元 1869 年。

此时，暮气沉沉的大清早已被西洋人的枪炮打得遍体鳞伤。早在 1840 年，虚弱的大清帝国就被武装精良的英国人教训了一次。

大清帝国的虚弱和自欺很快就表现出来，他们却仍然自得得很，洋人要钱，给他们；要做生意，让他们做好了，大清帝国有的是白花花的银子，拿去了，还有亿万臣民可以搜刮，大清帝国最输不起的是面子——天朝上国的面子。紫禁城的官员们每天天还没亮就盛服等在皇宫大门外，等着帝国的脑袋——皇帝醒来，一切都是那么祥和。

19 世纪的世界已远非如此容易让人入睡，让人睡得开心。美国人已经开始羽翼丰满，山姆大叔的鹰急欲高飞，加入传播资本主义文明的行列。倦怠的法国人，经过了一场大革命，拿破仑皇帝要把他的臣民们送上欧洲大舞台，同时也盯上了天朝上国的口袋，随时预备动手。俄罗斯帝国更是如狼似虎。

第一炮，英国人没有把大清帝国轰醒，却震醒了一位落魄的书生——洪秀全，掀起一场长达十余年的反抗，大清世界的内脏被搅得七零八落，纷纷错位，难以辨认，却仍在沉睡。

第二炮，英国人和法国人狼狈为奸，掀起第二次鸦片战争。天朝的官员们早已习惯于练嘴皮子功夫，两广总督叶名琛宣称："不战不走，不和不降。"后来他被英国人拿获，关到印度，客死异乡。紧接着，英法联军攻进北京城，洗劫了大清王朝的首都，毁了"万园之园"的圆明园。

▲13 岁的辜鸿铭，随布朗夫妇前往英伦，后就读于爱丁堡大学文学院。

▲公共汽车上，倒读英文报纸，嘲笑英国人："英文太简单了，不倒读简直没有意思。"

▲德国莱比锡大学，攻读土木工程，同时精研德国文史哲学。巴黎求西学真谛。

▲语言天才：精通英、法、德、拉丁、希腊、马来亚等语种，福建方言和北京话也成了他的主要语言。能够熟练地运用九种语言。

▲孙中山曾说："中国精通英文的，只有三个半。其一辜鸿铭，其二伍朝枢，其三陈友仁。"还有半个他不肯说，有人猜说王宠惠才算半个。

二 学在西洋

清同治八年

公元 1869 年

苏格兰故都，爱丁堡

从沉闷燥热、滋生欲望的南洋小岛——槟榔屿，这个世界的角落，经过辽阔的海洋、漫长的旅途，奔腾的浪涛把辜鸿铭送到了"世界上最强大的国家"——日不落帝国的心脏——英伦三岛，这里是世界金融的中心，资本主义世界的头牌帝国。

呈现在辜鸿铭眼前的是一个欣欣向荣、繁荣昌盛、充满信心和自负的国度，弥尔顿、培根、休谟、莎士比亚、卡莱尔、马克思……在这里思考过；这里是他母亲血液中流动的金色的文明世界，比起他义父书房里的世界来，是更彻头彻尾、真真实实的大英帝国。

英帝国的战舰已游遍了全世界，大英博物馆里装满了来自世界各地的文物。整个英国被巨额的财富养得脑满肠肥，而他们的脑袋也没有闲着，马克思在伦敦的图书馆里踱出一条长长的痕迹，用他手中的笔为资本主义世界录下病历；亚当·斯密、大卫·李嘉图则为资本主义世界欢呼鼓掌。英国人正在思考强大的金钱和金钱的强大，他们深知金钱的魅力，人们尊敬的是人的金钱和有钱的人。米字旗在世界上每个角落迎风招展，处于西欧大陆边缘的岛国成了世界的中心，金融家们正虎视眈眈地注视着这个世界。

金融家、资本家、政客、军人、冒险家……联合起来锻造了一把钢刀。如今，刀子已经磨得雪亮雪亮，悬在了地球的上空，刀光照到地球的每个角落。

1869 年，辜鸿铭随布朗夫妇来到布朗先生的故乡——苏格兰故都爱丁堡，在一幢古朴的建筑里安置下来。稍事休息，布朗夫妇带着辜鸿铭游览这座古老的都市。

爱丁堡位于英伦三岛的苏格兰，曾是苏格兰王国的首都。这个城市的外观总是使人想起希腊的雅典，人们喜欢称之为"北方的雅典"。从城里远望卡尔顿山，可以看到模拟帕特农神庙的多利安式石头建筑物，这原是为纪念在拿破仑战争中死难的苏格兰人而建，后因金钱不足，而只建了廊柱，更容易使人联想到雅典的帕特农神庙。

爱丁堡又被称为"欧洲最漂亮的城市"，是观光客的乐园。爱丁堡不同于一般建在河川流域的英国城市，而是坐落在几座小山丘环绕的丘陵上，中心是一座有城堡的山岩，有陡峭的断崖，深谷万丈；四周的山冈分布着点点湖沼，各式各样的建筑物，配合着山冈的起伏，创造了自然与人工合成的美妙胜景。

18 世纪的爱丁堡因缺水，无下水道设备，每到晚上，居民就把马桶伸出窗外，高叫一声"倒水啦"，随即将屎尿都倒在马路上。

到 18 世纪末在克雷格的策划下，爱丁堡经过改造，变成了一座漂亮的城市，分布着许多公园和庭园。

东西向的王子街，从市中心把爱丁堡划分为旧街市和新街市两部分，旧街市在南边，新街市在北边。

爱丁堡人才辈出，包括哲学家休谟，经济学的鼻祖亚当·斯密，小说家司各特、柯南道尔等等名人哲士。

启蒙

现在，布朗先生着手安排辜鸿铭的教育。年迈的布朗先生，对辜鸿铭的天赋毫不怀疑，寄予很大希望，他确信这孩子会不同凡响，超凡脱俗。他老了，满头银发，蓝色的眼睛充满睿智、慈爱、和蔼，穿着传统花格子呢短裙的布朗先生安排了一次谈话，布朗先生满脸肃穆的表情，对他的义子说：

"孩子，你已经看过了这座城市，了解了这座名人辈出的都市。你可知道，欧洲各国和美国都已变成了野兽。他们仗着轮船、大炮、火车等现代设备，到处杀人放火，搜刮财物，疯狂掠夺别的国家。最悲惨的要数非洲的黑人，成千上万被抓走，贩往美洲，沦为奴隶，过着牲口一样的生活。美洲的印第安人，很快就被杀得差不多了，而你的祖国——中国，正被放到砧板上，恶狠狠的侵略者正操起屠刀，预备分而食之。

"孩子，假如我有你的天赋，我甘愿做一个学者，拯救人类。我希望你学通中西、担负起富国强国的责任，教化欧洲和美洲。"

年少的辜鸿铭，一双漆黑的眸子，睁得大大的，盯着他的义父，听着他的教诲。

"因此，首先，我要教你文学，学好语言，最直截了当的办法就是背熟弥尔顿、莎士比亚、歌德写下的巨著，然后我再安排你的科学知识教育。之后，再送你到德国学习科学，到法国学习优雅的法语和世故人情。

"今天，我们就从弥尔顿的《失乐园》开始，我要你把这部伟大的诗篇倒背如流。"

布朗先生拿出弥尔顿的这部名著，递给辜鸿铭。这部书，辜鸿铭早已在布朗先生的书房看到过很多次了，现在他以惊人的速度背下去，一行一行，总共六千五百多行的无韵诗，很快就背得滚瓜烂熟。这部诗篇，辜鸿铭一生总共背了50余遍，每次稍有忘记，他就反复诵读，直到完全能背诵为止。

背熟之后，布朗先生着手给他讲解。弥尔顿，这位英国最伟大的诗人，17世纪英国革命的参加者，一生致力于抨击君主专制，对君主专制无比痛恨。在复辟的君主专制迫害下，弥尔顿穷困潦倒，诗人双目失明后，以他惊人的毅力，完成了《失乐园》《复乐园》等伟大诗篇，颂扬人世的伟业。

不屈不挠，辩才犀利，穷困潦倒，所有这些都在辜鸿铭的心中留下了深刻的印象，晚年潦倒的辜鸿铭就时常吟诵弥尔顿的句子。

接下来布朗先生把厚厚的一堆莎士比亚的作品放在辜鸿铭面前，告诉他：

"弥尔顿的精义你以后去体会，他可以让你受用一辈子，咀嚼一辈子。从现在起，我们开始学莎士比亚。学莎士比亚就不必那么费力气了，你开始背，然后我们边背边讲。莎翁著作的精义，在于通达的人情世故，这一点，你一定要边读边思考。莎士比亚的三十七本戏剧，你至少两礼拜完成一本。"

就这样，辜鸿铭埋头苦读，布朗先生随时讲解，到后来，进度加快，两礼拜可以学三本。很快，莎士比亚的戏剧就学完，背熟了，不仅背熟了，而且辜鸿铭对莎士比亚有了自己的看法：

"莎士比亚反映现实生活，是是非非，清清楚楚，一望而知。反映现实之中又充满了激情，这是一种生命的激情。莎士比亚宏大华美的妙笔，热情奔放。读莎翁，使人兴奋不已，大悲大喜，大是大非。但是我觉得让人感到太热闹了，而缺少一分深沉。"

听得布朗先生连连称赞，他说："现在，你的英文算是可以了，英文著作你可以按照自己的兴趣来看了。但是，有一部英文著作，卡莱尔的《法国革命史》，你切不可忽略，当随时拿起慢慢看。另外，为了让你把握德文，我看这里没有很好的语言环境，咱们还是再来利用这种死办法——背。我只要求你背歌德的《浮士德》。要学好德语，非把这书背熟不可。"

辜鸿铭吃惊道："我并不懂德语，怎么背？"

布朗先生更是直截了当："我说一句，你照着背一遍。"

布朗先生说什么，辜鸿铭就模拟着说，老少二人手舞足蹈，兴致盎然，等到布朗先生说一声"好了！"，二人又继续一个说，一个跟着说，说着说着，二人开怀大笑。

"但是，"辜鸿铭忽然发问，"我还是不懂这是什么意思呀？"

"没有关系，只要你说得熟，不必听得懂，听得懂再背，反而心乱了，背不熟了。等你背得一字不漏，朗朗上口时，我再讲。"

这可吓坏了辜鸿铭，他不敢应招了。

布朗先生却坚持要他背下去，说："你完全可以像念咒一样学。"

辜鸿铭愣愣地问："什么念咒？"

布朗先生解释说："有天，我见你父亲拿着一本书念，你跟着念；你父亲要你出去，你不出去，我要你父亲不要往下念，就把那一段念上十几遍，你也跟着念。第二天，我要你背你都背对了，那天，你父亲念的，我不懂，你懂不懂呢？"

"不懂。"

"还能背吗？"

"能。"

"所以，"布朗先生接着说，"只要你这么背下去，咱们再弄明白它，不就行了？！我在你这年岁，我父亲逼迫我背莎士比亚作品，勉强背了几句，次日一早起来，全忘了。后来我实在受不了，就逃到外祖父家，学习簿记，预备将来在银行、公司或其他部门找工作。我父亲气得要命，骂我没有读书的天赋。我却相信你有这个天赋，《失乐园》、莎士比亚戏剧，你不是背得很好吗？拿出信心来。"

就这样叽里哇啦、不明不白地搞了半年多，终于把一部《浮士德》夹生饭似的装进了肚皮，输入脑袋。

在安排辜鸿铭的语言教育的同时，布朗先生也对他的科学基础知识的充实毫不放松。一到苏格兰，就亲自教他数学，整整教了他半年时间。接着，又请了位老友住在家里，继续教辜鸿铭，上午数学，下午物理、化学。而且布朗先生很注重让他把握实际经验，正好布朗家有一个很好的科学实验室，既学理论，又能做试验，这些学习为以后辜鸿铭学习土木工程打下了很好的基础。

这期间，发生了一件很有趣的事。

辜鸿铭来到19世纪中期的苏格兰，头上拖着一条辫子，每次出门，街上的小孩子总是跟着他叫喊："瞧啊，支那人的猪尾巴！"

他成了自负的英国人嘲弄的对象。但因为有父训在先，他不敢剪辫子，忍受着这种屈辱，闭门读书，带着一种不平气读书。也许正是这个伤口，使他对西方人的态度极端刻薄，而对中华帝国崇拜得五体投地。日后，常有一句话挂在他的嘴边：

"他们看不起我们。"

几年后的一个冬天，他的义父布朗先生到伦敦去了。终日埋首读书、很少出门的辜鸿铭，瞅准机会，前去拜访一位邻居——他的女朋友，一位黑头发、蓝眼睛、白皮肤的英国姑娘。

辜鸿铭的这位女朋友调皮、活泼，非常可爱，辜鸿铭一到，她就非常兴奋。忽然，她拿起辜鸿铭的辫子，赏玩不已，赞叹道："中国人的头发，长长的，编成一条黑色的辫子，真是太可爱了。我的头发也是黑色的，送给我吧！"

辜鸿铭顿时来了兴致，拿起一把剪刀，一剪刀将辫子剪了下来，递给她，毫不吝惜地说："你肯赏收，是我的荣幸。"在姑娘面前，辜鸿铭早已将父训忘得一干二净。

一年后，辜鸿铭对《浮士德》早已是熟稔了，布朗先生才开始着手逐句讲解这部深奥恢宏的诗篇，时而德语，时而英语，爷儿俩谈笑风生，意趣盎然，一讲就讲了三个多月。

最后，布朗先生问他："对《浮士德》有什么感受？"

他回答说："我的思想由简单转入复杂，由肤浅转入渊深了。"

布朗先生告诉他："科学知识也是由简单入复杂，由肤浅入渊深的！"

辜鸿铭说："科学知识是物质世界的变化规律，越研究，越细密；越细密，越清楚。文学知识是精神世界的变化动态，越研究，越渺茫；越渺茫，越糊涂。我看浮士德算不上好人，上帝不该派天使来救他。至于文学词句的深奥、难懂，与科学词句的简明、易懂，差别就更大了。"

布朗先生陷入了沉思，过了一段时间，才继续说："那么你觉得这部书与莎士比亚戏剧比如何？比《失乐园》如何？"

他说："莎士比亚反映现实生活，是是非非，清清楚楚，一望而知；浮士德哲思深远，是是非非，恍恍惚惚，没法分辨；《失乐园》热情澎湃，沉郁稳健，刚刚强强，高歌长啸。莎士比亚好懂，浮士德不好懂，而《失乐园》感人。"

布朗先生不住点头，说："现在，你的英文、德文已经不错，将来的造诣如何，那得靠你自己了。另外，我给你提的卡莱尔的《法国革命史》一定要读，他是我知道的爱丁堡最有才华的学者。以你的成绩足以考入令人神往的爱丁堡大学。"

大学

辜鸿铭以优秀的成绩完成了布朗为他开设的各种课程，现在是该到高等学府深造了。他以优异的成绩被爱丁堡大学文学院录取。

爱丁堡大学，造就了许多著名人物，在苏格兰的众多大学中，算是一所新的大学，创立于 1582 年，然而却以它的传统而自豪。校址在旧市区的张伯斯街。主要校舍，是爱丁堡的黄金时代所建的乔治王朝式建筑物。

英国著名哲学家休谟、小说家司各特、历史学家卡莱尔、著名的进化论创始人达尔文，都毕业于爱丁堡大学。

在这座著名的学府中，保持着浓厚的思考之风，它以杰出的精神奉献杰出的思想。

辜鸿铭，充满着求知的渴望、思考的困惑和活跃的思想，来到了爱丁堡大学。布朗先生领着辜鸿铭拜见了此时的爱丁堡大学校长卡莱尔先生 ①。刚步入社会的辜鸿铭，带着惊异、崇敬的目光盯着面前这位老人。他在心里背诵着《法国革命史》中的句子，这部书一直是辜鸿铭最爱读的。

年迈的卡莱尔让女儿给客人端上热气腾腾的咖啡，然后侃侃而谈：

"世界已经走上一条错误的道路。人的行径，社会组织，典章文物，是根本错误的。

"你是一位中国人，来自于古老的东方。要知道，人类的一线光明，就是中国的民主思想，可叹！据我所知，民主思想，在中国，始终没能实现。传到欧洲后，掀起了法国大革命，但不过像划了一根火柴，一阵风吹来，灭了。徒有民主制度，没有民主精神。

"现在，是资本主义的时代，大腹便便的富豪控制着这个地球。看来，人们还是有药可救的，至少，世上的许多疾病已经被控制。美国人在林肯统治下，解放了黑奴，那里正是一个朝气蓬勃的世界，一切都似乎向好的

---

① 托马斯·卡莱尔（1795—1881），英国著名作家、历史学家、哲学家。出生于苏格兰南部一个信仰清教的普通农民家庭。1809 年，考入爱丁堡大学。因他的父亲希望儿子能成为一名牧师，他在大学期间所学的课程就是为此而预备的。然而，当时爱丁堡大学中占主导地位的启蒙主义思想学说，使自小接受清教的他受到很大冲击。大学毕业后，卡莱尔痛苦彷徨，无所适从。1817 年，他毅然放弃做牧师的打算，开始阅读大量的德国文学和哲学著作，特别是歌德和费希特的作品，开始以德国文学的翻译家和评论家崭露头角。1826 年，与珍妮·威尔逊结婚，不久即迁居伦敦。在那里转向社会和历史问题研究。1837 年，《法国革命史》一书使他名扬天下，成为著名的文学家、社会批评家和历史学家。1865 年，出任爱丁堡大学校长。

方面发展。人类进步的战争在不断胜利，偏见之墙上的缺口越来越大，随着时间的流逝，人类的无知必将分崩瓦解，社会主义、共产主义通过革命，一定会成功。令人忧虑的倒是，在社会主义、共产主义时代，一旦出现一个抛弃民主思想的领袖，再革命就难了！

"我知道，不能因噎废食，必须走革命的道路。但是，我没有坚持革命的勇气。"

白发苍苍、蓝色的眸子里充满着火一样激情的卡莱尔，越说越激动，在座的人插不上一句话。

"可能因为我是一个文学家，而不是一个政治家，我疾恶如仇，然而我不能杀敌致果。我认为，最后的一步是战争，但战争之后呢？这个问题缠了我十多年，我没能找出满意的答案。后来，我为了自我解嘲，写了部《论英雄和英雄崇拜》，我知道，那不是彻底的真理。又经过一番思想争斗，才得出答案——革命，革命，再革命！革命越艰难，成就越伟大，社会越进步，这是世界发展的规律，谁也阻挡不了。自然现象、社会现象都是在不断革命的过程中向前推进的。所以，我后来才写《法国革命史》，把法国革命的真实情况，内在的精神，原原本本写出来，供人们参考，使后来之革命者少走弯路。"

讲到这里，卡莱尔忽然停下来，呷了口咖啡，把目光从神思飞越的精神世界调回来，盯着年轻气盛、充满敬畏的辜鸿铭，和蔼地说：

"你要去领会美，领会崇高的世界，不要被粗糙的东西所迷惑，'瞧那里的百合。它们顺应自然，不劳不织，可是所罗门就是穿上盛装也比不上一朵百合花。'真是一眼就看到了美的最高极致。田野里的百合，比那些世俗的帝王要好看得多，但却生长在粗糙的田野，像一双美妙的眼睛注视着你。它，出自内在美的汪洋大海！倘若大地的本质就像其外表一样，看上去粗糙不堪，而没有内在的美，那这片粗糙的土地又怎么能生出百合花呢？歌德有句话说得极精致，'美高于善，美本身就包含了善。'不过我也曾说过，真的美有别于假的美，仿佛天堂与地狱之别！"

"我想，你应该知道我的意思吧！"

辜鸿铭明亮的眸子里充满感激，不住点头称是。

很快，辜鸿铭开始了他在爱丁堡大学文学院的学业。卡莱尔如今是爱丁堡大学的校长，年迈体衰，已不再为学生讲课。他的女儿接替他的讲席，走上讲台。辜鸿铭和布朗先生经常到卡莱尔先生家，聆听卡莱尔的见解。可以说对辜鸿铭一生影响最大的就要数卡莱尔了，卡莱尔身上强烈的批判精神、犀利的词锋都注入了他的灵魂。

盘桓了三个多月后，布朗先生觉得他的义子已适应了这里的生活，看到义子受到卡莱尔先生的赏识，很兴奋，告诫他：

"你们中国人有两句俗话：盛世难逢，名师难遇。说起盛世，自从有了人类，直到现在，还没有出现过；但名师，你却遇上了。有了名师，造化如何，就看你自己了。不要忘了我对你的期望，学通西方文化，拯救你的祖国，融汇中西精神，拯救多灾多难的人类。"

从此，辜鸿铭就像田野里的一株百合，深深扎根在知识的土壤，他要汲取丰富的营养，开出漂亮的花朵。

后来，辜鸿铭自己有一段话，说到这些时日的艰苦生活——

"学习希腊文、拉丁文，我不知哭了多少次。开始教多少，背多少，不觉得困难。后来，自己遍读希腊文、拉丁文文史哲名著，就不行了。我坚持背下去，说也稀奇，一通百通，像一条机器线，一拉开就拉到头。后来，不但希腊文、拉丁文，就是其他各国语言、文字，一学就会，会就能记得住。人人都以为我聪明，其实呢，主要还是坚持困而学之的办法，久而久之，不难把握学习艺术，达到不亦乐乎的境地。旁人只看到我学得多，学得快，却不知道我是用眼泪换来的！有些人认为记忆力好坏是天生的，不错，人的记忆力确有优劣之分，但认为记忆力不能增加是错误的，人心愈用愈灵，困而学之，民斯为下矣！"

潜心学业的辜鸿铭，常有异乡之感，生活的孤独压迫着他。在这里，他越发感到自己是个东方人。每逢传统的中国节日，他总是要设下供桌，摆上丰盛的酒菜，遥祭祖先，跪到供桌前，三跪九叩，恭敬如仪。

有一次，房东太太看到辜鸿铭跪在供桌前，叩头如仪，感到十分奇怪，问他："喂，小子，你这样认认真真地叩头，你的祖先就会到这里来享用这些酒菜吗？"

辜鸿铭的心大受刺激，一股怒气冒将上来，自尊心使他的刻薄和幽默同时爆发，彬彬有礼地答道："想来，你们到处给你们祖先奉上鲜花，你们的祖先该嗅到鲜花的芳香了吧！"

太妙了，这不过是一场小试牛刀的表演，他总是以一个局外人的冷眼注视着西方人的世界，而西洋人的傲慢总是让他受不了。他在精心地从西洋人的宝库中挖出一副西洋镜，他要用这镜，照西洋人的魂，他要用嘴皮子，用精神去战胜西洋人，维持自己的骄傲和自尊。

另一次，辜鸿铭从爱丁堡大学前往市立图书馆，在等候公车时，随便买了张报纸，车来了，他上了车，展开报纸，看了起来。看着看着，他恶意般地盯了四周的英国人一眼，把报纸倒过来，津津有味地看起来。

四周的英国佬见此情景，个个笑得前仰后合，自得地嘲笑这个乡巴佬："喂，快看这个乡巴佬，根本不懂英文，却把报纸倒拿着，还看得津津有味，装出一副煞有其事的样子。"

辜鸿铭面无表情，听任这帮英国佬放肆地嘲弄着，等这些人兴奋够了，才操着一口流利的英语，淡淡地说："英文这玩意儿太简单了，不倒过来，简直没有意思。"

这伙英国佬怎么也想不到这个中国人居然会说一口流利的英语，窘得个个满脸发红，悄没声儿地溜了开去。

辜鸿铭的舌辩天赋，从此发端，一发不可收拾，只要嘲弄起人来，他总是最兴致勃勃的。

此时的欧洲已经给东方人狠狠一击，这一教训使东方人开始注意起西洋人来。日本的上层人物开始前往西方。

伊藤博文，早在19世纪70年代就来到英国学习海军。不久（1877年），严复也来到英国，学习海军。两人曾在伦敦相遇，伊藤博文十分佩服严复的学问，才博眼高的伊藤博文对严复佩服得五体投地。

然而两人学成归国后，际遇却大不相同。伊藤博文数度出任首相，引导日本走上繁荣之路，特别是 1895 年的甲午海战，打败犹自视甚高的大清帝国，揭了大清帝国的最后一块面子。严复则辗转流离，不得展其大志，郁郁不平，唯以译述西欧名著为任，他没有能在中国的舞台上一展雄才，最终只以他的笔把"物竞天择"的思想播撒在中国大地，鲁迅、胡适、蔡元培等大受其影响。辜鸿铭则成了不屈不挠的批评者，中国文化的捍卫者。此是后话。

当时辜鸿铭在爱丁堡大学时，有一个神乎其神的传说，称严复、伊藤博文与他同班，而且这三位东方学生在学校中占尽了前三名，辜鸿铭独占魁首。传说终归只是传说，在爱丁堡大学文学院求学的辜鸿铭于 1877 年以优异的成绩，获得文学硕士学位，掌握了纯正的维多利亚时代的英文。孙中山先生曾说："我国懂英文的，只有三个半，其一是辜鸿铭，其二伍朝枢，其三陈友仁。"还有半个大约是王宠惠，亦有人认为是孙中山自己。

就在此时，辜紫云却在槟榔屿去世，去世时，正当辜鸿铭毕业前夕，为了不影响儿子的学业，家人致信布朗先生，让他千万要保密，不要告诉辜鸿铭，让他继续完成学业，免得他忽遇父丧，辍学回去。

1877 年，辜鸿铭获得爱丁堡大学文学硕士学位。现在，辜鸿铭已经在文史哲方面颇有造诣，语言功夫也不同凡响。布朗先生准备实施他的下一步教育计划——去德国学习科学。

游学

年方二十出头的辜鸿铭怀着兴奋激动之情来到了德国腹地城市——莱比锡，攻读莱比锡大学的土木工程。因为有深厚的语言功底，良好的数学、物理、化学基础，勤奋刻苦的辜鸿铭只用了一年左右的时间就获得了土木工程师的文凭。课余，辜鸿铭深入考察德国的社会状况，精研德国文学、哲学典籍，为后来他在德国人中获得极高的崇敬奠定了基础。一战后，德国学界不知道辜鸿铭的人太少了。

30 年以后，1907 年，著名教育家蔡元培先生来到莱比锡大学求学时，辜鸿铭的声名已是如日中天，俨然东方文化的发言人。西方人谈起中国无不称引辜氏著作。

40 多年后，林语堂先生到达莱比锡大学时，辜鸿铭的著作已经是德国哥廷根等大学哲学系学生的必读书。

当时留洋学人，如著名的王宠惠、唐绍仪，都熟知辜鸿铭的大名。

1921 年（民国十年），当一位中国留学生到德国留学时，纳尔逊教授告诉他，一定要好好读读辜鸿铭的著作，声称："我读辜鸿铭的书，至今已有十几次了。多读一次，即更有所得一次，大凡一本书，倘若它的价值只够得上读一次，则它的价值必够不上读一次，我希望你再读之后，你的见解或许与现在不同。"

更有甚者，有一位教授声称他的学生不读辜鸿铭的著作，就不让他参加讨论。

完成莱比锡大学学业后，辜鸿铭即刻接到布朗先生的信件，让他马上赶到巴黎，学习优雅的法语和了解人情世故。信中还附有一个地址，称已经为他安排好了起居住所，一定不得延误，在那里与布朗先生会合。

早就渴望一游巴黎的辜鸿铭，即刻起身，前往巴黎，找到了布朗先生。布朗先生对辜鸿铭学业的进展非常满意，带着他坐上马车，直奔巴黎大学附近一幢公寓而去。

这是一幢非常优雅的公寓，布朗为辜鸿铭租了三间房舍：一间做寝室，两间做书斋和客厅。

布朗先生带着辜鸿铭拜访房屋的主人，巴黎一位名人——大红大紫的交际花。这位大名鼎鼎、仪态优雅、气质高贵、浓艳醉人的女人，兴奋地说：

"我十分愿意与这位可爱的中国男孩做邻居。"

说完飘然而去，留下一股异香。局促不安的辜鸿铭悄声问他的义父："这位贵妇人看上去很高贵啊！"

不料布朗先生告诉他："是的，她的仪态就是她的本钱，你可能还不知道，这是巴黎的一位大名鼎鼎的交际花，简单说就是高级妓女。"

惊奇的辜鸿铭不安地小声说："这不大妥当吧！"

不料，布朗先生忽然一脸的严厉："这是我刻意安排的，你现在不是一般的留学生，而是一位学者、绅士，中国的贵族、救世者。"

布朗先生接着说："我送你到法国来，不仅是让你学习知识，学习优雅的法语，最重要的是要你在这里了解世故人情。要知道出入这类交际花府上的绝不是什么普通人物，而是些政客、军人、富商以及那些用金钱或权势卖弄风雅的人。伏尔泰的母亲就是一位高级妓女。这些女人对那些风云人物的了解可能比任何人都多些。特别是伦敦、巴黎、华盛顿这些世界上最大的强盗大本营，什么皇帝、皇后、总统，都想着掠夺世界的资财，奴役世界的人民。我把你安排在这里居住，是因为在这里，你能看到世上最出色的表演，看到那些衣冠楚楚的正人君子拜倒在石榴裙下的嘴脸。只有在这里，你才能彻底了解人生。这里的一切我都打点好了，今日午餐，我再向你介绍这位著名的女人。她的英、德、法文不错，还想学希腊文、拉丁文，你可以教她。"

辜鸿铭为义父的良苦用心感动不已，此时的他虽可说是学业精深，但对人世百相却了解得太少了。此后数天，布朗先生带着辜鸿铭到处游逛，见识这座都市中的女王——巴黎。

巴黎，世上最舒适的都市，无论对谁来说，巴黎一词就是繁华、时髦、文化与美的代名词。宽敞的林荫大道边热闹的露天咖啡座，陈列着各式各样宝石、香水，最新式衣饰的豪华商店，是爽朗的法国人最适合的舞台。装扮入时的妇人们，其万千仪态和爽朗的谈吐，总能让人心驰神往。套用中国的一句古话，"愿腰缠百万，骑鹤上巴黎"。

巴黎，早在罗马时代，建筑在塞纳河中的西特岛上，不久就发展到塞纳河左岸。其时，右岸尚是湖沼，但这样一个小城市，竟有20多座教堂，每当有洪水和疫病，人们总是拿着圣女杰叶夫的遗物，在街上静静地游行，祈求神的怜悯、拯救。到了查理曼大帝时代，西特岛成了学问的中心区，学生们开始住进四周的梭尔邦地区，这里就是现在的巴黎大学区，又称作拉丁区，人们所说的全是拉丁语，成了用功学生的圣地。后来，这里出现许多沉溺于享乐的人，于是爱好自由、放浪不羁的人都聚居于此，使这里成了欢乐场所。不过，时过境迁，现在就读巴黎的学生，倒可利用巴黎在文化上的方便。卢浮宫，陈列着来自世界各地的艺术精品，是收藏绘画和雕刻最多的地方；美术馆应有尽有，全欧洲的艺术好像都在向这里汇流，印象派、野兽派、现代绘画在这里得到了最好的土壤。

图勒公园、卢森堡公园将整个巴黎装点得无比美丽。

巴黎圣母院，在雨果的笔下展现了神圣的人性传说。

生性优雅的法国人，在通俗艺术方面同样最为知名，服饰、装潢、点心、烹饪，其优雅与时尚，不仅在法国，就是在全世界也颇负盛名。

整个法兰西民族都为他们的两种"嘴皮子"功夫——说话和吃饭感到自豪。自从1539年法国瓦卢瓦王朝的弗朗索瓦一世把法语定为官方语言以来，这种语言伴着法兰西文化的传播而在整个欧洲风行。19世纪的欧洲上流社会以讲法语为身份的标志，这是法语风光的时代。至于说到吃，法国菜更是声名远播，读过莫泊桑小说的人大概都记得这位作家笔下的鹅肝酱和牡蛎。波尔多的红葡萄酒，因产地得名的香槟更是世界上高级宴会的上等酒。法国人嘴上的这两样功夫可谓天下有名了。而巴黎的女人们，更是离不开肥皂、香水、脂粉、花卉，装扮得无比多姿的女人们充满了整个巴黎。

诗人艾青，无比感慨地把巴黎形容为一个"诱人的妓女"。

布朗先生带着辜鸿铭走马观花般地看了看巴黎，做好安排后，自己便返回苏格兰去了。

入夜，住在梭尔邦区的辜鸿铭从窗户上望出去，整个巴黎色彩缤纷，恰似印象派画家笔下多姿的画卷，充满着诱惑和欲望，坐着高车驷马，身着晚礼服，腆胸凸肚，拿着手杖的名流们在华灯之下，纷纷四出。高级名妓们的门前宾客如云，仿佛整个世界都浸泡在灯红酒绿里，沉浸在醉生梦死之中。

卡莱尔《法国革命史》笔下的巴黎已荡然无存，早已被脂粉和香水泡得发腻。辜鸿铭怅然若失，翻身躺在床上，他的眼前又浮现出父亲给他描绘的彬彬有礼、谦谦君子的祖国。此时的辜鸿铭多么落寞啊！最富于激情的大革命后代们不过如此，现在他们虽然被普鲁士人教训了一下，羊脂球的血泪只不过是一滴最凄美的斑点，古老的巴黎虽然已牙齿剥落，但他们仍驾着战舰，赶到中国去分一杯羹。

一天，辜鸿铭正要把自己关进书屋，房东女郎走了进来，说：

"前两天来了好些人，都是些达官贵人、社会名流，他们听说你住在这里，想拜访你，我帮你回绝了。我告诉他们，你是来法国求学的，不做政治活动。今天来的这位，是巴黎大学的教授，这位老人听说你是他老友卡莱尔的学生，特来见你。"

辜鸿铭立即把老人迎接入室，坐定。老人询问了老友卡莱尔的健康状况后，说：

"我与你的老师卡莱尔先生，结成好友，如今已很久了，我们都老了。本来我预备等你入校后再和你见面，但我却担心自己的健康状况，见不到你，所以赶来看你。"

老人清了清嗓子，接着说："我心里有两件事情放不下：其一，我是学法律的，很想写社会主义、共产主义法典，但我还未见到社会主义、共产主义社会，不敢无知妄作。其二，你们中国的《易经》，是最有价值的经典，可惜，我不通中文，这是我终身的遗憾。我读的不过是些法文和拉丁文的翻译片段，虽不全面，但却已是光芒万丈，炳如日月星辰！你只通西学不成，归国后，要深入研究《易经》。你的老师卡莱尔当年常对我说，最大的罪恶是自欺，他也对你说过吧？"

辜鸿铭对此印象太深了，答道："不知说过多少次了。"

老人长叹一声："黑格尔是个自欺的学者。他的理论就是根据《易经》'是故，易有太极，是生两仪，两仪生四象，四象生八卦，八卦成，列象在其中矣！'写出来的。他竟据为己有，说是他自己的发明、创造，掉过头来批评《易经》理论不值一文，卖弄自己的著作。我希望你到我家去阅读那些译文，有的词句很明显，没有问题；有的词句很模糊，可能是翻译的人未能彻底了解原文，问题很多，我们可讨论讨论，等你归国深造时，也许会起到一些作用。别的话就不多说了，再见！"

过了几天，辜鸿铭开始教房东学希腊文。教她学希腊文字母那天，就开始让她背几句《伊利亚特》。她笑着说："你的教法真新鲜，没听说过。"

于是，辜鸿铭告诉她自己学习的经过，两人一会儿英文，一会儿法文，一会儿德文，天上地下，聊得十分尽兴。

就这样，辜鸿铭一边教她学希腊文，一边继续在巴黎大学学习，同时用他的眼睛从这位高级交际花的庭园观察那些大腹便便、脑满肠肥的人们的千姿百态。女房东不断告诉他这些部长、大臣、军官、政客们的逸事丑态和他们赤裸裸的欲望。

还有那些迷茫、不知所从的颓废诗人，他们总是和辜鸿铭纠缠不清，而他们最著名的代表，也许是法国人中最伟大的诗人波德莱尔，正在致力于描绘忧郁的巴黎。巴黎在他的笔下，如同一座医院，每个病人都被想调换床位的欲望缠住，他在独自炼造一把奇异的剑，把巴黎的欲望、美貌、丑陋、忧郁、嫉妒、反抗和死亡宣泄得淋漓尽致。而那些躲在深刻的波德莱尔背后的享乐的颓废诗人，却以他们的无奈、浅薄、迷茫和彷徨占据了巴黎的街头。

一天，厌烦了的辜鸿铭同20多名颓废诗人到老教授家，老教授扔了两个故事给他们，一篇是英译《桃花源记》，一篇是法译《愚公移山》。

老人毫不客气地说："你们对科学悲观失望，慨叹没有真理，要知道科学现在还年轻，将来必不会得到理想的成果。你们说科学越进步，战争越残酷，杀人越多，那是科学误用之过。"

转眼数月时间就过去了。

一天，老教授留辜鸿铭晚餐时，对他说："自从《南京条约》订立，你的祖国门户大开，英、法、美、俄等国纷纷侵蚀中国，日甚一日。日本这个新兴岛国也虎视眈眈，亡国之祸，迫在眉睫。巴黎已对你没有什么帮助了，当今的欧美之学，不足效法，但又不能不知道，你确已知道了，回去吧。"

辜鸿铭谨遵师命，准备回国。巴黎，这个世界上最著名的染坊，在这里，辜鸿铭终于装上了一副透视西洋人灵魂的西洋镜，锻就一身"金脸罩铁嘴皮"的硬功夫。

巴黎的这一段经历对日后的辜鸿铭影响极大，日后的辜鸿铭眼里，皇冠、龙袍、将军、总督、洋人、富翁、车夫、乞丐……都被他的"金脸罩铁嘴皮"功夫洗涮一番，恶狠狠地专拣西洋货评点。

是年，正值光绪六年，公元 1880 年。

▲娶妻标准：小足、柳腰、细眉，假如丈夫要娶小老婆，帮助打点聘金和嫁妆……

▲1888年，年已而立的辜鸿铭，终于成婚，娶妻淑姑。

▲缠足、长袍、马褂、辫子、娶妾，辜鸿铭坚持终身，认为应当保存，也有价值。

▲酷嗜嗅女人小脚，一手握淑姑小脚，一手下笔千言。

▲1889年，娶侨居武汉的日本大阪市姑娘吉田贞子为妾。

▲纳妾谬论："假如你是个女人，控制丈夫的最好办法，既不是在他对你不满时，任他拈花惹草，也不是和他离婚，两不相涉。最好的办法是和另一女人合力，把他压在石榴裙下，治得服服帖帖。……咱们中国的纳妾制度，乃社会祥和、家庭幸福之压底特技。"

▲"男人就像茶壶，女人呢？好比茶杯，一个茶壶配四只茶杯，天经地义。"殊不知潘金莲更是妙语惊人："女人就像汤碗，男人就如汤勺，一只汤碗，当然就该配几只汤勺。"

▲"一女多夫？"一次，他受到诘问，反驳说："你没有看到过汽车吗？汽车有四只轮胎，府上备有几套打气筒？"

▲1904年，吉田贞子死，亲铭墓碣"日本之孝女"，并有诗："此恨人人有，百年能有几，痛哉长江水，同渡不同归。"

三 婚在东洋

清光绪六年

公元1880年

南洋，马来亚槟榔屿

阔别家人 11 年后，西装革履、留着中分头、一副洋博士派头的辜鸿铭回到了槟榔屿。

此时，尼蒙橡胶园家中，对辜鸿铭寄予期望，给他信心的父亲，早已埋骨黄土，再也不能分享他异国的奇遇和成就，只有墓上的荒草在风中摇曳，辜鸿铭只能以自己的成绩告慰九泉之下的辜紫云了。如今掌理着橡胶园、支撑门户的是他的哥哥辜鸿德。

在家里没待多久，学得一身本领、精通西方文化的辜鸿铭，被英国殖民地政府委以公职，派往新加坡。

在新加坡，他的日子倒也过得轻松自在。对他来说，这一差事显然是极易对付，整日里西装革履，口叼香烟，风度翩翩，满口英文，时而法文、德文、拉丁文、希腊文、马来语、闽南话，彻彻底底的一个西洋绅士派头。

假如不是碰巧碰到游学法国、返国途经新加坡的马建忠①，辜鸿铭的这种生活会一直过下去，那么辜鸿铭也许不过是一个成功的殖民地政府官员，而不会是日后名震中外的宣扬中华文化的代言人了。

转折点

这天，辜鸿铭正心不在焉地坐在办公室，整理桌上的文件，一位同事兴冲冲地找来，告诉他："一位从法国留学回来的中国人，到了这里，听说叫马建忠。"

辜鸿铭也没有经意，只是怀着好奇，想去看看这位不知面目的祖国

---

① 马建忠（1845—1900 年），出生于江苏丹徒，年轻时即开始研究西学。马氏一门三兄弟，个个不同凡响：大哥马建勋，淮军粮台，中国第一位神学博士。三胞兄马相伯，民国中兴人瑞，早年任徐汇公学校长，后创办复旦大学，曾任北大校长。马氏三兄弟，皆天主教徒，受西学影响极深。

马建忠幼年即就读徐汇公学。1876 年，清政府派他赴法国留学，并担任使馆译员。1880 年，学成回国后，入李鸿章幕，主办洋务，曾去印度、朝鲜处理外交事务。他精通西学，又有深厚的国学功底。著有《适可斋纪言纪行》。精通英语及希腊语、拉丁语、法语，著有语言学专著《马氏文通》，是我国第一部比较全面系统的语法著作。

的官员，只是想前去长长见识，不想这一看却改变了辜鸿铭日后的生活和命运。

辜鸿铭见到的马建忠，长袍马褂，正宗清朝官服，红顶子，器宇不凡，俨然正宗的中国学者派头，气象肃穆。后来，辜鸿铭曾对这种天朝衣冠大发议论，忘却了"猪尾巴"之辱，与人谈英国人卜兰德对此等衣冠的感慨。卜兰德这位上海工部局的书记官在他的《江湖浪游》中称：

> 五十年来，我西洋各国，因与中国通商，耗费许多兵饷，损失无数将士，每战辄胜，及战胜以后，一与交涉，无不一败涂地，是岂中国官员之才智胜我欧人耶？其品行胜我欧人耶？是又不然。若论其才智，大概即使为我欧人看门家丁，恐亦不能胜任；论其品行，亦大半穿窬之不如，此等无才无品之人物，何我欧罗巴之钦使领遇之，便觳觫畏惧，若不能自主，步步退让，莫之奈何！其故安在？余于此事，每以为怪。研究多年，始得其中奥妙，盖中国官之能使我西人一见而觳觫惧怕者，无他谬巧，乃其所服之黼黻为之厉也。鄙人之意以为今日我西洋各国，欲图救交涉之失败，急宜与中国订新约，以后凡外务部及各省与我交涉之大小官员，不准挂朝珠穿黼黻，逼令改用窄袖短衣耸领高帽，如我欧制。如此黼黻即不能为厉于我，则我西人之交涉庶不致失败矣。中国果能遵此新约，我西人即将庚子赔款全数退还中国，犹觉尚操胜算也。

马建忠见来访者，一副西洋人的着装，分头、西装革履，一身当地政府职员的行头，遂抱拳拱手，和颜问道：

"在下马建忠，阁下尊姓大名？"

辜鸿铭听到询问，即客气应道："鄙人辜鸿铭，生长南洋，求学西洋多年，现在本地政府任职。虽然身为华夏子孙，却未履中土，不识故国衣冠。今听说先生借道回国，途经此地，特来拜望。"

　　入座后，马建忠命人奉上一杯清香的中国茶，尔后叙谈起来，了解辜鸿铭的家世，求学欧洲的经历，学问心得。

　　言谈间，马建忠见这位满腹学问的青年，思维灵敏，辩才通达，态度恳切，遂老实不客气地指出，他只是懂得西洋人的东西，作为华夏子孙还应了解自己的文化。辜鸿铭点头称是。于是，马建忠给他指点学习中国文化的门径，其要旨在于：

　　"中国文化博大精深，非一朝一夕所能成就。数千年的文明，洋洋大观，铸就其精髓的，不外儒道两家。首先抓住这两大经络，弄通了之后，就能触类旁通。最切实的方法，还是直接生活在中国人当中，做一名中国百姓。只要化作中华文化中的一滴水，便是中华文化的一分子。

　　"中华文化之能傲立于世，垂数千年而不衰，端在于其真正的人文主义精神。只要接受了中华文化的，便是中华文化的一分子，超越了种族地域的差异。在中华文化的世界，虽有地域的差异，却改变不了他们共同的文化信仰，正是这种共同的文化信仰把整个中华文化世界融为一体。汉字使他们在地域、方言、种族之上紧密交流。中华文化信仰的是'四海之内皆兄弟'。

　　"在那里，没有高高在上的世袭贵族，他们通过勤劳、聪明获得成功，吸引和发挥了人民的创造才能和聪明才智。正是这种优秀的制度使中国政府一直能够保持高效率，使他不至于步埃及、希腊、罗马的后尘而消亡。

　　"为防止官僚的腐化，侵蚀政府机构，中华文化特别强调道德的原则，每个官员必须是道德的典范，他们假如在道德上有失误，就会受到弹劾，这是儒家的精义——礼义廉耻，使中国人能彬彬有礼。

　　"而中国人的日常生活，则非常强调闲适和谐。日常生活中的一切无不在阐述一种思想——和谐，这是道家的精髓。在日常生活中，与自然相顺应，绝不逆天而行。他们劳作休息、娱乐、谈诗论道、书法、绘画、饮食服饰，无不刻意追求又要达到妙造自然，这一点与法国人特别相似。你是知道的，法国人也生活得相当闲适，他们的烹调和露天咖啡馆，可以和中国人的饮食茶馆相媲美。中国人总是在日常的生活中体悟人生的乐趣，绝不狂妄地设想自己能主宰世界，这与西方人的观念是格格不入的，西方人接受不了儒道思想。

"然而儒道两家又不是不能相通融的，一个人立身处世要有儒家的坚强忠义，所谓君子自强不息，生活中又要有道家的闲适和谐。

"但现在，中国已在显出老相了，它对进步总是冷眼旁观，嗤之以鼻。不过，那是他们保护自己的消极行为而已……"

辜鸿铭听得入迷，马建忠更是说得激动。

"自英国人以战舰为利器窃据香港之后，西欧诸国对中国大肆侵略，仗着先进的兵器为所欲为。我们留洋，就是要看看西洋人凭甚么可以到处横行，从一个新的角度，看看中国人到底什么地方不行了，然后再设法疗治，使我们的民族老而弥壮，使我们的国家自立于世。

"似你这等深通西洋学术文物、典章制度的人才，正当国家用人之际，怎能屈居此不中不洋之地，久困于庸庸凡夫之中呢？"

辜鸿铭听马建忠之言，如当头棒喝，二人连续三日长谈，辜鸿铭忽然觉得自己骨髓里的弦被拨动了，深感只有精深博大的中国文化才是自己的归宿。马建忠的这道精神大餐，正对了辜鸿铭的胃口。他正要用西洋人不懂的东西考校西洋人，西洋人知道的中国太肤浅了，他却对西洋人了如指掌。现在，他要把中国文化这块西洋人不肯啃也啃不动的骨头拾起来，教训西洋人。

三天后，马建忠离开新加坡。辜鸿铭随即也递上一份辞职书，乘船返回槟榔屿。

关心儿子的母亲，听说他辞了职，大吃一惊，不知他想干什么。

辜鸿铭却认真地说："妈妈，你说我是不是中国人？"

母亲以为儿子在开玩笑，笑着说："你看我满头金发，一双蓝眼睛，你呢？一头黑发，带着灰黑色的眼珠泛着蓝光。要说，你只能算半个中国人。"

"问题就在这里，"辜鸿铭大声说："我这身穿戴像是西洋人，骨子里却是中国人，不中不洋，令人十分别扭。我想，要么是西洋人，要么是中国人，不能这样不中不洋的了。现在，我才明白父亲为什么总是告诫我们一定要记住自己是中国人了，我要做个纯粹的中国人。"

母亲听到他如此论调，大不以为然，问他："你到底要怎么样？"

辜鸿铭宣布："现在，我要穿中国衣，吃中国饭，看中国书，说中国话。"

说到做到，辜鸿铭很快就捧起了线装的中文典籍，认认真真地研习起来。但是辜鸿铭的中文知识是太少了，茫无头绪地在中文典籍中摸索，越是摸不着头脑越着迷、越感沉迷。对于日后的他来说，这种心情，使他像位花花公子着意于装扮自己一样，用这种对西洋人来说神秘的中国文化把自己装扮起来，到处炫耀。

当下，长袍、马褂、长辫子这些中国符号对他来说还不太紧迫，现在压到他头上的是婚姻问题。他的年龄已不小，早该婚配，说媒的媒婆，托人找上门来的热心人，络绎不绝，不料，他却只管闭门，摇头晃脑，一页页地诵他的中文典籍，概不出见。

母亲很生气，责问儿子："这不婆，那不见，不知你到底想要讨个什么样的女人做老婆？"

哪料到辜鸿铭开口说："妈妈，这你就不知道了，我要娶一个百分之百、纯正标准的中国式女人做老婆。"

紧接着补充道："这样的女人，你准没有见过，和这里的女人、西洋女人都不一样，她不一定要受过什么教育，嫁夫、生子是唯一的天职。她得有一双用布精心缠过的纤巧玲珑的小脚，不会到外面乱跑，整日不是煮莲子羹，就是待在深闺里绣荷包、枕头或者剪纸，要不就带孩子。她的身段儿要像垂柳的线条，眉毛得像新月，眼波如似秋水；还要知道女为悦己者容，丈夫喜欢她怎样就怎样装扮，绝对听丈夫的话，说起话来轻声慢语，面带笑脸，尤其是丈夫假如要讨小老婆，她还会帮着打点聘金和嫁妆……"

　　看来辜鸿铭不仅要弄明白中国文化，而且照马建忠所说，首先要做个中国人，做中国人自然最重要的是立誓娶中国女人——最传统、最古典、最精致，如书上描绘的。

　　中国文化还未弄明白，那就首先开始做中国人吧！

　　母亲听他此番言论，大不以为然，但又无可奈何，最后只好不再理会他。辜鸿铭却深信，哪家后院的深闺里正有个姑娘在绣荷包，对镜理云鬓，正等着他这位如意郎君找上门去提亲呢！

　　要等到这样的机会确实不容易，一个大门不出、二门不迈的缠小足的姑娘，多半早已许人，哪里还有他的份儿？但他老兄是有耐心的。现在，他在找机会，到中国去圆他的梦。

　　1881 年初，光绪六、七年之交，英国人马哈与科尔圭洪组织一支探险队，准备从槟榔屿起程，预备经过中国，前往缅甸曼德勒。探险队预备在槟榔屿招一名中文翻译随行。辜鸿铭前往应聘，虽然明知有许多艰险，但他醉翁之意，正在能到中国。

　　辜鸿铭随队来到广州，经桂林，转赴云南昆明。一路领略山川之盛，了解民风民俗，倒也轻松自在，有惊无险。

　　很快探险队就开始了最艰苦的路程，翻越滇缅边境。这里，沿途高峰深谷，急流险滩，加之热带雨林茂密不见天日，瘴气重重，危机四伏。本就志不在探险的辜鸿铭，不免心生畏惧，思谋返回，遂向探险队辞行，折回香港，逗留下来。

　　辜鸿铭之所以选择在香港停留下来，自有他的用意。

　　香港，早在 1842 年就被英国人占领，此时已经在英国人统治下 40余年，成为英国人经营东方的根据地。这里的居民主要是中国人，同槟榔屿的环境相似。而精通英文的辜鸿铭在这里更是消息灵通，这里是英国人在东方的据点，英国人收集的关于中国的资料，以及中国的事件和西方人的反应，都在这里汇集，既有利于他研究中国文化，也有利于他关注中国的局势、西方人的动向。

逗留香港的三四年时间，辜鸿铭埋头苦读中国典籍，认真钻研，尽得广州学海堂①藏书而读之，窥其奥妙，对中国学术思想恍然有所悟，大叹："道在是矣！"

这期间，经过认真研究，反思西方对中国的研究，草成英文稿《中国学（一）》《中国学（二）》，并将这两篇文章匿名投上海 North China Daily News。

1883 年 10 月 31 日，11 月 7 日，*North China Daily News* 以 *Chinese Scholarship*（《中国学》，意即西方之汉学）为题刊发。文中对西方所谓"中国学"的研究现状、历程和问题进行了比较全面的分析，并提出正确的研究中国的方法：

> 首先应该努力去弄懂的是中国人个人行为原则方面的基本知识，这是必要而不可少的。
>
> 其次，他要检查一下，看看这些原则是如何运用和贯彻到中国人复杂的社会关系和家庭生活中的。
>
> 最后，在完成上述研究之后，他才能将其注意力和研究方向，对准国家的行政和管理制度。

并且认为："对一个国家政府和政治制度的研究，……必须建立在对他们的哲学原理和历史知识的理解之上。"而所谓研究"中国学"者，根本不了解中国。辜鸿铭认为自己掌握了研究中国的正确方法，并且以此指导他后来 40 余年的写作，不断向西方证明：他本人才是真正的中国权威，中国文化最起码和西方文化一样有价值。

---

① 学海堂，学海堂书院的简称。学海堂书院，是由乾嘉时期著名汉学家阮元继杭州创建诂经精舍之后，于道光五年 (1825) 在广州城北粤秀山创办的又一个以专重经史训诂为宗旨的书院。在阮元的努力下，学海堂成为当时广东文化学术的中心。

兴奋剂

很有耐心的辜鸿铭，终于在学习中华文化方面颇有心得，然而要娶标准中国式女人的心愿，直到他入两广总督张之洞幕府，年已而立，深闺中的小姐终于出现了。

这一日，正巧赵凤昌①家眷回原籍省亲，左右无事，便拉辜鸿铭到酒馆喝酒聊天。本就没有拖累、无家室的辜鸿铭，经常出入酒馆，两人兴致勃勃，刚出督府大门，就碰上了梁鼎芬②，辜鸿铭老是不客气地替赵凤昌请客："梁兄，走，今晚一起去吃赵美人。"不由分说，拉上梁鼎芬就直奔酒楼而去。

这三人凑到一起，顿时热闹非常，上楼坐定后，店小二泡上一壶茶来，三人便聊开了。

辜鸿铭点上一支香烟，狠狠地吸了一口，烟雾从口中渐渐吐出，一副神气快活的模样，然后头头是道地评说起酒楼的菜谱来。

梁鼎芬打断辜鸿铭的话头，说："疯子，你难道要一辈子做和尚？"辜鸿铭经常谬语惊人，故有"辜疯子"之称。

赵凤昌接口道："我说，疯子，你到底还找不找老婆？就这么整日

---

① 赵凤昌（1856—1938），字竹君，江苏武进人，清咸丰六年出生。少时入钱庄习徒。1875 年西游湖北，期间捐得县丞。1880 年，南下广东，在广东藩司姚觐元署任书启。1884 年，任两广总督署文巡捕（侍从），不久，升充文案。1889 年，任两湖总督文案。1893 年，因案涉及，代张之洞受过，被革职永不叙用，张之洞委他为武昌电报局驻沪代表。曾参与谋划"东南互保"。辛亥革命前后居上海，其居所上海南阳路十号"惜阴堂"成为南北双方非正式的议事之所，参与机密，出谋划策。1912 年，南京临时政府成立后，任汉冶萍公司董事长。嗣辞职，与张謇、章太炎等组统一党，任基金监。临时政府北迁后，辞基金监。1938 年逝世，终年 82 岁。

② 梁鼎芬（1859—1919），字星海，号节庵。广东番禺人，光绪六年进士，授编修。1884 年，上书弹劾李鸿章，名震朝野，"至比之杨忠愍之参严嵩"，因此触怒慈禧太后，"几罹重谴"，遂于 1885 年辞官归乡。中法战争前后，加入张之洞幕府，成为张之洞宦海生涯中最得力的僚属。先后主讲广州广雅书院、江苏钟山书院。1895 年，参与强学会活动。1896 年以后，随张之洞到湖北，佐之推行洋务"新政"，主管学堂事。《时务报》出版期间，秉张之洞意旨，排斥过激言论，汪康年另创《昌言报》，聘他为主笔。戊戌期间，攻击维新人士。1900 年，八国联军攻陷北京，慈禧西逃，应召前往西安，擢安襄郧荆道、按察使，署布政使。辛亥革命后，被废帝溥仪召充毓庆宫行走。1917 年，参与张勋复辟。

光棍一条，熬得住吗？像你这般人才，这般地位，讨个老婆，小事一桩，看来你小子一定背后有鬼。"

梁鼎芬插言道："我看，八成他准是个太监，张大帅说他不结婚算了，改日送到京师，与李莲英一起侍候老佛爷。"

这当儿，忽然听得一声："哎哟，辜爷，找你真不容易呢！"

话音未落，门帘一闪，一位四十开外的半老徐娘闪身进来，一屁股坐在辜鸿铭身边。

但见此人一张脸上，唯有一张红嘴皮最为灵动，生性一副挤眉弄眼的神态，上身穿就一件水绿衫儿，下穿一条紫红绸裤，外套一件紫红小褂，满脸脂粉夸张无比，手执一块小方巾，真是花枝乱颤，毫不客气地先倒一杯酒下肚，拉开架势，开言道：

"辜爷，你让我找的女子，凭我的本事，找遍了四面八方，磨破了我这张嘴，哎……"

说到这里，梁鼎芬、赵凤昌二人才回过神来，敢情是辜疯子熬不了寂寞，托媒人四处求佳人去了。这媒婆卖了一个关子，急坏了辜鸿铭。

"我知道你的本事，谁人都说王媒婆你没有办不成的事，银子嘛，到时我自不会短你一分。"

王媒婆卖了这一关子，看看诸位，火候已到，遂自得地说道："你要找的女子，我已经找到了。"

梁、赵二位一听，不知是何女子，顿时大感兴趣，此时酒菜已齐，不容辜鸿铭开口，便敬了媒婆一杯，齐声问道："是什么样的女子？"

王媒婆见几位兴致极浓，自得地说："这一位嘛，正合辜爷的标准，一个大家闺秀，羞答答大门不出，二门不迈，整日躲于深闺，绣花、弹琴，而且最重要的是，有一双纤纤秀足。辜爷交代了，他留洋时，看够了那些洋女人身着长裙，脚蹬高跟鞋，手执鲜花，兴奋起来当众搂着郎君狂吻；吵起架来，扔东西，砸玻璃，这样的女子，断断地不能要。你二位试想，辜爷想找的这样闺女早都许人啦。辜爷，幸亏你找到了我王媒婆，这一位啊，可是，坐不动膝，立不摇裙，笑不露齿，怒不伤人。"

梁、赵二位一听，好家伙，这媒婆果真有些本事。"但是，"二位开口问道，"只不知长相如何？"

"长得像画上的人儿似的！"

梁、赵二位再看辜鸿铭时，早已是神游物外，赵凤昌赶紧一拍辜鸿铭："这样十全十美的人儿，辜疯子，还愣着干嘛？赶紧张罗提亲吧！"

这一下，辜鸿铭倒回过味儿来了，思谋怎样找个机会相亲，便说："这件事得从长计议，中国古代的贞烈女子，据书上说，她们的手不小心被男人碰一下，便会毫不犹豫地砍下，不幸被匪徒碰碰身子，就会寻短见自尽，得想个万全之策，方可施行相关事宜。"

众人想了半日，也不知如何才能见见这位大门不出、二门不迈的大家闺秀，只听得媒婆一声："有了，后天，姑娘的老祖母做大寿，到时，辜爷混迹客人中间，不怕见不到那姑娘。"

辜鸿铭拍案称妙："就这么定了！"

两天后，王媒婆带上辜鸿铭来到姑娘家。

姑娘家宾朋满座，辜鸿铭坐在一隅，正耐着性子等着朝思暮想的美人出现，忽然，媒婆扯了扯他的衣袖，向着寿堂那里一指，道："快看，那就是我说的淑姑！"

辜鸿铭定睛一看，却见得扶着寿星的一位姑娘，顿时惊呆了。只见姑娘生得一弯淡淡的眉儿，像初升的新月；一双黑白分明的眸子，恰似两泓秋水；脸蛋儿呈椭圆形，两张香唇，扇贝般的玉齿，肤色红润，头上一堆如云似雾的秀发，盘得十分齐整，鬓边颤巍巍一支凤钗，说不出的惹人怜爱。身着滚边精绣的紫色衫儿，下着如雾似水的绿裙儿，雪白也似的粉颈，两只皓腕，十指纤纤，不盈一握柔似柳线的腰身，特别是那一双三寸金莲，一步步过去，真是步步生莲。脚上套就一双鹅黄粉缎的绣鞋儿，好个可爱的人儿。

看得辜鸿铭神思飘荡，心下里早就认可了，回头对王媒婆说道："就是她，就是她，赶明儿你赶紧上门提亲，只要能娶过来，一切都不在话下，到时，自然有你的好处。"

次日一早，王媒婆早早来到淑姑府上，登门提亲，道明来意。淑姑就是因为聪明漂亮，找不到合适的夫婿，仍待字闺中。如今，听说辜鸿铭留洋归来，正在张之洞府上当差，便一口答应下来。

辜鸿铭接报，喜出望外，如此这般，来来往往，不出几多时日，辜鸿铭便遂了心愿。

大婚那天，府内上上下下不停张罗，张之洞也于百忙之中抽空过问，一切都按传统的正宗中国礼仪进行。迷中国文化上瘾的辜鸿铭宣称："办婚事，世界上再没有比中国人方式更好的了。西洋人办婚，上教堂，请牧师，换戒指，宣誓，即使次日离婚，也不介意。只有中国式的婚仪，一招一式无不渗透着中国古老文化的精髓。还有哪一种婚礼，能比中国婚仪的热烈、朴实，让人沉醉留恋？"

婚礼如仪进行，闹够了之后，新人双双入洞房，辜鸿铭拥着淑姑，到现在他才在淑姑身上看到了真正的小足，令他迷恋、销魂。

早在此前，辜鸿铭就在书上见识了小足的美妙，自有其一套奇论：

> 西方女人，总是以掩藏她们的乳房来突出她们的乳房。
>
> 日本女人，则以掩藏其下腹部而突出其下腹部。
>
> 新几内亚女人，则掩藏起她们的双腿。
>
> 萨摩亚女人，藏起她们的肚脐。
>
> 阿拉伯女人，掩着她们的脸部。
>
> 中国女人，却把双脚藏将起来。

掩盖得越深，越令人着迷。缠了小脚的女人走起路来，婀娜多姿，甚可以与西洋女人穿高跟鞋相比，然而套上裹脚布后，却更显一种神秘的美感。缠了脚之后，走久了，使人腰椎骨向前屈，会产生一种柳腰款摆、婀娜多姿的魅人体态。如此习惯之后，自然产生出仪态万方，款摆腰肢，如所谓"莲步"，丰姿婀娜的足，足以撩起男人的遐思。

还有一样，就是随时都裹上缠脚布，如不勤加换洗，由于脚底多汗，往往会散发一种异味，因而常有"裹脚布又臭又长"一说。为了消除这种气味，得常用一种药物，名"香莲散"，以之敷小脚中，七天一换，可以有效。古代的春宫旧画中，经常画着女人露出一双纤纤细脚，醉眼迷离地看着身边的男子。有的人再穿上一双柳木为底的鞋，走起路来，清脆悦耳。

最为迷恋小脚又有精到说法的，要数李笠翁，此公认为：女子缠足，就是供男人爱抚。同时，李笠翁还归纳了五十余种品味小脚的方法，真是洋洋大观啊！

辜鸿铭早就对这些谙熟得很，现在在洞房里，他忽然发觉，笠翁所言不虚，那形态、妙趣，且不说，单说那种味道，就令他兴奋不已，诚哉信然！早听说其妙用的他，如痴如醉地握着这两只小脚，如此如此地比画一番……

次日，辜鸿铭满面春风来到总督府，同仁们一齐围了上来。纷纷询问他新婚之夜有何感想。

辜鸿铭一下子摇头晃脑，自得地炫耀："诸位，不怕见笑，你们到底有几人知道女人的妙趣呢？"

那些人听他一说，知道他又必有谬论，便都憋着气，听他下文。

"老婆，凡娶妻的都有。但是，你们都没有发觉女人的最奇绝之处。"

随即拿出一支香烟点上，深深吸了一口，渐渐吐出，咳嗽一声，说："女人的奇绝之处，全在一双小脚。"

众同仁一听其谬论不觉惊异，有人便问他："辜兄，你游遍西欧诸国，西洋美人见得多了，个个高跟鞋，胸脯高耸，臀部翘起，再加上束得紧紧的腰身，袒露出的胸部，那等火爆，比之这种深藏不露，岂不是要出色得多？"

辜鸿铭大摇其头，说：

"不然，不然。小脚之美，全在一个遮字上面。这种神秘感岂是言语能形容？这种神秘美妙，讲究的是瘦、小、尖、弯、委、软、正七字诀，而品味起来又有诸多妙法奇招……

"那些洋妞，个个把胸脯绷得高高的，遮将起来，其实是向别人介绍产品般，一目了然，毫无余韵，穿上夸张的大罩裙，移动起来，如笨物，哪有半点婀娜之趣？那些奶罩、束腰，岂不让人扫兴，最是糟践女人。她们那双大脚到处走动，简直从头到尾没有一丝余韵。我想告诉她们，想美，就改造脚，千万别改造肚子，那里是生产要地，糟蹋不得！

"我们祖先发明的缠足，实实在在不是什么虐政，乃一大贡献也。裹脚，运动重心由脚移到臀部，自然使臀部血液流畅，发育得更好，岂是束腰之类可以比拟。"

辜鸿铭讲到自得处，嘴叼香烟，兴致勃勃，不管同仁们意态如何，大加发挥，说：

"裹脚之美，不仅在于脚的纤巧，最重要的是裹脚有一种特殊的异味。我看李笠翁的书，以为是欺人之谈。现在才发现，笠翁说的句句是实。裹脚，缠、脱、洗、剪无不充满诗情画意，而这种异味则是其中最胜，一嗅让人留恋……"

辜鸿铭向人宣称："淑姑的小脚，乃我之兴奋剂也。"

闲时，他便走到夫人身边，抓起小脚摸摸玩玩，长此以往形成习惯，久而久之，变成了一种嗜好，每当寂寞困惑或无聊时，便从夫人的小脚上得到安慰。特别是每次动脑筋想问题或动笔写东西时，总是要把淑姑夫人唤到身边坐着陪伴，叫夫人把脚上的鞋子脱下，把一双三寸金莲伸到他的面前，让他握在手里，捏捏玩玩，然后把裹脚布一层层解开，将鼻子凑到小脚上去猛嗅。淑姑开始很不自在，时间一长也便成了习惯，任其摆布，不再有怨言。平常时节，淑姑一见辜鸿铭进了书房，摊开纸笔，立即跟了进来。有时辜鸿铭在书房坐定，文笔枯干，未见淑姑，便大喊起来："淑姑，快到书房里来！"

这时，淑姑无论多忙，都会立即放下手中的活计，轻移莲步，走到辜鸿铭的身边。辜鸿铭手把淑姑小脚，顿时思如泉涌，挥毫落笔，瞬间千言。从此，不可一日少了这兴奋剂。

辜鸿铭的这种癖好曾经引出一件趣事。

辜鸿铭后来在北大执教时，一天，去拜访一位学生，应门的是位年少的丫头。这丫头也巧，正是缠了脚的，迈步而入的辜鸿铭，一眼就盯上了人家丫头的脚丫子。刚巧几日未曾修整，天气又热，脚底下传来阵阵异味。不料，辜老先生一嗅见这气味，便连连抽动鼻子，目不转睛地盯着丫头的一双脚，丧魂失魄一般。小丫头以为自己的一双脚太脏，羞红了脸，定定站在那里。

刚巧学生迎出门来，见老先生这般模样，以为丢了什么物件，这时他才回过神来，跟着走进厅来，学生与他寒暄，他却怅然若失，一副答非所问的样子。

本来他到这里来，是要看看他这位学生所藏的宋版书的，不料这一来，学生摆出宋版书时他已兴味索然，草草一过，便应学生之请写下两句诗：

古董先生谁似我？落花时节又逢君！

这是集古人的句子，可学生却不知先生别有怀抱，正在慨叹这把年龄又见到如此奇脚，还以为老先生在发故国之思，感叹前朝，当即连声道谢。辜鸿铭仍是念叨着不错不错，一阵子后，便起身告辞，怅然而去。

次日，这位学生便接到老先生修书一封，托人前来做说客，希望能得到那位应门丫头。学生以为先生说笑，并未在意，哪料他又托人前去游说，这位学生一听大笑：

"前次来人，我还以为说笑，怪不得那天他一进门就盯着那丫头，丧魂失魄，你道我那婢子是何模样，一头黄发，眼睛略斜，鼻子略掀，嘴巴横阔。临了，老先生还写下诗句，喏，你看。当时，我也以为其有故国之思呢，不料思在这里。既然老先生执意要，又说以精拓《张黑女碑》送我，只好乐得奉送。"当即便告知那丫头，那丫头，无有不可，立即准备送到辜鸿铭府上，辜先生一乐，便先把《张黑女碑》给送了过来。

哪知，上午刚送丫头过去，下午那丫头就返回去，任凭主人怎么盘问，也问不出个究竟。

原来，丫头一早起，对着镜子擦粉抹胭脂，收拾齐整，特意用一盆热水，把一双小脚泡了洗，洗了泡，弄得干干净净，换上一条雪白的缠脚布，仔仔细细地裹起来，了无异味。装扮好后，一顶小轿，抬到辜鸿铭府上。

一到，立即被叫到书房，叫人安上一张茶几，放上一个小凳，一切准备就绪，然后辜鸿铭吩咐道："坐到茶几上吧！"

这丫头顺从地坐了上去，辜鸿铭坐在小凳上，捉起丫头的一双小脚，一看，心下先自暗叫，糟了，这么干净的脚还有什么趣味，耐着性子把一双小鞋除下来，然后解去缠脚布，惨了，抽动的鼻子嗅不到半点气味，把鼻子贴到那一双小脚上，也嗅不出一丝异味，那日那股令人刻骨铭心的气味荡然无存。

颇感失望的辜鸿铭立身长叹："完了，完了。"

遂不由分说，吩咐手下，把她送回去了，同时还给他那学生送去一信，仅书四字，"原璧归赵"。不知情者又如何能得知其间缘由！

安眠药

"兴奋剂"有了，辜鸿铭津津乐道的小脚已握在手中。现在还有一样，纳妾。很快，机会也来了。

次年，辜鸿铭艳福高照，随张之洞到汉口，得侨居武汉的日本国大阪市姑娘吉田贞子①为妾。

　　本就主张纳妾的辜鸿铭这下了却了心愿。这日本姑娘吉田贞子，生性温婉，一双机灵的圆眼睛，眼睛上覆着长长的睫毛，恰似藏在雾中的一对明亮的宝石，晶莹而又神秘；圆圆的脸蛋，既温润又甜蜜；一只粉雕玉琢的鼻子，两片丰润光泽的嘴唇，纤细的身段，恰与淑姑不同，淑姑是一个辜鸿铭眼中标准的中国女人，而贞子则是完完全全的可爱。

　　得了贞子姑娘后，舞文弄墨，倦怠无聊时，总少不了兴奋剂——淑姑。若要睡觉，离了镇静剂——贞子，就会通宵无眠。

　　辜鸿铭日后曾称：

　　"我的一生有如此之建树，原因只有一条，就是我有兴奋剂和安眠药日夜陪伴着我。"

　　只是美中不足的是，这安眠药——贞子，一双大脚。辜鸿铭每到睡觉之前，先把淑姑的小脚把玩一番，等兴奋过后，再往贞子床上安眠去也。他写有一金莲诗，描述这种意趣，经常挂在嘴边。

　　　　春云重裹避金灯，自缚如蚕感不胜。
　　　　只为琼钩郎喜瘦，几番缣约小于菱。

　　这样兴奋剂、安眠药的好日子也出过一次岔子。这一次，是辜鸿铭不小心，这边却早惹恼了这位东洋太太。这位如夫人，知道他的怪癖，故意不理他，将门紧闭，躲在房里，无论这位如何讨饶、告罪，就是不给他开门。

　　如此三日三夜下来，辜鸿铭食不甘味，夜不能寐，双眼充满血丝，整日无精打采。未服得安眠药，兴奋剂也就不灵光了，终日关在书房内，一支一支地猛抽香烟，浑身上下憔悴得变了人形。

　　万般无奈之际，忽然想出一个办法。他找来一根鱼竿，爬上凳子，

_____

①　吉田贞子，据辜鸿铭在日本时与人聊到，贞子是鹿儿岛的士族，出生于大阪。

推开窗户，看贞子躺在床上，遂煞有介事地对着桌上的鱼缸，钓起里面的金鱼来。开始贞子还不理会，当他见到辜鸿铭真钓起鱼来，可着急了。

辜鸿铭这一招果然料得准，要知道，那鱼是贞子从日本娘家带来的珍奇品种，贞子视为心肝宝贝，怎能钓得呢？

当下也顾不了和辜鸿铭赌气，急忙冲着辜鸿铭嚷了起来："喂，别捣乱了，金鱼怎么能钓？"

辜鸿铭顿时大乐，哈哈一笑，收起鱼竿，心知只要这位如夫人开口，问题就已解决一大半了，怕的就是她给来个不说不见。当下，满脸堆笑，讨好地说："我的小心肝儿，我岂敢乱钓你的鱼儿，只是你这般不声不响不让人见，吓得我寝食难安，只不过是要把你的话钓出来，这下姑奶奶，你总开口了。"

逗得贞子哭笑不得，便走去开了房门，辜鸿铭将鱼竿一扔，赶紧蹿将进去，生怕又被关在门外。

躺在如夫人的床上，安眠药又起作用了，辜鸿铭的失眠也就解决了。

既有娇妻又有美妾的辜鸿铭，总是不失时机地向别人宣扬一夫多妻的妙处。

别人问他："辜先生，我不明白，你留洋归来，还如此老旧，有了娇妻，还要纳妾。就不怕两个女人妒火中烧，烧到你老辜的头上？"

他振振有词地回答："这个嘛，你就不懂了。像你这样，即使三妻四妾，也不知道世间的乐趣。你知道不，假如你是个女人，当你的丈夫对你不满时，你是让他到外面到处拈花惹草呢，还是干脆离婚，一刀两断，不问不闻？最好的办法，我告诉你，就是和另外的女人一起，齐心协力把他压在石榴裙下，治得服服帖帖。"

说到这里，他总是忘不了宣扬一番："纳妾，乃是我们文明中的一大法宝。那些欧美的洋婆子们，只知道从丈夫那里榨得一笔赡养费，然后光荣退休，另谋出路，怎比得上我们的正室夫人风光，如夫人快意。咱们的纳妾制度乃社会祥和、家庭幸福的法宝！"

辜鸿铭更从生理学、人口学上寻得理由，正如康有为以为应当跪拜，因为人类膝盖如若不跪有何用途一般，他认为：

"这世界上，男人到死还可以传种，女子到了四五十岁以后便失去效用，并且各种冒险的事情总由男子担当，所以，男子死得多，弄到女多男少。据世界的统计，生一百个男孩子，就有一百零五个女孩子出生，所以女子一定多于男子。假如实行一夫一妻，世界上一定有许多怨女。世界上许多名人，如美国总统大罗斯福、孙中山先生等都是主张增加人口，所以应当多纳妾。除了纳妾，我不知道天地间还有什么好办法！"

每当说起纳妾，辜鸿铭总是旁征博引，妙语连珠，他经常向别人炫耀他对妾这个字的心得："妾这个字，就是立女。妾者，靠手也，所以供男人倦时作靠手也。"

辜鸿铭在北京时，曾向二位美国小姐宣扬此论，那两位反驳说："如此说来，女子倦时，又何不可将男子作靠手？男人既可多妾多靠手，女子何以不可多夫乎？"

言下甚为自得，以为辜鸿铭理屈词穷，无话可答了。想不到辜鸿铭接口就是一句："你们看到过茶壶吗？喏，你们可曾见过一个茶壶配四只茶杯，但谁见过一个茶杯配四个茶壶的呢！"说罢大为自得。

辜鸿铭哪里料到，早在潘金莲的口中就有了一句惊人的名言："女人如汤碗，男人似汤勺，一个汤碗配几只汤勺，天经地义！"不知辜鸿铭先生如听到此等议论，有何妙答？

1914 年，辜鸿铭在北京时，连续三次投稿英文报纸《北京每日新闻》鼓吹纳妾。报纸主编急了，请他不要再写这类文章。辜鸿铭不仅不听，反倒大骂主编受了美国人的影响："美国男人不敢娶小老婆，都是些没出息的男人。"

主编没法，迫于教会的压力，只好停止与他的合作。碰巧不久辜鸿铭参加一次宴会，来的大多是些洋人，当面斥责辜鸿铭的纳妾谬论。

有位美国人率先发难，说："密丝特辜，你不是骂我们美国男人没有出息，不敢娶小老婆吗？你们中国的皇帝，就总是三宫六院七十二妃，后宫佳丽无数，弄这么多女人在身边，结果不是早死，就是耗费精力，荒废政务，更有甚者，后妃插手，天下大乱。而普通中国男子，纳妾成风，败坏民风。我们西方人实在很难想象，一个男人怎么能同时应付几个女人，大概不是无怨女，而是怨声载道吧！"

众目睽睽之下，面对这样的挑战，辜鸿铭却不慌不忙，叼上一根香烟，猛吸一口，深吞慢吐，长长一口气出后，端起茶壶，为各位斟上一杯茶，鼓动他的"金脸罩铁嘴皮"功夫，再一次搬出他的"众杯捧壶"妙论："各位，这一个茶壶配几只茶杯，不是很自然吗？男人恰如茶壶，女人就是茶杯，一夫多妻，有何不可！"

洋洋自得的辜鸿铭举起茶杯，一饮而尽，环顾诸人，个个无言，进而嘴劲大增，侃侃而谈："诸位，中国的纳妾制度说到底，虽有不尽如人意处，但纵或一无是处，也轮不到你们这些洋人吹大气。想想你们这些洋人吧，家里面放着位老婆，说是一夫一妻了，回过头来，偷偷摸摸，到处寻欢，找情妇，逛妓院，到头来还高唱一夫一妻制论调，哪比得我们中国人，娶一个就娶一个，不能满足了，再娶两个、三个。"

另有一次，几位德国贵妇人见到辜鸿铭，向他质询女子也可多夫的道理。辜鸿铭头也不回，问道："府上代步的是马车？还是汽车？"

几位存心刁难，有的回答是马车，有的回答是汽车。

辜鸿铭当即应道："不论马车还是汽车，总有四只轮胎，请问府上备有几副打气筒？"

后来，陆小曼和徐志摩大婚时，陆小曼便对徐志摩立下规矩："你不能拿辜先生茶壶的比喻来作借口，你不是我的茶壶，而是我的牙刷，茶壶可以公开取用，牙刷却不能数人合用。我今后只用你这把牙刷刷牙，你也不准向别的茶杯注水。"

辜鸿铭的传世格言确实多，比如张爱玲印象最深的一句格言就是辜鸿铭说的："到男人心里去的路通过胃，到女人心里去的路通过阴道。"

虽然辜鸿铭主张多妻，但他对自己的妻妾还是情真意切的。

1904 年，正当辜鸿铭忙于公务之时，他的爱妾、为他生了唯一的一个儿子的贞子，不幸染病，不治而亡。辜鸿铭悲痛欲绝，好似大病一场，亲自盛殓，将相随 15 年的爱妾葬于上海外国人公墓。墓碑上刻上辜鸿铭亲笔所书的"日本之孝女"几个字，比之于传说中董永之天降仙女妻子，并赋诗：

　　此恨人人有，百年能有几？
　　痛哉长江水，同渡不同归。

痛失爱妾的辜鸿铭，安眠药没有了，要安眠可就不容易了。他晚年身边总是伴着一位年轻貌美的小脚女人——碧云霞，东渡日本、转至台湾讲学时亦跟随左右，以慰老怀。

▲1885年，入两广总督张之洞幕。

上任伊始，即订外国报纸30余份，杂志500余种，为张之洞条分缕析，究其因应之道，使张之洞能明晰国际局势，帮助极大。

▲改洋人订货单上的"土货"为"中国货"，为中国争气。

▲讥刺当局，"中国当今做官的有三待：以匪待百姓，以犯人待学生，以奴才待下属"。

▲慈禧太后过生日，辜鸿铭作爱民歌云："天子万年，百姓花钱，万寿无疆，百姓遭殃。"举世目为狂士。

▲1900年，在武昌时，分析传教士的企图，逐项加以斥责，送到上海《字林西报》发表，伦敦《泰晤士报》摘要并加评论登载，立时引来许多英国读者表达强权的愤怒来信。在世界上堪称空谷足音，举世惊异。

▲发表《尊王篇》，宣传中华礼教治国的道理，《清史稿》评为："汤生以英文草《尊王篇》，申大义。列强知中华以礼教立国，终不可侮，和议乃就。"

▲神话：降服联军统帅瓦德西，为清帝国减少二亿两银子的赔款。

▲1904年，主持黄浦江浚浦事务的谈判。1905年，正式督办黄浦江浚浦局。

四　仕在北洋·幕府廿年

第一章　初遇明公

清光绪十一年

公元 1885 年

辜鸿铭进入了他无比推崇的所谓清流运动主角张之洞幕

开始了他的幕僚生涯，这一干就是 20 年

辜鸿铭眼里，这是一场长达 20 余年的悲剧

这场悲剧——

主　角　张之洞

谋　士　辜鸿铭

事　件——

拯救垂死的大清帝国

让中华文明重放异彩

　　张之洞，字孝达，号香涛，出任总督后，人称张香帅，中年以后，别号壶公、香岩居士、无意居士、抱冰老人等。祖籍直隶南皮，故又称张南皮。

　　张之洞，1837 年 9 月 2 日出生于兴义府。父亲张瑛，乃兴义府知府，教子极严。聘来远近名儒训导诸子，并购书数十橱，供子弟阅览。张之洞幼时读书，异常勤奋，非常认真，勤于思考，对每一个问题必要弄明白，经常日夜穷思，以致形成起卧时间不定的习惯，或数夕不寐，却了无倦容，或一睡数日。日后，跟随他的幕僚吃够了此中苦头。偏巧，张之洞做总督后，每饭必召幕僚同餐，而幕僚们奉召也肃然相陪，他老人家却吃着吃着，竟合上眼睛，倚几睡了起来。幕僚们却不便离去，仍整肃端坐，待他醒了，也算就餐完毕。有时甚至午饭直到夜间才吃。一办起公来，也是数日不合眼，只苦了一班衙役幕僚，但他要睡时，却合眼就睡。此时侍姬也乘时与他合寝，从者只好退出门外，恭立一旁。更有甚者，他在四川督学时，一日游杜甫草堂，思考集杜诗二语为联，数十易稿，终不满足，已三日三夜过去了。一睡起来，又是玉山倾倒，可睡三日余，因此还耽误过不少公事。

12 岁时，文名已为全贵州学堂之冠，并在贵州出版了第一本文集。

1852 年，参加家乡顺天府乡试，中第一名举人，一时才名噪动。消息传到贵州，著名湘军将领胡林翼致书张父，极力称赞。后来张之洞总督两湖，往武昌胡林翼祠庙凭吊，颇为崇仰，一生行事以胡为楷模。

1854 年后，身历苗民暴乱，入僧格林沁幕镇压捻军，历经时乱，培养了他实际的行政能力，与一般奢谈章句的士子大有区别。

1863 年，入都参加会试。高中探花，授翰林院编修。

1867 年起，担任学官。

1877 年回京，任文渊阁校理。

1875 年时，同治帝死，朝中为立储，引起纷争，慈禧太后为保垂帘大权，决意立其弟醇亲王奕譞之子载湉继位。张之洞上书称，立载湉乃出于两宫皇太后之意，合乎天下人之心，大得慈禧恩宠眷顾。光绪帝立，慈禧继续执掌权柄。此时恭亲王奕䜣，因助慈禧夺得大权，主办内政外交，列名军机处之首。现在慈禧已大权在握，她要削弱奕䜣，把奕譞树起来，一些攀龙附凤之徒竞相奔走奕譞之门，军机处内因此形成两大派。以奕䜣为首的沈桂芬、文祥等坚持洋务，李鸿章属这一派——洋务派。李鸿藻为另一派之首，因势单力孤，于是联合大批御史、翰林，这些人议论朝政，抨击权贵，自命"清流"，张之洞便是其中的代表人物。清流人士以不谈洋务为高，维持名教为己任，以圣贤经传卫社稷，反对列强侵略，但却只能用嘴巴，临阵摸书，自命清廉，主张整肃朝纲。慈禧太后在其间玩弄平衡，粉饰"同光中兴"，继续做着天朝的残梦。

自幼接受汉宋之学，在程朱理学熏陶下的张之洞，在父亲的影响下，形成清高品性，铸就一副清流品格。

1877 年 5 月，与清流派重要人物张佩纶结交后，常具疏上奏，参议政务。京都士人有谚语称：李鸿藻为青牛（即清流）头，张佩纶、张之洞为青牛角，用以触人；陈宝琛为青牛尾，宝廷为青牛鞭，王懿荣为青牛肚，其余牛皮、牛毛甚多，互相连成一气，奏弹国家大政、立国本末。

张之洞做京官的几年间，连连上书言事，纠弹时政，在朝野上下获得赫赫声名。老于世故人情的张之洞左右逢源，官运亨通，于1882年出任山西巡抚。

1880年9月，中越边境火药味极浓，茹费理出任法国内阁总理，急急增兵越南，急于到中国分得一杯羹，把老掉牙的法兰西帝国之矛掉向东方，对准中国。

1882年，法军攻陷河内，企图打通红河，直窥云南。活跃在越南境内的刘永福带领黑旗军誓死反抗，将法军围于河内达一年之久，给法军以沉重打击。

1883年8月，法国人最终取得了对越南的"保护权"，并向北推进，以此要挟清政府召回刘永福，开放云南边境。

面对法军的压力，慈禧太后终于找到了机会，把执掌大权的奕䜣踢出军机处。现在慈禧太后抓稳了印把子，可以高枕无忧了。然而对付法国人，她的印把子没用，生杀予夺的慈禧奈何不了法国人的枪炮。无奈的清王朝已做不了天朝的残梦了，让、让、让，是此刻的宗旨。清军已在越南无立锥之地。

1884年3月，法军逼近中越边境，中法一场大战一触即发。

当此危急之际，张之洞上书，力主出战，条分缕析，言词铿锵，被委为两广总督。上任伊始，积极备战，显示出他不仅是位清廉、正直的朝政批评者，而且是位不同于纸上谈兵的卓越的行政官员。

1884年8月27日，清廷正式对法宣战。两广总督张之洞发出号令：杀死一名法兵奖银100至1万两，虏获兵舰奖银3万至10万两……

进入幕府

战事刚开始，驻守前线的将领即后撤，战事堪忧。

1884年8月，法国又派战舰向台湾进攻。此时，事先驶进福州马尾港的法舰队，忽然袭击中国兵舰。战事同时在台、澎和越南两地进行，局势危急。

当此鏖战正急之时，张之洞派杨玉书①前往福建探查战况，同时起用老将冯子材，遏制住了法国人的进攻。正当此战事艰危之际，完成使命的杨玉书返回广州，并带来了一个不凡人物。

杨玉书到福建，完成任务后，从厦门乘船，绕道香港，准备返回广州。碰巧居留香港的辜鸿铭，回福建故乡，游览故乡山水，探望故乡族亲后，返回香港，正好与杨玉书搭乘同一艘轮船。

辜鸿铭上船后，一直不声不响，思量着怎样才能深入中华文化的门径。这时，同船的一帮德国人，高谈阔论，大谈伦理学，旁若无人。正自苦恼的辜鸿铭听到这些皮毛之论，不竟谈兴大发，好久未用的"铁嘴皮"劲儿又上来了，他要教训教训这些连自己文化都不懂的西洋人，遂走上前去，与这几个德国人较量嘴上功夫。

辜鸿铭滔滔不绝地谈起来，一口纯正的德语，容不得别人插嘴，一会儿歌德，一会儿康德、黑格尔，时而英语、法语、希腊语、拉丁语齐上，从苏格拉底、柏拉图到卡莱尔……听得德国人目瞪口呆，佩服得五体投地。

就在辜鸿铭神吹海聊的时候，杨玉书虽不知他们谈些什么，却为这位中国青年的辩才吸引，对他大感兴趣。辜鸿铭这一番舌战之后，正在兴奋之中，兴冲冲地准备回舱，喝杯水润润喉咙，却听得有人招呼：

"这位后生请留步！"

辜鸿铭回头一看，见一位身穿大清官服的官员正向他点头微笑，遂拱手应道：

"在下辜鸿铭，不知大人有何见教？"

杨玉书道："不必客气，我只是想知道，你的这口洋语，是怎么修得的？"

---

① 杨玉书，广州候补知府，名玉书，字汝澍。

辜鸿铭左右无事，遂将自己的留洋之事一一相告。杨玉书知他还未有什么事做，便问：

"假如有机会报效国家，不知你有没有兴趣？"

辜鸿铭当下即答："有，有。如国家有用汤生处，我是随叫随到。"

船抵香港，二人分手后，辜鸿铭也未将此事放在心上，继续读他的圣贤书。

这边，杨玉书一回广州，立即向张之洞呈报东南沿海的战事，随后，便告诉张之洞的高级幕僚赵凤昌，细说船上碰到的辜鸿铭如何如何，大大赞美一番。赵凤昌一听，现在正是边疆多事之秋，总督府中正缺德文译员，这不正是个很合适的人选！立即向张之洞推荐，张之洞当即派他到香港邀请辜鸿铭。

赵凤昌领命前往，辜鸿铭见这回竟真的来请，而且是前往鼎鼎大名的张之洞督府，马上西装革履，穿戴整洁，一副西洋人赴宴的派头，随赵凤昌乘船前往广东。

辜鸿铭随赵凤昌来到两广总督府，拜见张之洞，谋士终于碰到了明主。

张之洞一见到这位西装革履、留分头、头发黑中带灰、眼睛黑里泛蓝的翩翩佳公子，顿时就有几分不悦，上下打量了一番，开口问道：

"汤生，你到底是中国人，还是外国人？假如是个中国人，赶紧脱了这身衣服，穿起长袍马褂，讲官话，留辫子，做个纯粹的中国人。"

辜鸿铭顿时窘得不知如何是好，幸好有赵凤昌从旁打圆场：

"香帅，辜先生自小求学西洋，虽然极力想做个中国人，但终究不得门径，香帅不必太苛。"

张之洞呵呵一笑："惜阴，我只是开个玩笑。不过，汤生，我看你现在已不是在西洋留学了，还是照我的话去做吧！做个彻底的中国人。"

张之洞即委之以邦交诸务。其实，辜鸿铭早年心中神秘的祖国，一经见到马建忠后，就不禁觉得神秘而且伟大，从那时起就一心要做个伟大的中华文明之一员，只苦于门径太生，今登封疆大吏两广总督张之洞之幕府，听张之洞一席话，即换掉西装革履，穿起长袍马褂，留起长辫子，脚上还换上一双正宗的双梁布鞋。后来张之洞去世后，辜鸿铭著《张文襄幕府纪闻》称：

"相随20余年，虽未敢云以国士相待，始终礼遇不少衰。"

初显锋芒

上任伊始，主管德文洋务的辜鸿铭坐到办公室，一看，四面空空荡荡，除了一张枣红色椅子，一张枣红色办公桌和桌上的文房四宝，就是四堵墙壁。辜鸿铭立刻马不停蹄，前往谒见张之洞，不等张之洞询问，当先开口：

"香帅如此看得起我，令我十分感激，只是当今世界日益广大，岂能仅仅依靠想象，而不了解世界事务，闭目塞听？"

张之洞频频点头，辜鸿铭继续侃侃而谈："要了解世界事务，少不了要订些洋文报刊，透过洋文报刊，使香帅明晰国际局势，才不致举措失当。"

张之洞大为赞同，即要他拟出一份订单："这方面，汤生兄你是最内行不过，赶紧抓紧时间，拟一份具体订单，让我过目。"

辜鸿铭得到许可，即回办公室，构思报刊订单。这时，差人送来几份公文，毕恭毕敬地说："香帅吩咐，这几份公文交予辜师爷，至迟明天完成。明日午后，我即来取。"

辜鸿铭接过来一看，原是一分英文订单，阅不数行，顿时将订单扔到办公桌上，大骂："欺人太甚，欺人太甚。"

差人吓了一跳，不知是何缘故，只听辜鸿铭连声怒骂，一口闽南话："这些洋鬼子，简直是王八蛋，用这么便宜的价订中国货，还不卖个乖，竟敢说中国货是土货，太欺人了。"

原来订货单上用的是"native"一词，在英文中，此字含有生番野蛮的意思，如非洲、美洲、澳洲的土人一般。称中国货为"native goods"，惹恼了他。当下提起毛笔，泡沾了浓墨，对着英文"native goods"就要划过去，差人忙用手捂住公文，连连叫道：

"辜师爷，使不得，万万不可胡来，此订单早经签订，你这一笔下去，弄得不好，怕要惹来麻烦。"

辜鸿铭哪管这些，搬开差人，大笔一挥，将"native goods（土货）"字样一抹，添上"Chinese goods（中国货）"字样，将笔一掼，交与差人，道："拿去。别怕，香帅怪罪下来，我顶着。"

张之洞拿到公文，二话不说，即予通过。如此一来，张之洞在辜鸿铭眼中又比一般庸吏高明了许多。

几日后，辜鸿铭将拟好的洋文报刊订单，呈与张之洞过目。张之洞接过订单，说："洋务方面的事，你是专家，就这么定了。"

辜鸿铭告辞之后，张之洞即派人叫来蔡锡勇①，请他帮助看看订单。蔡锡勇接过订单，草草一过，便放在桌上。

张之洞马上询问："毅若，如何？"

蔡锡勇很兴奋地回答："香帅，草拟这份订单的人不简单，能在数种语言的报刊中提炼出这一份订单，30 余种报纸，500 余种各国杂志，别的我不太明白，单说英文报刊，就很高明，足见此人对西洋诸语言之谙熟，而且学养深、见识广。只是这一手毛笔字太也不高明，而且我还未见识过，不知是府里哪一位高人的手笔？"

张之洞听罢，觉得自己果然未用错人，即说道："这位就是新到的辜鸿铭了。这人不仅有这等才学识见，而且胆子大，脾气大，前几

---

① 蔡锡勇，字毅若，约生于 1845 年，卒于 1897 年。福建龙溪县人。早年就读广东与京师两所同文馆，主修英文、算学和中文，得名师指点，兼擅社会科学、自然科学及应用科学，是中国自己培养的最早的现代化人才之一。1875 年，随使赴美，任翻译。1884 年，受知于张之洞，入张之洞幕，负责传译。1886 年，协助张之洞主办洋务。1897 年，不幸中风去世。

日修改订单一事，即此公所为。此人留洋多年，自然比不得诸君的那手字。"

话说辜鸿铭收到各国报刊后，即分门别类，归纳整理，定期向张之洞呈报，其明晰的分析，过人的眼光，对张之洞了解国际局势帮助极大。

辜鸿铭也深知自己中华文化知识太弱，一直在潜心寻求进入中国文化的门径，此时想求幕中那些翰林进士教导汉文，不料得到的答复都是一样的：

"你是读洋毛子书的，没有资格读我们中国的经传。"

没办法，只得买了部日本人写的中英文对照官话指南，继续摸索学习中国文化的门径。张之洞知道后，对他说："孔子说：'自行束修以下者，吾未尝无诲也。'他们不是不肯教你，是因为你无礼貌，师道尊严，未可唐突。"

次日起，便亲自教他读《论语》，查字典，辜鸿铭才从胡乱摸索中找到门径，一直从最基本的三字经到四书五经，唐诗千家诗，进步神速。

此时，中越边境，战事正激，张之洞会同钦差大臣彭玉麟、老将冯子材，认真备战。1885 年 3 月，取得镇南关、谅山大战的胜利，重创法军。

慈禧太后一方面积极谋和，一方面派人犒赏张之洞、彭玉麟等，不时赐给参貂食物等品。每逢赏品到来，彭刚直公玉麟[①]一睹天家物，则感激涕零、痛哭失声。

刚到张之洞幕府的辜鸿铭，见到大清官吏如此忠心耿耿，印象极深，深信此清流运动之脊梁，为拯救中国之栋梁，私心里，比之为耳熟能详的

---

① 彭玉麟（1816—1890），湘军将领。又作玉磨，字雪琴，湖南衡阳人。早年参与镇压农民起义，太平军入湘后，助县令筹防。1953 年，随曾国藩创办湘军水师。后率湘军攻陷九江、安庆、天京，加太子太保，予一等轻车都尉世职。1883 年，任兵部尚书，并奉命赴广东会筹防务。后因病开缺回籍。

英国纽曼大主教发动的牛津运动。

特别是总督张之洞的知人善任，更使他佩服。在这里，他结识了张之洞的得力助手蔡锡勇、梁鼎芬、赵凤昌、梁敦彦①等人。当中梁敦彦的经历更令辜鸿铭折服。

当时张之洞府下有一规矩，每月初一、十五都有一次行礼，文案委员与电报生分班站定，接受张之洞训话。梁敦彦总站在电报房诸生行列，那些文案委员诸公，自命高人一等，无一人与梁敦彦交谈。

一日，又逢行礼时刻，张之洞出堂受礼，见梁敦彦与电报诸生站立一处，亲自上前，伸手拉他出列，命站到文案委员一列之中，说："汝在此班内行礼。"

众皆大为惊奇。此后，一帮文案见了梁敦彦，一改态度，格外殷勤，大不同于当初白眼相待了。

辜鸿铭对此事感慨极深，一方面感叹官场世态炎凉，至有日后讥张之洞手下多伪君子；一方面更是佩服张之洞之知人爱才，真大臣风度。日后，在张之洞幕中，辜鸿铭与梁敦彦最为莫逆。

1885 年，清政府派英国人金登干前往法国议和，6 月订立《中法新约》，法国人终于得到了梦寐以求的越南。但法国人并不满足，干戈直指大清帝国。此际，张之洞虽受到朝廷赏赐，但对于自己主战未得朝廷支持而颇为懊恼。主战的张之洞等对李鸿章等的议和行动极为不满，矛盾越结越深。

---

① 梁敦彦，字崧生，广东顺德人。1857 年生。早年肄业于香港中央书院。1872 年，随第一批幼童赴美留学，初入哈德海小学，续升西区初中及哈德福高中。1878 年，考入耶鲁大学。1881 年，清廷令回国，分发福州船政学堂，后奉派为天津北洋电报学堂英文教习。1884 年，应张之洞聘。历任两广、湖广总督署文案，知州府候补道。1904 年，任汉阳海关道。旋继唐绍仪之后，任天津海关道。1907 年 4 月，任驻美兼日、秘、古钦差大臣，仍留署外务部右侍郎，未赴任。1907 年 9 月，任外务部右侍郎。1909 年 1 月，署外务部会办大臣兼尚书；2 月，任外务部会办大臣兼尚书。1910 年 3 月，兼会办税务大臣。1911 年，任外务大臣兼国务大臣；10 月，出使德美，耶鲁大学赠予名誉博士。1913 年，任政治会议议员。1914 年 5 月，任北京政府交通总长。1917 年 7 月，张勋复辟，任为外交部尚书，以政大臣。复辟失败后，逃匿东交民巷。1924 年，逝于北京。

这时，张之洞又迎来了生辰华诞，照例得热闹一番。府中宾朋满座，颇负时名的沈曾植 ① 也前来祝寿，张之洞关照辜鸿铭说：

"沈公如当今泰山北斗，一代名儒，他的聪明无人能及，你要多向他请教。"

见面后，辜鸿铭即大谈西学西法，年长 7 岁的沈曾植默然无语，不置一词，辜鸿铭意兴阑珊，问沈为何一言不发，沈曾植慨然叹道：

"你说的话，我都懂。你要懂我的话，还得读 20 年中国书。"

20 年后，辜鸿铭又在张之洞的生日见到沈曾植前来祝寿，立即请差役将张之洞藏书搬往前厅，随入厅，坐定。沈曾植问他搬书干什么，辜鸿铭答道："请教前辈，哪一部书前辈能背，我不能背？前辈懂，我不懂？"

沈知他意思，答说："我知道，你能背能懂，你通中学，又通西学，今后中国文化这个重担子，就挑在你的肩上了。"言下极为期许。

后来，辜鸿铭曾对人说："有人说我聪明，殊不知我的聪明，何能与沈公相比，中国有三个聪明人：周公、沈曾植、纪晓岚。"

一试身手

此时的张之洞，早已不再只是一介抨击朝政时弊的书生。山西两年总督生涯，使他看到了民生的凋敝；出任两广总督后，历经战事，对大清帝国的危机有了更进一步的熟悉，深知大清王朝要保住江山，自然少不了清廉正直的官僚，但是只是清谈是解决不了问题的。张之洞究竟不同于一般的清流人物，通过这次中法一战，看透了大清王朝的衰弱，船坚炮利的洋人究竟不是几句美妙的辞令就可打发的。

置身中法战局中的张之洞，一开始还未越出清流人物的思想意识，

---

① 沈曾植（1850—1922），字子培，号乙盦，晚号寐叟。浙江嘉兴人。光绪六年中进士，历任训部主事、员外郎、郎中等职。1888 年，康有为首次上书，即与之相交，支持戊戌变法。1898 年受张之洞聘，往武昌任两湖书院讲习。1900 年，与盛宣怀等策划东南互保，旋署安徽布政使护理巡抚。1910 年，辞官居上海。辛亥后，谋复辟。

不免有许多不谙国际事务的旧式官僚的陈腐之见，但在置身华洋杂处、万邦盟聘的华南门户——广州，接触各类外部事务之后，对大清王朝和国际事务的熟悉进一步加深。中法战后，张之洞得到朝廷嘉奖，赏戴花翎，与李鸿章等人的矛盾进一步激化，而与彭玉麟、冯子材等受到国人的一致拥护。但此战中，马江一役，福建水师全军覆没，给张之洞以很大震动。

在这种复杂的背景下，张之洞的思想为之一变，虽然终其一生，都带着清流之气，但此后，他究竟认识到了洋务的重要。辜鸿铭敏锐地觉察到了这一点，日后，曾有一段清楚的分析：

> 当时济济清流，犹似汉之贾长沙、董江都一流人物，尚知六经大旨，以维持名教为己任。是以文襄为京曹时，精神学术无非注意于此。即初出膺封疆重任，其所措施犹是欲行此志也。自甲申马江一败，天下大局一变，而文襄宗旨亦一变，其意以为非效西法图富强无以保中国，无以保中国即无以保名教。

张之洞督粤五年，尤其是在中法战争结束后的三年，"舍理而言势"，大张旗鼓地兴办洋务，辜鸿铭等熟悉洋务的幕僚顿时大展其才，特别是在处理外交事务方面。

在外交事务上，张之洞能比较合理地进行处置，与他手下辜鸿铭这样精熟洋务者的辅助不无关系。在中法战争期间，既抵制了法方的无理要求，多次照会香港和澳门当局严守中立，不得援法，并鼓励民众的抗战行动；与东南亚各国及美国交涉保护华侨事宜，保护侨民的利益，又避免侨民被大量赶回，引起东南各省动荡，实乃精明之举。同时，加强中越边防，增设电话线，加强海防。

为统筹洋务，张之洞还在 1881 年委粮道专办的基础上，于 1887 年 6 月专门成立"办理洋务处"，设在总督衙门附近，委任广州府候选和府蔡锡勇为提调，职坐办提调员外郎。辜鸿铭、张懋德、邝其照等分任德文、法文、英文翻译委员，专门负责搜集条约档案、中外图书，与各领事副领事以下人员晤商、研究各项交涉案件，培训广东地区外交人才，等等。张之洞还通过办理洋务处开办了一系列洋务项目——

一、建银圆局、铸钱局（中国之有银圆者自张之洞始）。

二、设枪弹厂。

三、筹建枪炮厂。

四、试造浅水轮船，筹议大治水师。

五、建设演习洋操的广胜军。

六、开设广东水陆师学堂。

七、筹办织布官局。

八、筹设炼铁厂。

办这些洋务项目时，德国侵略中国的图谋尚未显露，由于张之洞对德国人抱有幻想，他认为，各国武备，以德国为最精，且亲睦中华，确有协助诚意，因此多借用德国技术，雇用德国技师，辜鸿铭在其中起了很大作用。

1885 年，张之洞组建一支 2500 人的广胜军，倍加重视，成为以后他建自强军和湖北新军的萌芽。张之洞决定采用德国式的操练法练习这支军队，因此致电驻德大使李凤苞、许景澄，雇德国教练军官数人。李凤苞与德国海军部密商，最后德皇威廉决定选派卓越的军事教官柏卢欧、披次二人前来。张之洞决定以中德对等的品级，奏准，给予四五品职衔，赐给官品顶戴和军服，令他们着华服。这些都很容易就谈妥，问题出在礼仪方面，让这二位必须行中华拜跪半跪之礼，这二位以从来没有练习过为由，表示不能遵从，说：

"我等在德国从来以握手为礼，鞠躬为敬，如要行拜跪半跪之礼，万难从命。"

这时专执德文译事的辜鸿铭，马上发挥他的铁嘴皮功夫，引经据典，侃侃而谈，一口标准的德语：

"据我所知，二位所言不实。在你们德国，人们是时常下跪的，每个礼拜日，你们都集中在教堂，跪在耶稣面前，虔诚忏悔，不仅跪，而且跪得熟悉极了。跪的传统，也绝非一日，你们的教堂，有多久的历史，就跪了多久。而且，诸君在你们的帝王面前，不也是单膝半跪吗？"

两位德国人为他纯正的德语所震慑，更惊异于他对德国的了解，但仍辩解道：

"我们两人，是很少上教堂的，即使上教堂，也很少有违心事忏悔，所以跪拜是极少的，半跪也极少。帝王不是经常能见到的。猛然间，要我两人常行拜跪半跪之礼，那是一件很难的事。半跪，还很有可能倾跌失仪。"

辜鸿铭不以为然："两位这岂不是欺人之谈，两位既在耶稣之前跪得很好，如何现在就不行起来？这样说来，在德皇宫里岂不是经常有倾跌失仪之事了。况且，我见你们的小说、绘画中总有男子跪于女人前求爱。"

两位德国人知道半跪是免不了的了，但拜跪还得商量：

"耶稣可是至高无上，唯一的圣子基督，怎么能把凡人和他相较呢？"

辜鸿铭立即反驳："很可惜，两位，你们拜倒在其脚下的，可是一个偶像啊！而对于中国人来说，对尊敬的人行跪拜礼，既尊重又表现出谦恭，有何不好呢？"

两人被他的舌头、嘴皮逼得没法，只有点头答应。

就职那天，两人穿上长袍马褂，着大红顶戴，对着总督张之洞跪拜下去，谢委进见，恭敬如仪。

当时引起极大轰动，洋人受中国政府聘任，改章服礼节，实是一大创见，虽然现在比不得乾隆时代，究竟辜鸿铭一番口舌之功，竟令蛮夷如此驯顺，令人觉得不同凡响，后来赵凤昌特著文申明之。

第二章 汉滨读易

清光绪十五年

公元 1889 年

张之洞移督湖广

汉滨读易者——辜鸿铭

1889 年 11 月，张之洞卸两广总督职务，移督湖广。

1889 年 12 月，辜鸿铭相随乘船经香港、上海，抵达武汉。此番张之洞移任湖广，与清末铁路争端直接相关。

作为现代文明标志之一的铁路，在大清帝国的神圣领土上，其命运当真是曲曲折折、九弯十拐。修，是不容易，修起了，也没有好结果。铁路这玩意儿仿佛带有西洋人的魔咒，天朝的龙子龙孙们生怕见到这个如此先进的庞然大物，习惯了日出而作、日没而息的人们怎能容忍？

早在同治年间，一帮洋务大员即已深知铁路的妙用，李鸿章就多次上陈修筑铁路的好处，未能成功。开矿、修铁路，对于这个固步自封的帝国臣民来说，不是带来便利，而是性命攸关的大事。

大规模修铁路、开矿山，必然会开动一个庞大的工程，打通无数的自然条件的阻碍，这恰是中国人最忌讳的。中国人为了此生的幸福，来生的安宁，修房造屋，有涉动土的事，小到像砌个炉灶，都要花去许多银两，请来风水先生。特别是安葬祖先的坟地，更是此生幸福与后代造化的要害，一定得兴师动众，千辛万苦，花费巨大才能请来正宗的风水先生看好地盘，买将下来。如今这一切，岂不是破坏了风水吗？

中国人互相争斗，直到兵戎相见，大打出手，都会在手战、舌战、赤膊上阵之外，辅之以风水之战，刨祖坟，挖地脉，都是用惯了的。早在伟大的始皇帝时代，就发现西南有王气，遂命人在西南山中埋下大量的珍宝，以魇王气。而开国帝王们也不知干过多少刨祖坟、绝地脉的妙事，且干得一本正经，干得认认真真。

从更大程度上说，风水更是一方人们命运和前途所系，岂是动得的？洋人到中国来修铁路，开矿山，是没安好心的。他们一定是想凿穿中国的龙脉，破了中国的风水，绝了中国的前途。

1876 年，英国人开办的怡和洋行，擅自修筑了从上海到吴淞的铁路，7 月通车，引起举国惊恐，舆论大哗。10 月，清政府只得以 28.5 万两白银高价买回该路，买回来的唯一目的就是要把它毁掉。1877 年，中国大地上出现的第一条铁路消失了。

中法战争后，清政府看到了现代交通和科技的重要，洋务大员力倡兴修铁路，却碰到一片反对之声，障碍仍在。

张之洞身历战乱，加之身边一帮洋务人才的影响，特别是辜鸿铭定期呈送的关于世界各国的资料，对西方工业技术和现代工业有了较为深切的了解。于此铁路之争汹汹不已之际，张之洞独自上疏，认为铁路之利，非同小可，利在通土货，厚民生，征兵转饷尚在其次。着眼于铁路经济效益，比那些主张者、反对者都高明许多，并且提出实际方案，认为宜从卢沟桥起，经河南，以达湖北汉口，开通卢汉线，开通此线有七大利，其要者为富国、强兵、利民。

1889 年，清政府在听取沿江沿海各督抚意见后，认为张之洞条陈各节所奏颇为详尽，业据一再筹议规划，方案周详，即可定计兴办，着派直隶总督李鸿章监修北段，南段由湖广总督监修。

在这场争论中，李鸿章提出多年的铁路修筑之所以得不到支持，既在于他树敌过多，也有清政府防范淮系之目的。张之洞便成了一个可以接受的势力，一经提出建议，即予以通过，也是清政府以之作为平衡淮系力量的手段。遂命张之洞移督湖广。

张之洞交卸两广总督职务后，经上奏朝廷，得到皇帝上谕：

候选道蔡锡勇，山西候补道陈占鳌，候选知府沈嵩龄，广东候补知州凌兆熊，候补知县赵凤昌，江苏候补知县薛培榕，均著发往湖北，交张之洞差遣委用。钦此。

除了这些已有候补头衔，已入大清官阶的官员们，非得经过正式调用外，张之洞还带了一大帮子幕僚。带着一大帮子幕僚，对张之洞来说，乃情非得已。大清王朝选举任用官员，权归中枢，地方官员不得自己选拔僚属。为了解决地方行政的千头万绪，必需方方面面的人才，所以，地方官员不得已，多养幕僚，以备专务。

张之洞在此世变日亟的势态下，也不得不储才幕府，以图洋务。辜鸿铭、梁敦彦就以幕僚身份，跟随张之洞到湖广总督府去了。

洋务与维新

张之洞对他的几位手下期许甚高，一行人坐船北上时，抵达汉口的前夕，张之洞慨然叹道："吾辈鞅掌为常，转籍道路为休假，明日又将治官事，愿无忝六君子之称。"

张之洞所谓六君子者：蔡锡勇、凌兆熊、梁敦彦、赵凤昌、辜鸿铭，还有张之洞自己了。可见张之洞对他一班手下期许之一斑了。

张之洞一行到湖北后，从两广开始的洋务努力有了实际的成果。在两湖之间，经过十多年的苦心经营和一班幕僚的精心策划，成绩也不容小觑，结出累累硕果，主要有这几大项：

湖北炼铁厂。湖北枪炮厂。湖北纺织官局。采矿。

蔡锡勇、辜鸿铭等精深的西洋知识对张之洞帮助极大。这些设施多用德国技师和德国技术，因此主办德文译事的辜鸿铭下了不少力气，出谋划策，搜集资料，监督洋员。

1890年，张之洞准备创办钢铁厂，同时创办为钢铁厂提供原料的铁矿，决定用机器开采大冶铁矿，以此作为筹办的汉阳铁厂的原料基地。

在开采大冶铁矿时，就碰到德国技师首先将资料呈报德国政府，引来德国人的觊觎。最后，在辜鸿铭的帮助下，严词拒绝，但还是同意优先聘任德国技师。

几经周折，1893年才告竣工，汉阳铁厂也正式投产，令西方人大为震动，视为中国觉醒的标记，惊呼"黄祸"来临：

> 汉阳铁厂之崛起于中国，大有振衣千仞一览众山之势，征诸领事之报告，吾人预知其不可量矣。中华铁市，将不胫而走各洋面，必与英美两邦，角胜于世界之商场，其关系非同毫发，英美当道，幸勿以么么视之。……呜呼！中国醒矣，此种之黄祸，较之强兵劲旅，蹂躏老赢之军队尤可虑也。
> ——《东方杂志》第七卷七期译西报《论汉阳铁厂装运钢铁出口将为欧美二洲实在之中国之黄祸》

甚至预言，不久，湖北将成中国的匹茨堡、米克里斯布鲁及威斯法里亚。日本人更是赞叹不已：

> 登高下望，使人胆裂，烟囱凸起，耸立云霄，屋脊纵横……是为二十世纪之雄厂耶！

然而不幸得很，洋人的预言没有成为现实，炼铁厂一帮长袍马褂的官员，到处指手画脚，最后竟成了彻头彻尾的不中不洋的怪物，终于步履维艰，落入日、德等国洋行的囊中，同李鸿章的北洋海军同一命运。

当时，整个工厂用的是全套西方人的技术，铁厂的总监工是英国人贺伯生和比利时人白乃富，总设计师是英国人约翰生。辜鸿铭一次同这几位闲聊，对铁厂的命运大肆感叹："香帅办铁厂，好是好，可惜是只有模样，没有精神，终有一日会办不下去。"

这几位洋大人不知他要发什么感叹，只是齐齐看着他，他却毫不在意，继续发挥下去：

"香帅的铁厂，主管人员都是刮地皮而来，裙带风、贪污贿赂、靡费侵蚀，排场应酬无所不在，只不过是给官僚添上了挂名职位而已。"

贺伯生点头答道："先生为何如此看不起这铁厂呢？我看这铁厂就气壮如牛呢！"

辜鸿铭当即发挥道："这件事情，说白了，不过是徒有其表，不得精髓，单知道效法，只知其当然，不知其所以然，不过依样画葫芦而已。有这么一个故事，说的是嘉道间，海禁初开，有一西洋人衣服破弊，找不到做衣服的西洋人，没办法，只好找个中国裁缝，问他能不能做西服，回答说，只要有样式就行。那西洋人拿了一件旧衣服去，过不几天，新做的衣服就送来了，剪裁缝制都没有差错，只是有一样不好。"

三人一听齐问："有何不好？"

"那人拿起衣服，即看到背后被剪去了一块，然后补上一个补丁，与旧衣服一模一样。那洋人觉得奇怪得很，问其缘故，答说我是照你的样式做的。"

听得众人齐声大笑，辜鸿铭笑着说："不仅香帅如此，当今中国锐意图新，事事效法西人，如制衣匠一般，只求其当然，不知其所以然。工厂之中，赫然一小衙门。衙门作风盛行，不复知工厂与衙门有何区别。"

辜鸿铭此论甚确，洋务之病恰在于此。张之洞在湖北主办的洋务企业多是这等命运，这也是清王朝的痼疾所在。

张之洞在湖北主办新政，无非是传统的皇家作坊的新式工厂而已，主持这些工厂的，不过是张之洞手下的那些士子，他们只知辞藻华美，不懂西方工业居然竟是由资本家和具有专门知识的经理人才来治理。何况，我天朝自古耻为商人，有无奸不商之说。谁知这些主办洋务的人员不仅不懂洋务，而且随意指手画脚，仿佛衙门中的官僚，动辄以政令为务，主观臆断成风，奸诈不法，比商人犹有过之，头脑中尽是升官迁职发财的美梦。

这些人谙熟裙带之风，贪污贿赂，靡费侵蚀，只喜欢排场，大肆挥霍。每一出差，委员必十位、八位，爵秩相等，并驾齐驱，以致互相观望，指望张之洞裁决。

最大的难题还是派了大批无用的人做监督，无所事事，为一点私利开除熟练工人，换用生手，日常管理只会拿着竹片殴打工人，比之日本之理财之道有天渊之别。

张之洞手下主办洋务的人蔡锡勇、辜鸿铭等皆是思想旧、手段新，力图以新手段维护旧思想，如此一来，其命运可想而知。

不过，辜鸿铭还是清醒的，他知道问题的症结所在，他曾感慨地说：

> 曾文正覆刘印渠制军书云：自王介甫以言利为人诟病，后之君子，例避理财之名，以不言有无不言多寡为高，实则补救时艰，断非贫穷坐困所能为力……余谓财固不可不理，然今日中国之所谓理财，非理财也，乃争财也。驯至言理财数十年，其得财者，惟洋场之买办与劝业会之阔绅。昔孔子云：君君臣臣父父子子。余谓中国欲得理财之道，则须添二句，曰：官官商商。盖今日中国大半官而劣则商，商而劣则官，此天下之民所以几成饿殍也。易传曰：损上益下谓之泰，损下益上谓之否。知此则可以言理财。

张之洞的新政如此，当时中国的时风更是如此，官吏经商，本来是受明令禁止的，无非防其假公济私，并非其身份高于商人。自古以来，一班官吏自以为是，夜郎自大，对于商人则趾高气扬，有不屑为伍之意。同治光绪以来则不然，人心好利，更是前无古人，有在官而兼营商业者，有罢官而改营商业者，殆欲于直接取于民以外，再借助于间接手段，与民争利，搜刮财富。而这一帮官吏为商，眼光直指利润，对开矿建厂茫无所知。

这些官吏们经营的无非是古董铺、酒楼、茶肆、旅馆、车行，都是些急功近利、捞取钱财的行当，于社会之好处可以说少之又少，只是捞取金钱的终南捷径而已。辜鸿铭对此大为感叹，曾与梁敦彦说：

> 这些官吏所做所为，简直是现身说法，自为写照。设古董铺的，则皆陈旧之物，徒供陈列，若自言其无济实用也。设酒楼的，则一生饕餮，惟知食粟，若自言其饱食终日，无所用心也。设茶肆的，则呼朋引类，竟日坐谈，与朝鲜人烟茶消遣相似，若自言其将为亡国亡民也。设旅馆的，则来往无常，淹留不久，若自言其一官如寄，可以五日京兆视之。设车行的，则曳车奔走，惟恃足力，若自言其有终南捷径，易于钻营也。

梁敦彦见他如此感叹，更进一层，说：

> 汤生兄所言经商官吏，此时尚为主子，时俗所谓东家者也。今天下局势，变幻无常，此辈必有失官之一日，到那时，求生不得，求死不能，虽曾跻道员知府之列、总办提调之差者，且恐欲做商人之一员都难了，还敢趾高气扬吗？甚至于低首降心，患得患失，以谄事上官之术，谄媚商人了。

辜鸿铭点头称是，接着说：“此是后话，殊不知现在已官多如牛毛。咸丰、同治以来，卖官盛行，稍有财产或能举贷的，祖孙父子兄弟，无不以捐官为捷径，借此以求温饱，甚至致富。一省候补道多达数百人，整日无事，到处游逛，妄自尊大，堪称高等游民，盗（道员谐音）多如牛毛。恐怕不到此等诸君失官之时，天下已吃平矣。”

言罢，两人大为感叹。同治、光绪之间，晚清社会可以见其一斑了。

辨识冒牌货

辜鸿铭对张之洞的措施，颇有看法，在他眼里，张之洞只知急功近利，不知如何急功近利。他在一篇文章中对晚清的自强之路做了一个回顾，得出一个结论——

张之洞的新政，不过是一剂新政补元汤。性燥烈，服之恐中变。

虽然如此，张之洞的新政还是收到了一些实效，特别是开办枪炮厂。此枪炮厂名噪一时，有"中国克虏伯"之称。而张之洞创立此厂，一切缜密之计划，辜鸿铭筹划有功。

张之洞在中法战争后，即着手筹建枪炮厂，卸任之时设备尚未运到广东。移督湖广后，接任两广总督的是李瀚章，此人乃李鸿章的弟弟，此人无意将枪炮厂留在广东。在天津的李鸿章也看上了这块肥肉，因此李瀚章预备将此厂迁往天津。后来在奕譞的帮助下，张之洞得到了这批设备，于是枪炮厂就准备建在湖北，建在大别山下，派蔡锡勇兼领其事。

1890年，枪炮厂部分设备启运来华，以后开始生产的就是德国的七九式步枪，成为此后数十年湖北枪炮厂（后称汉阳兵工厂）的当家产品——汉阳造。

张之洞除了使用德国的技术和机器外，还聘请洋专家，希望将湖北枪炮厂创办成"中国的克虏伯"。

受聘于张之洞的德国人维礼，一再向张之洞鼓吹德国工业设备的优良，大肆兜售本国军火和机械设备。张之洞建湖北枪炮厂的全部设备就是维礼牵线向德国的卢德威·吕卫洋行订购的，这笔买卖使维礼本人得到每月2100马克的补助。同时盛宣怀①介绍了英国兵工专家华德·伍尔兹前来。

伍尔兹一到，张之洞立即着人请来维礼、辜鸿铭会谈。张之洞为之引见：

————————

① 盛宣怀（1844—1916），字杏荪，又字幼勖，号愚斋、止叟。江苏武进人，秀才出身。1870年，入李鸿章幕。1873年，任轮船招商局会办，后升督办。1879年至1896年间，先后领办天津、山东、山海关等地海关事务。1893年受李鸿章委派，督办上海机器织布局。1896年，接办汉阳铁厂和大冶铁矿等等。1900年，策划"东南互保"。1911年，任邮传部尚书。组织中国红十字会，为首任会长。二次革命后，支持袁世凯镇压革命。

"这位华德·伍尔兹先生，是杏荪荐来的。这位是我的德文译员辜鸿铭。"

辜鸿铭以一口流利的英语翻译过去，伍尔兹听到他的英语，大吃一惊，维礼耸耸肩，说：

"我刚来时，也被他吓了一跳，这位先生对我们西方了解得很。不仅英语不错，德语、法语也很高明。"

众人交谈一阵，即送伍尔兹前往住处，安置下来。

谁知数日后，这位洋专家却不辞而别，回上海去了。张之洞接到差人来报，说是辜鸿铭拜访了伍尔兹后，此公即去。张之洞大怒，即刻让辜鸿铭前来，说个明白。

辜鸿铭实言相告，一派轻松模样："伍尔兹是我撵走的。香帅息怒，这人是个骗子，留他何用？撵走得了。"

张之洞一惊："怎么有假，难道杏荪骗我不成？"

辜鸿铭解释道："这伍尔兹一住下来，我就前去拜访，想见识一下这位兵工专家的水准。谁知见面一叙，原来这人还是在爱丁堡大学毕业的，不过学的却是商业专科，比我晚五六年毕业，跑到中国来，想发横财。这等无赖泼皮，我不帮你打发掉，有何用处？"

这下，张之洞犯难了，心急火燎之中，请来了个假洋专家，真洋专家的影还没有，假洋专家一打发走，真洋专家哪里去找，枪炮厂怎么办？

辜鸿铭却早已成竹在胸，从容说道："香帅别急，我这里有个最佳人员，此人是德国人，名叫威廉·福克斯，我在德国留学时的同学，这人才真正是兵工专家，现任克虏伯工厂的监督。"说着摸出一封信来。

"我这里已替香帅修书一封，邀其前来相助香帅。香帅，并不是黄头发碧眼珠的都是专家。"

张之洞这才缓过气来，只得依他。

这威廉·福克斯原是德皇威廉的亲戚，当年与留德的辜鸿铭有深厚友谊，此时见辜鸿铭相邀，乐意前来，只是声言聘用不超过半年。辜鸿铭这边一口答应，福克斯先生如约前来。

张之洞即着人为福克斯先生洗尘，酒酣耳热后，福克斯纵谈克虏伯厂的机密。言者无心，听者有意，不几日，英国《泰晤士报》即登出此事，福克斯叫苦不迭，深为家人忧虑，找到辜鸿铭。辜鸿铭早有准备，随即从衣袖里取出一份电报底稿给他看。原来，辜鸿铭见到报上的文章后，早禀报张之洞，将福克斯家人接来中国，福克斯深感其情，悉心筹建枪炮厂。

然而好景不长，风声一过，福克斯被召回德国，重新派了位德国专家前来。这些洋专家垄断技术，指挥华工。铸造技术，华人无知之者。不过经此一事，明主对谋士竟多了几分了解。在张之洞的心目中，谋士辜鸿铭的地位也有了明显的提高。

折服俄皇储

1891 年，俄国皇储（即末代沙皇尼古拉二世）游历东方，来到湖北，带着一群贵族勋臣，当中还有一位是俄国皇储的亲戚希腊世子，一行十人，威仪显赫，盛况空前，乘俄国军舰到达汉口。张之洞以地主之礼，前往拜访，关道与中军两名相随，宾主一番客气之后，俄皇储询问两从员官职，辜鸿铭翻译。很快，张之洞告辞，俄随员十人立舱口，辜鸿铭以流畅的法语告诉俄皇储：

"你的随员应该自报姓名，以表示对总督的尊敬。"

俄皇储应之，随即张之洞邀请他们，在晴川阁设宴洗尘。这晴川阁，本得名于唐代诗人崔颢的两句描写汉口胜景的诗句：晴川历历汉阳树，芳草萋萋鹦鹉洲。

席间，辜鸿铭以法语通译。主客都十分尽兴。酒过三巡，俄皇储要与希腊世子谈话，不想让人知道，即改用俄语："今晚我们还有别的约会，应该注意少喝点。"

辜鸿铭随即以俄语告知："这次宴席颇讲究，没有卫生问题，诸君尽管放心享用，尽兴方休。"

俄皇储一行大为惊奇。

这时，张之洞拿出一鼻烟壶，凑到鼻子上，尽情享用，神情极为悠闲愉快，希腊世子觉得很惊异，用希腊语问俄皇储："主人鼻吸何物，如此津津有味？"

辜鸿铭即告知张之洞，张之洞递鼻烟与世子。两位更加惊奇。临别前，俄皇储郑重其事地握着辜鸿铭的手，邀请他到俄国游历，届时必礼敬有加，同时拿出一镂有皇冠的金表，赠予辜鸿铭。

后来，两位皇子到上海，与各国领事称扬，在汉口谒见张之洞时，碰到一位翻译，博通西欧诸国语言，言词灵敏，思虑有致，实是奇才。辜鸿铭的声名即从此开始在上海的欧美人士中传播开来。

汉滨读易者

清光绪二十年

公元 1894 年

中日甲午战争

僻居海岛的日本，早同中国一样，受到西方列强的攻击，门户洞开，美、英、俄、法等帝国主义势力纷纷来到日本的滩头。

但励精图治的日本人经 1868 年的明治维新后，走上了富强之路，左右日本政坛的多是一些留学西洋、眼界开阔、思想激进的开明人士。富强以后的日本，一俟内政略定，即欲侵略中国、朝鲜，以武力开拓万里波涛，布国威于四方。野心勃勃、羽翼渐丰的日本军国主义者，早在 1876 年，就伙同美国入侵朝鲜和中国台湾，直到 1884 年后，日本在朝鲜的势力不断膨胀，对中国的野心越来越大。

1887 年，日本军国主义者拟定了一份《征讨清国策》，准备以主力攻北京，并分兵占领长江流域各战略要地，阻止江南清兵北上，力图将辽东、山东、舟山群岛、台澎列岛划入日本版图，其余部分划为若干小国，依附于日本。决定以五年为期，抓住时机准备进攻，对中国发动一场以"国运相赌"的战争。

　　而此时的大清王朝，在慈禧太后的领导下，文恬武嬉，不思进取。紫禁城内，太监、后妃整日忙忙碌碌，只为一件事，伺候好老佛爷。慈禧太后，一心寻欢作乐，舞榭歌台，笙歌不休。精妆靓扮的慈禧尤其喜好京戏，紫禁城太严肃了，她要为自己造个安乐窝。此时正当国库空虚，决定挪用海防经费营造颐和园，安享晚年，用的名义是挖个池子训练海军。

　　1891 年以后，北洋海军——李鸿章经营多年的本钱——却因无银两，已停止购买枪炮弹药，北洋海军徒有其表。

　　1894 年，朝鲜人民起义，日本以朝鲜请求清廷出兵，借口保护侨民，出兵朝鲜。7 月 23 日，劫持朝鲜国王，组织傀儡政权。迫于压力，李鸿章于 7 月 24 日派北洋船队运兵前往朝鲜，7 月 25 日，返回途中，与日本军舰在黄海展开大战，这是当时世界上最大的一场海战，甲午战争正式爆发。

　　此时，身处大清帝国腹地的张之洞，积极加强长江防务，为筹集军火，费尽心力，多次致电使俄大臣，联系购买枪炮事宜。为筹集军饷，加强长江防务，派辜鸿铭前往上海商借外债。

　　辜鸿铭一到上海，即前往德华银行，面见银行经理，说明奉张之洞派遣来借款，并声明决不收手续费（即今之回扣），并留下一纸凭条离去。

　　张之洞又让因涉案革职、永不叙用而流寓上海的赵凤昌前往询问。德华银行经理拿出辜鸿铭留下的纸条，上云："我来议借款，成不索回扣，以此刺为证，后有不信，持此控我。"

　　赵凤昌大为佩服辜鸿铭的廉洁正直，由此可见辜鸿铭人品之一斑。

　　在上海期间，辜鸿铭常常与赵凤昌相聚，并一起出游。一次，两人同到侨居上海的德国学者花之安①家中作客。这位德国人曾著有《中国理

---

① 花之安（1839—1899），ErnstFaber，又名福柏，花之安是他的中文名。1839 年，生于科堡，曾在巴门神学院学习。23 岁毕业后，又先后去巴塞尔大学、杜宾根大学进修，之后在哥达大学研究植物学。1865 年，受巴色会派遣来华传教。1865 年，代表礼贤会到香港，后在广东内地传教。1880 年，与礼贤会脱离关系，独立传教。1885 年，加入同善会。翌年，赴上海。1898 年，德国占领青岛后，移居青岛。次年，死于青岛。著有《儒教汇纂》《中国宗教导论》《中国妇女的地位》《从历史角度看中国》等书。被誉为"19 世纪最高深的汉学家"。

学汇编》，译有经子多种书籍。二人一到，就见他桌上摆了一套浙江刻的《二十二子》，正在翻阅，花之安请二人入座后，沏上咖啡，操一口流利的汉语，告诉他们说："我在咸丰四年（1854）来华，在教会做事。现在，教会风气大变，不能合意，遂辞职，一心从事译著。对于中国学问，很有兴趣。中国孔孟连称，我倒以为孟子立论尤当。"

赵凤昌回答说："春秋战国，时代不同，后之时局激荡更甚于前，孟子也自称不得已，其实孔孟之道是一样的。"

花之安连连点头称是。

不久，赵凤昌到武昌，有感于时事纷扰，国势难宁，向张之洞提议："香帅，当今之际，应命汤生多译西方报纸，以广眼界，知己知彼。"

张之洞以为不错，即让在座的辜鸿铭考虑，辜鸿铭想也不想，脱口而出，说："香帅，洋人报纸上尽是些狗屁，信不得的，汤生不会译，就是皇上亲下谕旨，我也不干。"

张之洞拿着如此倔强的辜鸿铭也毫无办法，微微一笑，只好作罢。辜鸿铭则对张之洞感怀不已，称张之洞以国士相待。像他这样的人也只有张之洞容忍得了。辜鸿铭心里也许暗暗自比严子陵，比张之洞为刘秀，所谓"无香帅之大，不足以成汤生之倔；无汤生之倔，不足以成香帅之大"。

为什么一到张之洞幕府就力主订洋文报刊，拓宽眼界的辜鸿铭，此时的态度来了个一百八十度的大转弯。原来辜鸿铭受沈曾植的刺激后，便开始发愤研习中国文化。特别是到武汉后，自号"汉滨读易者"，认真研习起中国典籍，思想已然大变。

1896 年，辜鸿铭作《上湖广总督张书》，反对学习西方的各种活动，表示其彻底倾服于儒家传统。

在维新边沿

此时的张之洞仍迷恋于募洋军攻打日本本土的梦想，昧于世界局势，当真是夜郎自大，坐井观天，以为老子天下第一，国际局势，任我摆布。

谋士辜鸿铭是这样评价府主张之洞这期间的作为的：

> 忠信笃敬，德也，此中国之所长也。大舰巨炮，力也，此西洋各国之所长也。当甲申一役（中法战争），清流党诸贤臣，但知德足以胜力，以为中国有此德必可制胜于朝廷，遂欲以忠信笃敬敌大舰巨炮，而不知忠信笃敬，乃无形物也，大舰巨炮，乃有形之物也。以无形之物，攻有形之物，而欲以是奏效于疆场也，有是理乎？此知有理而不知用理以制势也。甲申以后，文襄有鉴于此，遂欲舍理而言势。然舍理而言势，则入于小人之道，文襄又患之，于是踌躇满志，而得一两全之策，曰为国则舍理而言势，为人则舍势而言理，故有公利私利之说。

中法战后的张之洞，已力主吸收西洋技术。中日甲午一战，却备受冲击，这也是当时中国人的普遍反应。

甲午一役，清军主力舰队——北洋舰队全军覆没。这支海军，由李鸿章于 1874 年创办，此时已有大小兵舰 20 余艘，却与同时创建的福建水师同一命运，几乎全部沉没在敌军的炮火之下。所不同的是，这一次，是败在天朝帝国自认的学生——日本手中，同时陆军也在日军的进攻下纷纷溃逃。

在一东瀛小国的进攻面前，惨遭败北而订立《马关条约》，割让了辽东、台湾，赔了二亿两白银。大清帝国，终于接受到最沉痛的一次教训，举国震动，这个东方的巨人似乎要清醒了。朝野诸公，纷纷发表高见，以为日本之胜，不过在"全用西法"，却不推究其何以全用西法，如何利用西法，只是一时群议纷纷。

于此之际，康有为① 发动参加京都会试的 1300 多名举人联名上书清

---

① 康有为（1852—1927），一名祖诒，字广厦，号长素。广东南海人，光绪进士。青少年时期受正统教育，后感于民族危机日深，遂向西方求变法救国之计。1895 年，中日甲午战后，联合上书。继而在北京、上海创立强学会，发行《中外纪闻》《强学报》，鼓吹变法。1898 年，受知于光绪，开始变法，百日即败，东走日本。辛亥后，鼓吹复辟。

政府,痛陈国是,以为当奋发图强,发愤变法,古老的大清帝国似乎清醒了。

同时,甲午战争期间,清政府看到传统军队已无用,决定顺应潮流,采用西法,编练新军。1894 年,命淮系官僚胡熵棻主练新军,选天津以南七十里小站为练兵地,募兵 4750 人,号"定武军"。次年,由袁世凯接管,扩至 7000 余人,用洋编制、洋兵器。

1894 年,张之洞署理两江总督时,也积极筹建新军。

1895 年 11 月,在江宁成立自强军,士兵 2600 余人,时人称赞不已,谓:

> 西士西官西妇观者百数,咸拍手咋舌,点头称叹,百吻一语曰:"不意支那人能如是,能如是!"

随即于 1896 年交卸两江事务,返回湖广本任,以更大的规模编练新军,不用洋员做军官,只委洋员当教习,参用德国军制,颇接受了些辜鸿铭的建议。不料,这支新军却成为日后辛亥革命的首倡者,这也是张之洞所始料不及的。"西用"究竟难以"中体",纺织机、洋枪洋炮是带了西洋人的魔咒的。

在编练新军的同时,张之洞也非常强调文教建设。张之洞对传统的书院建设一直是不遗余力。早年创建的四川的尊经书院,山西的会德书院,广东的广雅书院,就是他的自得之作。到湖北后,因在中法战争中弹劾李鸿章,受到降五级调用处分的梁鼎芬追随张之洞到湖北,张之洞委派他主办学堂事务,在湖北办起了一系列的书院、新式学堂。

在旧式书院制度中,引进时务,对书院制度做了一系列的改革,创办的书院主要有:

经心书院

两湖书院(辜鸿铭极为佩服的沈曾植就在该院执教)

江汉书院

此外，兴建新式学堂多所，主要是实业学堂：

　　　矿业学堂和工业学堂

　　　湖北自强学堂

　　　湖北方言学堂

　　　湖北方言商务学堂

　　　湖北算术学堂

　　　湖北农务学堂

　　　湖北工艺学堂

　　　湖北驻东铁路学堂

当此天下攘攘不安之际，中国的学人、士子、思想家、封疆大吏正苦思救国之方。

1895 年，第一次公车上书后，康有为多方联络，成立强学会，鼓吹维新变法，列名其间多一时显宦名流。颇负时望的张之洞也同强学会多方联系，一时奔走张之洞门下者，不计其数，时人称："现今有为之士，不走北洋（李鸿章），即南归武汉。朝官外出，可寄托者，李与张耳。"被舆论推为能够拯救天下大局的朝廷柱石。

11 月，张之洞委梁鼎芬随康有为由江宁抵上海，组织上海强学会，一时维新人士竞相奔走于张之洞门下。同时，张之洞亦希望入京，主持变法。北上不成，老于世故的张之洞看穿了大清王朝慈禧和光绪的矛盾，首尾两端，一方面支持维新人士，一方面又保持一定的距离。当章太炎作《排满论》一文，受张之洞指使的梁鼎芬大怒，口呼"反叛""杀头"达数百次。

同时张之洞亲召辜鸿铭商讨时局，与辜鸿铭多方讨论，接受辜鸿铭的论调：

"欧美主富强，务其外也，中国主礼教，修其内也。"

张之洞于 1898 年 4 月撰成《劝学篇》，明确提出"中学为体，西学为用"

的主张。辜鸿铭深悉此文旨趣，意在：

> "文襄门下，如康有为辈，误会宗旨，不知文襄一片不得已之苦心，遂倡言变法，行新政，卒酿成戊戌庚子之祸。东坡所谓，其父杀人报仇，其子必且行劫。此张文襄之作劝学篇，又文襄之不得已也，绝康、梁并以谢天下耳。"

戊戌变法后，慈禧太后重掌大权，即以张之洞有《劝学篇》，而免予追究。清政府把《劝学篇》看作张之洞的一大功绩，很快三易版本。据称，发行达 200 万册，影响之大，可见一斑，很快被译成英文、法文出版。1900 年，美国纽约出版的英文本，易名为《中国唯一的希望》。

英译《论语》

在汉口期间，辜鸿铭在忙于公务之余，抓紧中华文化的学习，并着手英译《论语》。1898 年，辜鸿铭的英译本《论语》正式出版，向西方人输出中国文化，认为西方人根本不了解中国，以向西方人输出中国文化为其毕生之志。

他在英译《论语》序中对于当时最著名的中国经典翻译者理雅各 ① 博士做了如下的评价：

> 理雅各博士……自始至终都表明他只不过是个大汉学家，也就是说，只是一个对中国经书具有死知识的博学的权威而已。

---

① 理雅各（1815—1897），是伦敦布道会传教士，近代英国第一位著名汉学家。他是第一个系统研究、翻译中国古代经典的人。

1815 年出生于苏格兰阿伯丁郡的杭特利城。1831 年，考入阿伯丁英王学院。1836 年，他大学毕业，成绩为全校第一名。毕业后，他接受了布莱克本学校的聘请，担任该校校长。他担任校长只有一年后，投考希伯利神学院。他接受了两年的神学训练，向伦敦传教会提出派往中国传教申请。1839 年 7 月，从英国乘船出发，1840 年 1 月 10 日抵达南洋马六甲。1843 年，理雅各抵达香港。1897 年病逝于牛津。

理雅各倾心研究中国文化，热心在华事业。他十分努力在中国传教，写出了 18 种汉文新教布教书籍。从 1861 年到 1886 年的 25 年间，将"四书""五经"等中国主要典籍全部译出，共计 28 卷。当他离开中国时，已是著述等身。理雅各的多卷本《中国经典》《法显行传》《中国的宗教：儒教、道教与基督教的对比》和《中国编年史》等著作在西方汉学界占有重要地位。

就是说，西方所谓的"汉学"，多少具有围观和看稀奇的意思，没有了解中国经典的活力和真精神。从 1883 年起在英文报纸《华北日报》发表题为"中国学"的文章时，辜鸿铭就建立起这样的基本认识，他要向西方人揭示中国经典的真正内涵，改变西方人对于中国的偏见。

在英译《论语》序中，他这样表达自己的企望：

> 但愿在耐心读过我们这个译本后，能引起对中国人现成成见的反思，不仅修正谬见，而且改变对于中国无论是个人还是国际交往的态度。

在他英译《论语》之外，也忘不了对其义理上的敌人抽上几鞭子，其矛头指向如斯宾塞及翻译斯宾塞作品的严复①——

> 现在人们谈论"进步"，进步也者，据歌德而言，其意味的是人类"进步成更加像人"。由是观之，中国在两千年前，似乎在文明上已有了真的进展。

辜鸿铭很看不起译述西人著述者，特别是严复和林纾②。曾讲了个辛

---

① 严复（1854—1921），字又陵，又字几道，晚年号癯瘰老人。福建侯官（福州）人。1866 年至 1871 年，在福州船政局学习。1877 年，赴英国学习海军。1879 年回国后任福州船政学堂教习，总办近 20 年。留学英国期间，广泛阅读西方哲学、社会学著作。甲午战后，深受刺激，痛感必须维新变法，才能免亡国之祸，决心致力于译述以警世。1895 年至 1898 年间，翻译出版《天演论》。陆续发表《论世变之亟》《原强》《救亡决论》《辟韩》等阐述变法图强的文章，提出鼓民力、开民智、新民德，并创办《国闻报》，宣传维新变法。但其主张日趋保守，认为中国变法不可期之以骤，认为君主立宪乃大乱之道。戊戌维新后，继续从事译述，十年间译出亚当·斯密的《原富》、斯宾塞的《名学浅说》、甄克斯的《社会通诠》等书。其译作《天演论》影响巨大。1915 年，列名筹安会。晚年，倡尊孔，反对五四运动。
② 林纾（1852—1924），原名群玉，字琴南，号畏庐，别号冷红生。福建闽县人。举人出身。曾任教京师大学堂。思想倾向维新。后靠懂西文的人口述，用古文译欧美等国小说 170 余种，其中以《巴黎茶花女遗事》最为有名。晚年，反对五四新文化运动，为保守派代表人物之一。

辣的故事嘲笑这些翻译家——

> 当年陈立秋侍郎名阑彬，出使美国。有名随员徐某不懂英文。一天，徐某拿着英文报纸，看得颇为入神。使馆的译员看到他看英文报纸，觉得很惊奇，问："你什么时候学会了英文？"
>
> 徐答说："我本不懂。"
>
> 译员说："既然不懂英文，看它干什么？"
>
> 回答说："我认为英文固然我不懂，但看你们的翻译文字，同样不懂，还不如看英文。"

此时，留学英国学习海军归来的严复，报效无门，看到日本的强大，同到英国学习海军的伊藤博文①大展身手，领导日本走上富强之路，心中无比苦闷，致用无路，索性著书立说，介绍西方社会思想，求西方所以富强之道，发愤著述。

1898 年春天，严复翻译的斯宾塞《天演论》全部完成，一时毁誉毕至，纷纷扬扬，意在倡导学习西方，着眼一个"物竞天择、适者生存"，最直截了当地说出世界民族竞争大势，强权世界的公理，佑启后人。一代伟人毛泽东等无不受到《天演论》的影响。此书成了 19 世纪末 20 世纪初，中国思想界振聋发聩的良药。20 世纪初，政治思想文化舞台上不受其影响的罕有其人。1840 年以来的中国恰是——物竞天择、适者生存之道的典范，现在是如何竞、如何适了。

---

① 伊藤博文（1841—1909），日本长州（今山口县西北部）人。德川幕府时期长州藩士出身。1863 年，赴英国学习海军。回国后积极参加倒幕运动和明治维新运动。明治初年，参与外国事务局判事，兵库县知事。1873 年任参议兼工部卿，1878 年任内务卿。1885 年起四任首相。1885 年，与李鸿章谈判朝鲜问题，订《天津条约》。1888 年起三任枢密院议长。中日战争的主要策划者，战后日方和谈全权代表，迫使清政府订立《马关条约》，曾任台湾事务总裁。1898 年 9 月来中国，对康有为等维新派表示赞助，企图操纵中国政治。戊戌政变发生后回国。1906 年，任特派大使，与朝鲜订立《日韩协约》，首任朝鲜统监，并封以爵。1909 年 10 月 26 日，伊藤博文在哈尔滨遇刺身亡。

严复的这篇名译，却引来辜鸿铭一席臭骂，著文驳斥说：

今夫新学也，自由也，进步也，西人所欲输入吾国也，皆战争之原也。我国之文明与欧洲文明之异，欧洲之文明及其学说在使人先利而后义，中国文明及其学说在使人先义而后利。孟子曰："苟为后义而先利，不夺不餍。"列强以竞利之敌，互相吞噬，穷极其残暴不仁之武力耳……孔子曰："君子喻于义，小人喻于利。"以小人之道谋国，虽强不久。以君子之道治国，虽弱不亡……

辜鸿铭以为《天演论》那一套"优胜劣汰"的道理，没有什么高明，其实早在数千年前，《中庸》中就有"栽者培之，倾者覆之"，这八字实早已说尽一部《天演论》，今反复词费，矜为创造，实没有必要。

日后，曾有一次，严复、林纾、辜鸿铭这三位译界先驱同参加一宴会，古文学家马其昶①也在座，却互不相识。酒过数巡，辜鸿铭突发高论，大声言说：

"如我操生杀之柄，必杀两人以谢天下。"

座中有人问他杀哪两人，他说："就是严又陵、林琴南。"

严复充耳不闻，林纾一副不解，面不改色地询问：

"这两人不知有何开罪足下之处，竟不顾桑梓之情，开刀无情？"

辜鸿铭嘴劲大发，说："严又陵以《天演论》宣扬物竞天择，于是国人只知竞而不言理，以致民祸连连，民不堪其苦。林琴南译《茶花女》，诲淫诲盗，使一班青年男女复不知礼教何物。不杀此两人，天下不得太平。"

马其昶在一旁听着，暗问旁人："此君是谁？"

偏偏辜鸿铭听到了，大声说："我就是辜鸿铭，足下大名？"

---

① 马其昶（1855—1930），安徽桐城人，字通伯，晚号抱润翁。近代散文家。光绪间曾任学部主事，后任京师大学堂教习。1914 年，赴北京，主法政学校教务，兼备员参政院。1915 年，袁世凯称帝，遂离开北京。1916 年，袁死后，再赴北京，应清史馆总纂之聘，从事撰述。后病归桐城。

马其昶回应道："在下马其昶。"

辜鸿铭一听，拍桌大骂："何物马其昶，滚！袁世凯的参政也有脸到这里来丢人现眼！"

辜鸿铭直到执教北大后，与一位同事谈论，问道："你看我和严又陵相比，谁高明？"问话的语气，颇有些不服输。

"你二位各有所长，何必相比。"答的话是遁词。

"又陵有什么可以和我比呢？"

"严先生翻译的许多东西，现在有许多人推崇。"

"啊，你是说他有几本书……"

语气是颇带着轻视的恍然而又怅然的味道。

难伊藤博文

清光绪二十四年，公元 1898 年。

正当中国寻求变法之际，甲午一战的胜者，日本国首相伊藤博文来华游历，考察中国现状，寻求进一步对付中国行动的机会，同时也想控制中国的时局。伊藤博文逗留北京期间，看到了维新运动的失败。本想通过维新人士透视中国时局的伊藤博文，做了些帮助维新人士前往日本避难的活动后，失望之余，于 10 月初南游武昌。张之洞热情接待了这位迅速强大起来的日本帝国的首相，向他介绍了武昌这边的一系列近代事业，伊藤博文非常感兴趣，甚至向张之洞提议，同日本合作，开创一系列经济合作活动。这些合作项目虽然未能实施，却加深了伊藤博文对看起来欣欣向荣、充满活力的两湖景象的印象。

此时，恰值辜鸿铭的英译本《论语》刚问世不久，即赠予伊藤博文一部，想让他见识见识天朝哲人风范，中华文化的忠恕精义。伊藤博文为此专门造访辜鸿铭。

此时的伊藤博文正春风自得，留学英国回到日本后，大才得用，操持日本一国大柄，引导日本在成功之路上顺风直进。伊藤博文有资本自负。日本人早在 1850 年后，就看到了问题的要害，对世界上先进的东西主动接受，遂有今日之日本。而中国上下却固步自封，尾大不掉，自以为是，到今天还在讨论到底用不用西洋技术和政教。也难怪他要自负了，从善如流的人原本也该自负。两位同时留学英国的东方人此时见面，却是大不相同：伊藤博文西装革履，精精神神的一头短发，充满了西洋人的进取精神。辜鸿铭则一袭长袍，外套马褂，头上拖一条辫子，修行起正宗中国功夫来。看起来，日本人是洋人看不起他们，他们就学洋人高明的地方，重令洋人佩服。中国人呢？背负数千年文明，你们看不起我们，我们更要抱残守缺、自以为是了。

伊藤博文对辜鸿铭书中所说，不以为然，又素闻他一身"金脸罩铁嘴皮"功夫，遂诘问："听说你精通西洋学问，不佞也曾游学英国数年，难道先生还不能了解，孔子之道只能施行于数千年前，不能适应当今局势了吗？"

辜鸿铭知他有鄙薄中华之意，看他一身西洋派头，挟着胜者春风自得的气势，心中早已不舒适，当下应道：

"孔子之教，教育世人之意，恰如数学家之加减乘除，以前数千年间，三三如九，到了今天仍是三三如九，当然不能变为三三如八。洋人的那些玩意儿长不了，你们贵国假如没有孔子之教，焉能有今日，我看不是因了洋人的那点玩意儿吧！"

伊藤博文大窘，心道，此公果然一张铁嘴，名不虚传，虽然心有不服，却也顿时语塞。后辜鸿铭更作揶揄，嘲讽时局，说：

"今则不然，我借洋款，三三如九，则变作三三如七。等到还时，三三如九又变作三三如十一矣。"

这两位同到英国留学的东方人，回国后，境遇却有天壤之别。一个在日本国取得极大成功，引进西洋政教技术，使日本走上富强之路，与西洋人平起平坐，雄霸东方。一个却终生倾倒于中华典籍的温柔怀抱，沉郁下僚，明知其自大无用，却总抱着一个遥远的礼教之梦，在国际上为中国文化大吹法螺，摇旗呐喊。思之不禁令人叹息不已。

第三章　东南互保

清光绪二十六年

公元 1900 年

义和团运动爆发

东南互保

大清王朝与师事华夏的日本一战，以惨败告终。这似乎震醒了大清王朝的甜梦，东方睡狮似乎就要醒来了。谁知这不过是一个呵欠，翻身又已睡去。戊戌维新的呼声，言犹在耳，却似乎是许多年前的事了。维新志士抛洒的几滴鲜血已经黯淡，甚至没有几个人再记得了。

此时，帝国主义却养得更膘肥体壮，他们已经迫不及待，要彻底制服这个东方古国。

大清的梦还在继续，而他的臣民似却不能苟活下去了，从白莲教、太平军、捻军……直到 1900 年，死去了无数的生命后，一厢情愿的百姓，仍然还在做着青天明君的梦，痴望着明君出世，雾日重开。他们要以其热血来保护几千年心中高傲的帝王梦，他们看到的是一群红胡子、蓝眼睛的吃人生番、邪恶魔鬼在中国大地上横行。

一场风暴注定要来临，下层民众就在这种神秘的激情和热切的幻想中掀起了一场运动，一场以正宗的中华精神讨伐邪恶故事的主角——洋鬼子——的义和团运动，从山东等地开始，到 1900 年席卷华北地区，形成一场浩大的民众运动。这场运动以"保清灭洋"为宗旨，他们烧毁教堂，驱赶洋人，试图重归小农不容异物的小国寡民温情脉脉的梦。

义和团运动如火如荼、蓬勃发展之时，清政府对义和团的态度，却总是处于剿与抚的摇摆之中，特别是对于义和团的"保清灭洋"颇有几分好感，处于似疑似信之间，终于有一件事促使清政府决定利用义和团运动与列强开战。

1900 年 1 月，旧历新年，慈禧太后决定立载漪①之子溥隽为大阿哥（即皇位继续人），以图"徐篡大统"，废掉光绪帝。

慈禧太后公布立溥隽为大阿哥后，受到各国公使抵制，拒绝入宫庆贺，表示不予承认，慈禧太后大为不满，私下里订下利用义和团之计。

义和团运动随即从山东延及京津之地，京津之地成了义和团运动的中心。义和团运动中，狂热的民众直指洋人而来，捣毁教堂，驱赶洋人。

1900 年 5 月，义和团在北京的活动已十分活跃。

6 月中旬，义和团大批入京。

帝国主义列强看到义和团运动的发展，无比忧虑，教堂早已成了直接攻击目标。各列强希望趁义和团未成气候，早日将他们镇压下去，纷纷照会清政府，假如不能清剿，将派水陆各军代为剿平。

6 月 10 日，俄、英、美、日、德、法、意、奥等八国拼凑 2000 多人，在英国海军中将西摩尔率领下，乘火车向北京进犯。

此时，把持朝政的载漪等人力主对列强开战，慈禧太后犹举棋不定。

6 月 16 日，她忽然得到列强要她还政光绪的谎报，大为震怒，连续召开四次御前会议。载漪等人主张，认为拳民有神术，能灭尽洋人。光绪帝等人则以为不可轻启外衅，应剿灭拳匪。此四次会议只不过徒具形式，慈禧早已决意要与洋人开战了。意气用事的慈禧太后处置国际事务，如处理家事一般。

6 月 20 日，德国驻华公使克林德代表各国前去总理衙门要求保护，途中被清兵伏击身亡，成为战争的导火线。

---

① 载漪，爱新觉罗氏，醇亲王之孙，生于 1856 年。载漪之妻乃慈禧侄女。1894 年，晋封端郡王。义和团运动中，力主攻打外国公使馆，迫使各国公使承认废立计划。亲自率兵打死德国公使克林德。《辛丑条约》签订后，被指为"首祸"，成了替罪羊，夺爵、罢官、遣戌新疆，其子溥隽也失了大阿哥称号。

6 月 21 日，清政府以光绪的名义，正式向英、美、法、德、意、日、俄、西、比、荷、奥十一国同时宣战，宣战谕称：

> 我朝二百数十年，深仁厚泽，凡远人来中国者，列祖列宗罔不待以怀柔。迨道光、咸丰年间，俯准彼等互市，并乞在我国传教……
>
> 讵三十年来，恃我国仁厚，一意姑循，乃益肆枭张，欺凌我国家，侵犯我土地，蹂躏我人民，勒索我财物，朝廷稍加迁就，彼等负其凶横，日甚一日，无所不至……
>
> 我国赤子仇怨郁结，人人欲得而心甘，此义勇焚烧教堂屠杀教民所由来也……
>
> 朕今涕泣以告先庙，慷慨以誓师，与其苟且图存，贻羞万古，孰若大张挞伐，一决雌雄。……

大清王朝此时的嘴上功夫比手上功夫确实高明得多了，奈何却只有功夫练嘴劲，没有功夫练手劲，实行强国富民，以其无缚鸡之力博象，却自己张口鼓舌吹嘘，用的还是千年古国诵经退敌的老花招。

会商东南互保

清政府正式宣战后，南北交通早已阻绝，各国驻华公使被困北京，对外不能自由通讯。上海即成为外交中心，驻上海的英国总领事华仑成了各国领事的领袖。6 月 14 日，华仑就致电英国外交大臣，称：

> 我们应当立即与汉口及南京的总督达成一项谅解：假如他们可以指望得到女王陛下政府的有效支持，他们将在所辖地区尽力维持和平。

同时，也做了紧急部署，调动军队，派海军驶入吴淞口，令海军陆战队登岸布防，在租界戒严，随时关注南方各省的动态。

正在上海的芦汉铁路大臣盛宣怀，看到北方形势危迫，于 6 月 14 日致电刘坤一①、张之洞，称：

"各国正在筹划，如两公再不设策，危殆即在旦夕。"

张之洞接到盛宣怀的电报，召集辜鸿铭等一班幕僚商议，一致以为在英、俄等国对长江中下游虎视眈眈的形势下，应当采取措施，与列强达成谅解。

6 月 18 日，张之洞致电两江总督刘坤一，筹划保护东南，电文称：

> 台端务宜速切告税司及上海道，转述上海英总领事，力任保护
> 洋商教士之责，以杜藉口窥伺为要。近沪电屡云英水师欲据长江，
> 若我不任保护，东南大局去矣。管见是否可采？敬候荩裁。

6 月 20 日，张之洞又会同李秉衡、刘坤一、鹿传霖、王之春、松寿等南方各省军政人员，联名致电总理衙门，申述"痛剿"义和团，召李鸿章北上议和。不料次日，清廷却发布正式宣战上谕。张之洞、刘坤一等见清廷一意孤行，便在自己辖区抵制朝廷的宣战上谕。张之洞与辜鸿铭一班幕僚商议后，宣称 6 月 20 日以后的上谕乃伪诏，秘而不宣。

同时，英国驻上海总领事华仑也积极活动，向英国政府提出保护东南。

6 月 24 日，盛宣怀又致电李鸿章、张之洞、刘坤一，希望千万别公布宣战上谕，尽快与各国订约，上海租界归各国保护，长江内地均归督抚保护，两不相扰，提出了日后"东南互保"的大致轮廓。

---

① 刘坤一（1830—1902），字岘庄，湖南新宁人，廪生出身。1856 年至 1861 年，随湘军将领刘长佑镇压太平军。1862 年，代刘长佑统兵镇压广西人民反清起义，升广西布政使。1865 年，任江西巡抚。1875 年，擢两广总督。1879 年，调任两江总督兼南洋大臣，积极鼓吹和推行洋务。甲午战争后期，被任命为钦差大臣，驻山海关，节制关内外诸军，抗击侵占辽东之日军。在辽河一线全军溃败。1895 年，北高强学会成立，列名其间。1896 年，回任两江总督。1900 年，与张之洞倡"东南互保"。

张之洞、刘坤一、李鸿章早已拒绝向朝廷派援军，在当时也是十分罕见的意外了，清王朝的亲贵对他们恨之入骨，却又无可奈何。

再次接到盛宣怀的电报后，刘坤一、张之洞急忙召集幕僚会商，决定接受盛宣怀的建议，分别派沈瑜庆、陶森甲前往上海，商谈有关事宜。由于辜鸿铭擅长西方诸国语言，通西洋世情，喜与洋人争辩，张之洞遂派辜鸿铭随同前去上海，并由辜鸿铭出面同列强打交道。

辜鸿铭一到上海，见人就发表意见，大骂洋人不该欺侮中国人，义和团的事完全是由于外国人压迫中国人所致，是教堂、教士遭到大肆攻击之根源。洋人被仇杀，完全是洋人的责任。

早在辜鸿铭随张之洞到达湖北时，当地洋教堂、洋教士的文化侵略及大国沙文主义态度，引发了一系列的教案。辜鸿铭对民情深表同情，1891 年特用英文撰写专论——《为吾国吾民辩——现代传教士与最近教案关系论》，分析传教士的企图，逐项加以指斥，送刊上海《字林西报》①，很快被伦敦《泰晤士报》摘要并加评论登载，立即引来许多愤怒的读者投书，批驳辜鸿铭以表达他们强国霸权的心态。

辜鸿铭的文章，在当时世界上堪称空谷足声，是被压迫民族向世界发出的呼声。这位英国培养出来的人，竟以其矛攻其盾，堂堂正正地为祖国权利，向世人发言，表现出一位爱国者的胸怀和对真理的拥护。

此次上海谈判，辜鸿铭更是准备好了一身"金脸罩铁嘴皮"功夫而来。此时的辜鸿铭，在上海已非无名之辈，欧美侨民多已听说过他的大名了。第一次同英国驻上海总领事华仑晤谈，辜鸿铭即滔滔不绝，谈了一个小时，竟没有涉及正题。久闻其名的华仑耐心地静听他对时局的看法、对西洋人

---

① 　字林西报（*North China Daily News*），又称《字林报》，前身为《北华捷报》（*North China Herald*）。英国商人奚安门 1850 年 8 月 3 日在上海创办《北华捷报》周刊。1856 年增出《航运日报》和《航运与商业日报》副刊。1864 年，《航运与商业日报》扩大业务，改名《字林西报》，独立发行。《北华捷报》作为《字林西报》所属周刊，继续刊行。是上海公共租界工部局的喉舌。1951 年 3 月 31 日停刊。

的看法。等他说完之后，时间已过去了很久，于是再约第二次谈判。

第二天，辜鸿铭一到，又是一番高谈阔论，说完之后，时间又已经过去了一个小时。这时，英国总领事华仑再也忍耐不住了，于是开口说：

"谈了这么久，我们还不曾接触到所谈的正题，你所说的都已经是过去的事了，我们现在急于商议的，是善后的办法……"

辜鸿铭应道："我谈了这么多，就是要你先承认我的话有理，然后才有可能谈及善后的办法。"

于是相约下次再谈。

第三次见面，辜鸿铭才接触到正题，但他仍把当前世界大势、各国侵略者在对华问题上的明争暗斗、中国人民的反抗情绪述说一番。华仑本是一位外交老手，耐着性子，对辜鸿铭责骂洋人和教士，不予争辩，索性来个默认。最后，会谈终于取得结果。

6月26日，在张之洞、刘坤一的授意下，盛宣怀、辜鸿铭、余联沅、沈瑜庆、陶森甲等人确定了最后会谈内容，由余联沅代表刘坤一、张之洞与各国驻上海领事馆订立《东南保护约款》，其主要内容如下：

一、长江及苏、杭两地，各国商民、教士产业均归南洋大臣刘、两湖总督张允认切实保护……严拿匪徒。

二、各国以后如不待中国督抚商之，竟至多派兵轮驶入长江等处，以致百姓怀疑，藉端启衅，毁坏洋商、教士人命、产业，事后中国不认赔偿。

三、内地如有各国洋教士及游历之洋人，遇偏僻未经设防地方，切勿冒险前往。

同时，签订《保护上海城厢内外章程》，规定，租界内华人及产业，各国应保护，租界外，洋人教堂、教民由中国官方妥为巡防保护等。

总之，其精神不外上海租界归各国保护、长江内地由各省督抚保护，两不相扰，保全中外商民的生命财产。各省督抚应尽力控制该省局势，免受北方义和团影响。南方的局势稳定下来，弹压中国民众的任务便交给了各省督抚办理。据说，策划东南互保之中，清政府公布对各国宣战，李鸿章率先称此上谕为矫诏，以刘坤一、张之洞的名义，致电称不奉伪诏。

后来，李鸿章曾对他的亲信说："老夫此举，不待香涛同意而即行之，实不止强奸香涛一次也。"

在盛宣怀的活动下，纷纷参与"东南互保"的有：两广总督李鸿章，山东巡抚袁世凯。同时，闽浙总督许应骙与俄、英、美、日等六国仿照《东南保护约款》，订立《福建互保协定》。

东南互保很快扩展到浙江、福建、广东、四川、陕西、河南、山东等十余省，张之洞在这个活动中充当了盟主角色，"东南互保"也可以说是独立于朝廷的活动，谋士辜鸿铭在其中出了不少力。时人谓张之洞在庚子年间：所处之地位，不啻为南方各省总统。

此时的北方，八国联军加紧对北京的进攻，以慈禧为首的清政府侥幸取胜的幻想，在数千武装着洋枪洋炮的西洋军队打击下，破灭了。

6月底，慈禧太后脸色一变，向各侵略国做出后悔的表示："朝廷非不欲将此种乱民下令痛剿，而肘腋之间，操之太蹙，深恐各使保护不及。"

当八国联军进抵北京近郊时，清廷慌了手脚，不断电催两广总督李鸿章北上。清廷于7月8日连发两电，任命他为直隶总督。李鸿章却不愿北上，在他看来，朝廷要亏尽了本才会求和，最后勉强于7月21日到达上海。此中还有一段李鸿章的趣事。

这一段时间，一直有人游说李鸿章背离清廷独立，特别是革命党人对他颇寄希望，李鸿章不以为然。

到了上海后，仍有革命党人前往游说，欲推他为首领，举事反清。李鸿章早知来意，立请入见，刚通姓名，不等说明来意，便开口说："你们是想举兵吗？可惜我年事已高，不能相助，亦恨君等迟生，不能助我于五十年前。"

游说的人见他如此，也不必再说了，但问他军事用兵，说："您以为用兵的要害在哪里呢？"

李鸿章回答说："我国用兵，本无奥妙，亦惟一哄而已。哄得过去，即胜，胜即成事。"言罢哈哈大笑。由此可见李鸿章性情之一斑，此人绝不是冒险求进的角色。

8月7口，清廷不得不任命李鸿章为议和全权大臣，向各国乞和，列强公使却表示不进北京城决不罢休。这样，慈禧即预备弃京而逃。

张之洞立即表示赞同，甚至希望慈禧南幸湖广，不成，又极力表示赞成慈禧一行西幸西安。

8月14日凌晨，慈禧太后带着他的亲信臣仆，仓皇西逃。八国联军占领北京城，进驻紫禁城，杀害义和团民众，抢掠财物，大纵军队公开洗劫三日。其后，继以私人抢劫，自元明以来典章文物，国宝奇珍，扫地以尽，皇皇大者《永乐大典》也几乎丧失净尽。

四万万人口的大清帝国这条睡龙被一万八千余人的杂牌军捆缚起来，动弹不得，任人捏弄了。

联军入京后，统帅易为德国人瓦德西①。瓦德西到京后，大模大样地踏进紫禁城，窃据仪銮殿，享受皇帝的富贵之态，大清王朝也真算开了个先例，第一次将洋将军让进了寝室之内、卧榻之旁了。

为义和团辩

正当此国破家亡之际，辜鸿铭于战争伊始，即开始在日本横滨《日本邮报》上发表文章。著论斥责西方人的侵略，称义和团人物为爱国志士。

第一篇文章标题即为《我们愿为君王去死，皇太后啊！——关于中

---

① 瓦德西（1832—1904），德国人。历任陆军参谋总长、军团长、陆军元帅等职。19世纪七八十年代曾任驻法武官。1900年8月，八国联军占领北京后，正式就任联军总司令，指挥联军扩大侵略，到处烧杀抢掠。次年6月，回国。

国人民对太后陛下的人格和权威的真挚感情的说明》，同时在发表的致该报的编辑函中，开头即称此文得到张之洞、刘坤一两位总督大人的授权。中国人，或许包括两位总督，可能都不明白授权发表声明的真正意义，但辜鸿铭和他的西方读者都明白无误地理解此中传递的信息，即在联军北犯中，实力未受损伤的南方各省军政首脑反对废除慈禧太后的最高权力，而他们手中的新式武装，远非义和团乌合之众和神机营可比。

1901 年，《辛丑和约》签订，辜鸿铭将一年来于日本横滨《日本邮报》上发表的文章，结集成书，定名《尊王篇——一个中国人对义和团运动和欧洲文明的看法》[①] 在上海刊行，此时他已是在华欧美人士中间令人瞩目的人物了。

在《尊王篇》前三篇文章中，辜鸿铭替慈禧太后和义和团运动的仇洋行为进行政治辩护，驳斥当时西洋人士和康有为等对慈禧的批评，引证英国刊行的《古今名人谱》所载慈禧政绩，称：

> 甲午以后，泥古图新各自偏执，门户之见于是大分。尔时，翁同龢最泥古。及受甲午之创，忽又轻率图新，误认辩言乱政之康有为为奇才，力荐于朝而用之，遂有戊戌之变。惟皇太后不偏不倚，允执厥中，即黜翁同龢诸臣以去祸魁，定康有为罪案而戮其死党以谢天下。

同时他又为义和团运动的行为辩护："对外国人的反抗……因为他们看不起我们。"

甚至他还记起一位英国人的话："你们中国人很伶俐也有好记性，尽管如此，我们英国人还是认为，你们中国人是次等种族。"

辜鸿铭对洋人的自大自傲大为光火，他认为："团民之所以变为匪

---

① 英文书名 *Papers from a Viceroy's Yaman*，直译作《来自总督衙门的论文》。

类者，一则由教士不能约束教民，致多龃龉；一则铁路开创，洋工麇集，致内地民情不安。又各国公使误信浮言，疑皇太后袒匪，干预一切，随处掣肘，遂致愈张匪胆。迨拳匪扰及京城，传来一信忽然决裂，固有西人请皇太后归政之说也，自王公以下，一闻此言，始各抱义愤，同时皆起，却与西人为难，此朝廷所以不能抑制也。"

宣称动乱的原因在于列强的帝国主义政策，引证春秋大义，斥责西方各国的强盗行为，认为中国以礼教治国，由于忠君爱国之情，至今人心仍然拥护皇室，统治根基牢固，虽有太平军之十年战争，最终得以平定，足证大清民心未失。特别是南方拥兵百万的封疆大吏们，是支持清政府的，他们可比义和团高明，使洋人绝了去除清王朝、分割中国的妄想。

《清史稿》以为《尊王篇》乃辜鸿铭一生的伟业，称："列强知中华以礼教立国，终不可侮，和议乃就。"

讥弹李鸿章

1900 年 8 月，清政府决定委派李鸿章为全权大臣，同各国商讨先行停战，迫于列强的压力，准许李鸿章便宜行事，命庆亲王奕劻①回京，协助李鸿章议和，李鸿章这才于 9 月 15 日乘船北上。

此时的北京城，一片衰朽景象，天津到北京之间，沿途房屋未被毁者极为罕见。八国联军侵占北京后，整个北京城有种末世之感，苟且的居民，对洋人一副媚态。日本军队有点纪律，于是便有人送万民伞，城内英界、美界居民也纷纷仿效，大送其万民伞，比起义和团蜂起时，以杀洋人为荣，又自不同。如今又麻木地看洋人杀团员，尸身陈列街头，紫禁城的夕阳无限凄凉！……

---

① 奕劻（1836—1918），爱新觉罗氏。乾隆帝第十七子永璘孙。1872 年，授御前大臣。1884 年，任总理衙门大臣，封庆亲王。1885 年，会同醇亲王奕谭办理海军事务。1900 年，会同李鸿章议和。1901 年，与列强签订《辛丑条约》。同年，改总理衙门为外务部，任外务部大臣。1903 年，任军机大臣，兼管外务、陆军。1907 年，兼管陆军部。1911 年，罢军机处，改任内阁总理。清帝退位后，避居天津。

最后，12 月 24 日，洋人提出议和大纲十二条，严惩祸首，赔偿损失，各国驻兵护卫使馆，从北京到大沽一律不准设防……

张之洞奉命函电与李鸿章等会商和议，他对议和大纲中有涉北京防务的几条极为关注，认为有损京城防务，建议圣驾定行都于长江上游如荆州。张之洞的建议是有私心的，此时他俨然南中国之主宰，挟东南互保之威风，欲使朝廷定行都于自己统辖之地，稳稳坐上百官之首的交椅。

此时李鸿章正为议和绞尽心力，疲惫不堪，半途忽然杀出张之洞这一行都之议，大为恼怒，上奏中称，毋听张之洞书生见解。两人早先的矛盾进一步显露、恶化。

次年，1901 年 3 月，商议到赔款数额时，列强坚持索要四亿五千万两赔款，张之洞觉得应免算利息，李鸿章大不以为然，讽刺道："偿还免利，此间万做不到，公或可设法。"

张之洞对李鸿章的独断独行大为不满，紧接着在商议东三省俄国撤军问题上，两人矛盾再次升级，张之洞指责李鸿章不将会商和议的诸公放在眼中。李鸿章反唇相讥，称张之洞等为日本所欺骗，张之洞不甘示弱，上奏称李鸿章为俄人所愚弄。

张李之间的意气之争闹到了朝廷上，朝廷也不得不出面调停，称："国已至此，同心勠力，犹惧不济，何忍自相水火，贻忧君父，见笑外人。"

主办中国外交多年的李鸿章，俨然百官之首，大权在握；而张之洞在东南互保中的成功，有与李相争持的局面。两人意气之争不可避免，口诛笔伐，互不相让。最出色的互嘲大约要数李鸿章与张之洞的一次口舌之争了，李鸿章忿忿之中大骂张之洞："香涛做官数十年，犹是书生之见也。"

张之洞听到后，勃然大怒："少荃议和两三次，遂以前辈自居乎。"

时人目为天然对偶，也可为张、李意气之争作一总结。

站在张、李之争场中的还有辜鸿铭，辜鸿铭对李鸿章很不以为然。在此意气之争中，辜鸿铭也提笔上阵，讥讽李鸿章：

余谓文忠（李鸿章）可比汉之曹参，当咸同人才，除湘乡曾文正外，皆无一有大臣之度，即李文忠亦可谓之功臣，而不可谓之大臣。盖所谓大臣者，为其能定天下大计也，孟子所谓及时修其政刑者也。当时粤匪既平，天下大计待定者有二：一曰办善后，一曰御外侮。办善后姑且不论，至御外侮一节，当时诸贤以为西人所以强大而狎侮我者，因其有铁舰枪炮耳，至彼邦学术制度文物，皆不过问，一若得铁舰枪炮即可以抵御彼族，此文正公所定御外之方略也，亦可谓陋矣。洎文忠继文正公为相，一如曹参之代萧何，举事无所变更，一遵萧何约束。如此，又何怪甲午之役，大局决裂，乃至于不可收拾哉！

辜鸿铭除了著文讥讽李鸿章，私下里也是对李鸿章大张挞伐，以泄其主公不平之气。一次梁敦彦到他家拜访，两人沏上茶后，坐定下来，辜鸿铭对梁敦彦说：

"崧生，看来李中堂（鸿章）很能容纳别人的细过啊，甚至大过也无妨，在中堂大人眼中没什么了不起。"

"此话怎讲？"

"当年张幼樵（名佩纶）评论朝政，也可算是清流派主力，谁知中法一战，担负指挥福建水师重任，他却三十六计，走为上计，逃得远远的，远处保身去了。这一保身却又保到李中堂府上，这府幕二人，大为相得，后来索性将女儿嫁与新丧妻子的张幼樵，遂有翁婿之谊。佩服啊，天下有李中堂如此雅量的，太少见了。可惜，虽尚能爱才如汉之绛侯陈平之流，试问：肯招贾谊入赘为婿吗？"

梁敦彦听他这番议论，大叹："妙论，妙论。在汤生兄看来，这番香帅与中堂之事如何？"

辜鸿铭点上一支香烟，神气地说："庚子拳乱，两宫巡狩西安，李中堂电奏中有毋听张香涛书生见解。香帅闻知，大怒：我是书生，他是老奸巨猾。也可说是知己之论了。当初孟子曾说，五霸者，三王之罪人；今之诸侯，五霸之罪人也；当今之中堂，堪称曾文正之罪人也；今之督抚，又李中堂之罪人也。"

两人说起李鸿章来，便是意气不平，这也是此时张之洞幕府诸人的共同指责对象，往往是不分青红皂白，大骂一通。梁敦彦听得多了，听辜鸿铭这么引经据典地一番评点，也别有趣味，接着问："据说李中堂有许多妙事遗行，不知汤生兄知否？"

"看你说的哪件？"

"唉，就是中堂大人吃狗那一节啊！"

辜鸿铭频频点头，如此出名的妙事哪有不知之理，二人相对大笑。

原来，李鸿章当年出访伦敦时，前往海军上将戈登的纪念碑致敬，戈登家属为表谢意，特将一头曾在数项比赛中得奖的名犬赠予李鸿章。不料数日后，戈登家人收到李鸿章的一纸谢柬，内称："厚意投下，感激之至。惟老夫耄矣，于饮食不能多进，所赏珍味，感欣得沾奇珍，朵颐有幸。"

一头名犬竟真有幸进了相国的肚皮，也算是死得其所，葬得高贵了。

辜鸿铭笑罢，呷了口茶，说："崧生兄，我这里还有更绝的呢！李中堂肚葬名犬后，到俄国时，又有一桩妙事。"

"何事能称更妙？"

"中堂大人素以善知国际礼仪著称，到了俄皇宫中会见之时，中堂大人谈兴浓烈，兴之所至，信口侃去，岂知他老人家却间或大声咳嗽，一口浓痰，向地毯上吐去，继续高谈，无所顾忌。只是苦了一班仆役，中堂大人一离去，便动手将一条珍贵的波斯地毯揭下，再不能用了。中堂大人的痰可真厉害，三下五除二，一张名贵的地毯就带着他的痰迹，束之高阁了。"

梁敦彦听得一口茶险些喷将出来。由此也可见张李矛盾之一斑了，也可见出谋士辜鸿铭对主公的一番维护之心。

第四章　吹牛保国

辜鸿铭鼓动唇舌

自说自话：

口舌一动，天下平定

八国联军入侵北京后，德国人瓦德西出任联军统帅，声称："我们应有理性，化干戈为玉帛。不能没有理性，贪心不足。要知，中国与印度不同，中国人民是富于礼教的人民，世界上还没有能统治中国人民的国家，也许永远没有。别看我们一时侥幸得手，闯入北京，等到中国勤王之师云集都下，那时，恐怕将我们八国联军切成碎肉，犹不足中国军队一顿饱餐。"各国军队一致接受了他的看法，提出和议条款和原则：

第一，承认双方处置不当，致令兵戎相见，双方都应该承担责任，不能完全归罪于中国。

第二，中国人刺杀日本、德国书记官（在义和团攻打东交民巷外国使馆区时，被击毙），中国当派全权专使赴日、德谢罪。

第三，准许外国传教士入境、居住和传教，并赔偿教会、教士的损失，但传教士不得干预中国政治、法律，否则准许驱逐出境。

条款一发布，张之洞即召集幕僚，个别垂询，全体会商，一连数夜不寐，犹精神抖擞，了无倦容，只苦了一班幕僚陪着熬夜。

这日，辜鸿铭被张之洞请到督府，单独召见。辜鸿铭匆匆赶到，数夜不寐的张之洞，长须颤抖，犹精神旺盛，辜鸿铭一到，张之洞马上说："汤生，我准备派你到北京去。"

辜鸿铭一愣，问："所为何事？"

"朝廷已派李中堂和庆亲王为全权议和大臣，已抵北京，和谈却很困难。因此，朝廷电旨让我与刘岘庄（坤一）一起参与和谈事务，我准备派你到北京协助庆王爷和李中堂，你意下如何？"

辜鸿铭应道："香帅派汤生前往，汤生非常感激。这一行，有了东南互保的谈判经验，一定能不虚此行。"

张之洞提醒他："此次的对手可是占尽了上风的胜者，不同于东南互保中的英国人。那时，英国人不欲别国插手其势力范围——长江流域，自然急于想同我们搞好关系。此次北京之行，必有极大风险。"

"真理在握，正义在我，何惧洋鬼子！"

"你此去协助庆王爷、李中堂办理外交大事，但求坚持事理，适可而止，不必太过倔强。皇太后、皇上圣驾西幸，当以宗庙社稷为重，你应在王爷、中堂面前，把国内外形势，轻重缓急，个中利害婉言陈述，但亦不可过分退让，当争则争。假如王爷、中堂不听你的，你定要没有顾虑，与王爷、中堂尽力争取，一言兴邦，一言丧邦，此其时也！无论如何，亦不能将国家断送于一二人之手。同时，你应将每日交涉、谈判情形，王爷和中堂的意见、态度及一切措施，还有太后谕旨，随时电告我。

"你告诉庆王爷、中堂，我已下令，湖北军队全体动员，除一半鄂勇交水师提督节制防守武汉外，所有大军悉皆调往鄂豫边境，防止敌军南下，攻我不备。我已委派专员，分头往见各省督抚，赶紧做好战争准备，和议不成，即会师北京。现在，已有江南五省独立宣言，又有山东巡抚袁项城来电响应，大江、黄河南北业已连成一片，不致分崩离析、任敌人铁蹄随便蹂躏。如若不行，则请圣驾南幸。敌人也知我们的宣言，所以不致过分嚣张。正因为如此，我们更要做好战争准备。国家兴亡，匹夫有责，不可因官卑职小、地位低，便不敢说话。要紧，要紧！切记，切记！祝你一路平安。"

辜鸿铭说："请香帅注意，调动全国军、民、男、女、老、少，小孩也要教育他们，仇视敌人，效法当年西班牙组织游击队对付法国拿破仑的办法。无论战争打多少年，有多大损失、牺牲，也不能向敌人投降。假如投降了，中国就要被瓜分，神州大地将永远沦陷于万劫不复之地。"

张之洞慷慨陈词："有我老命在，决不投降。"

到北京后，辜鸿铭即刻前往李中堂府第——贤良寺，递上张之洞的荐函。李鸿章看了荐函后，说："汤生兄前来，国家之幸！王爷、老夫之幸！昨日已接到张香涛来电，获悉尊驾即将莅京，正在等你到来。现在老夫已奏请王爷，让你与我们一起处理这次和议。汤生兄还望不必拘泥，畅所欲言，老夫洗耳恭听。"

一阵寒暄之后，辜鸿铭问道："联军统帅瓦德西晋见王爷时，态度如何？"

李鸿章回答说："每次瓦德西和庆王爷在府邸会面，态度强横，以专程拜谒为名，实则到府邸进行威逼、恫吓。"

辜鸿铭问道："谈了些什么问题，提出什么条款？"

"什么问题、条款，一概未提，只是和王爷拍桌子瞪眼睛，大喊大叫，命令王爷快写降书顺表；否则，就要将北京城烧光、杀光，并把王爷抓到德国去，给打死的公使偿命。王爷不敢发一言。瓦德西简直是个野兽，比其他各国公使、将军都难对付。同时，还提出一个名单，庄亲王载勋、端王载漪、辅国公载澜、刚毅、董福祥、英年、赵舒翘、李秉衡……都在严惩之列。还算好，老佛爷除外，看来事情好办一些了。"

辜鸿铭要搞清楚双方到底谈到什么程度，又问："中堂和瓦德西见面时，他态度如何？"

"我们会面时，还互相问询，他与我谈起我的德国之行，还算融洽。但他反复声明，开列的罪犯，皆系从犯，已经给我国留了体面，再不接受，就会索要首犯了。"

"中堂大人，瓦德西这人并非一味蛮横，此人有雄才大略，最重威仪，军纪亦严，他不过是要中国对刺杀他们的公使负责而已。只要我国朝廷派人前往道歉，问题也就解决了一大半。"

李鸿章不以为然："不光是德国，其他各国虎视眈眈，均想瓜分中国，各尝一杯羹，他们所提的条件太苛刻了。王爷和我均没法应付，还望汤生兄将通盘大计，详示于我。"

"兵法云，知己知彼，百战不殆。中堂大人不必过虑。"

李鸿章深感前途可忧，十分悲观："我国自甲午一战，全线溃败，国库空虚，民生凋敝，军队不堪一击，军械老朽不堪，日本一国即不能敌，何况八国联军！在己者毫无足恃，在彼者胜算可操，战不能战，和不能和，当此之际，如何是好？"

辜鸿铭打点精神，鼓舌如簧，开导起李鸿章来："中堂大人不必过于悲观。试想我江南五省一倡联合自保，山东亦加入行动，敌人气焰业已低落。列强深知，各省督抚大吏动员地方人力物力所具有的军事潜力不可低估。五省联合宣言，不是独立，乃为备战，是有破釜沉舟的气概。以我中华幅员之广，联军区区数万人之众，如何敢纵兵深入，作长期之战斗。而我人民热情激昂，由各省督抚、将军统率，与端王纵任拳匪自又不同。联军虽有枪炮，也无济于事，长期的斗争，必定拖垮他们。这些国家没有什么了不起，他们不过欺负老实人而已，真要和他们拼到底，其气焰也就灭了。晚生在欧洲留学时，每和彼邦人士谈起鸦片战争，他们无不惋惜，说欧洲各国不怕中国政府，却怕中国的疆吏如林则徐等，怕中国人民，像广东那里的人民。在我已立于不败之地，在敌已是必败无疑。此其一。

"联军各国钩心斗角，矛盾重重，他们彼此之间，存在不可调和、无法团结的因素。远的不说，单德国、法国即为世仇，现在，法俄结盟，目的在压制德国。英日联合，目的在打击俄国。美国是西半球最大的国家，它的雄心是：第一步，夺取英、法、西班牙在拉丁美洲的殖民地，独霸美洲；然后，侵略东亚，与英、法、日、俄争夺市场，平分秋色，瓜分中国；第三步，再向欧洲进攻，统治世界。综观联军八国，除奥地利、意大利没有实力外，只德国还有瓜分中国的野心。德国占据青岛，租借胶州湾，一则是在中国寻找落脚点，抢先一步，占领入据中国的有利地势。德国与其他诸国不仅为了在中国争夺商业市场，而且还要占领我国土地，所以德国后来必与其他诸国为敌。俄、法、德联合索还辽东，所以，在利益上，德国独少。英国则不同，扬言，俄如以旅顺、大连为通商口岸，必派军队出征，因为英国与日本一道抵制俄国的扩张。如此一来，八国联军进攻我国，确实是为瓜分我国，与欧洲人的十字军东征不同。不然，奥地利、意大利何以也挟在其间，而其间矛盾又极深！他们互相倾轧，斗得很厉害。此其二。

"正因为如此，我们才有了开锁的钥匙——攻心战斗。借德国人之手，利用联军矛盾，外交问题可迎刃而解。

"晚生在汉口，已著文抨击欧美各国欺我中国太甚，才激起义和团的反抗风潮。各国公使，无视中国政府，擅自调兵入中国首都，已失理在先。我国人民如何能礼待他们？从海外传来消息，我的文章已为各国熟悉，足见其理流传之广之快，他们已不敢再轻视中国。他们知道，中国有四万万应战之人民，而不是几千几万乌合之众的团民，他们面对的将是英明卓著的督抚、将军，等着他们的是战场上的失败，而不是大军一出，即得胜奏凯。中国此次之败，乃中国自贻，非他们之能。中堂何忧之有！

"因此和议仍有希望，自无用掀起更大规模的决战。"

李鸿章听得频频点头，大为赞赏："汤生兄谙熟各国国情，天下大事了如指掌，使我茅塞顿开，尚望将具体方案告知于我。"

辜鸿铭遂将计划慢慢说出："这瓦德西，在我留学巴黎时，即常走动于我借居之处，常来拜见我的女房东、巴黎最著名的交际花。她已介绍我们熟悉，只要首先降伏兽王，就不怕和谈不顺利了。只要如此这般行去，自然可以解决问题。"

李鸿章当即点头称好："好，就这么办，我们即去面见庆王爷。"

两人来到庆王府，庆王立即出见，李鸿章迫不及待地对庆王说："王爷，恭喜，恭喜！张香涛派来了一个人，我给你介绍，这位乃香涛手下的谋士,今日莅临都门,特别相助和议事宜,即可奏降伏野兽之功。天生英才,以维社稷,实乃大清之福。"

李鸿章接着说:"汤生的意思,明日在府中备一桌筵席,借你的名义,宴请瓦德西。席间,让汤生隐身于屏风后,听他言语、动静。你沉住气,听他如何说法,不必理会,他越蛮横越好。待他自得忘形起来,汤生即从屏风后出来,降妖伏魔!你瞧如何?"

庆王应道:"不知辜先生有何法宝,有恃无恐?"

辜鸿铭即又将早年在巴黎遇瓦德西一节具体说知,当即定下鸿门宴。

次日,瓦德西依约前来,李鸿章避而不见,辜鸿铭即隐身屏风后,庆王亲迎瓦德西入座。瓦德西悠然吸了两口雪茄,开口即道:"你们太后秽德彰闻,哪有资格代表你们国家、人民。你不过一待决囚犯,没有资格和我谈判,等着吩咐好了!"

说完即傲然转身,就要离去。辜鸿铭马上转过屏风,手指瓦德西:"瓦德西,久不相见,不想你竟如此无理!你才是没有资格代表你们光荣的恺撒,我马上给德皇陛下去电报。"

瓦德西一惊,听着有人用一口流利的德语训斥自己,定睛一看,方回过神来,道:"老友晚安,想不到会在这里见到你,不要放在心上,坐下慢慢谈,有话好商量。"

大家重新入座,瓦德西递上一支雪茄,辜鸿铭点上,狠吸了口,说:"雪茄还是正宗的味道,可惜你已大变了。瓦德西,你难道忘了,贵国当年不也和我国今日差不多。"

瓦德西点头称是,辜鸿铭继续问他:"那时,飞在贵国上空的恶鹰你忘了?"

瓦德西大窘,说:"自从拿破仑入侵我国后,飞临敝国上空的恶鹰一直是奥国和法国。"

"贵国威廉一世大帝雄才大略,修文御武,奋发图强,以至有日耳曼民族的今天,东败奥地利,西胜法兰西,驱走了贵国上空的恶鹰,而最辉煌、最伟大的彪炳于世的伟业，你知道吗？"

瓦德西兴奋地回答："帮助意大利复国。"

辜鸿铭随即一通高论，说："兴灭国，继绝世，乃我中华数千年来的传统礼教！也是贵国教化的目的，而非今日德国人士所云德国文化至上思想，自吹自擂，称德国人乃天之骄子，他国则为俎上之肉。"

瓦德西一脸诚恳，说："先生今日教我之言，乃昔日巴黎时所未闻，足证先生道德学问日益精进，而我不过一杂牌军统帅，挥兵中国，不能坚信真理正义，实背了我的良心，我一定为贵国驱除这群恶鹰。"

同时转头向庆王致歉："适才多有冒犯，还望海涵。"

瓦德西对辜鸿铭再三致意："若不是先生拯我于罪恶，我必堕落为一个野兽，辜负造物主之意。明日，我即迁出仪銮殿。"

辜鸿铭却道："那倒不必如此急，明日迁出，必费一番唇舌向联军解释，不如斗到白热化时，再公布迁出。当下之急务，乃在整饬军纪，保护官殿，尽快议和，早一日议和，于你也有利，于敝国更是有利，迟延下去，恐生事端。"

一席畅谈之后，瓦德西即告辞，相约次日上午到辜住所拜访。

次日早晨，瓦德西一到，即哈哈大笑："我这只麻雀决心要和那些鹰拼了。但昨日晚餐时，听你说什么可使有勇，且知方也。今天，请你教我如何出击吧！你指东，我东飞；你指西，我西飞。在真理正义面前，我是无所畏惧的。但请你不要像她那样呼我什么堂·吉诃德，瞧着我发笑！"

辜鸿铭拉他坐下，开导他："人非圣贤，孰能无过？过而能改，不为过矣。不必悲观，来日方长。"两人相视大笑，瓦德西拿出一盒烟，递一支与辜鸿铭，两人点上香烟，一阵猛吸。

辜鸿铭接着说："你当首先拜见意大利公使，把他拉过来，取得他的支持，然后去见奥、美、日大使，争取他们的同意和支持。接着再和英、法斗，最后再斗俄罗斯。这个重任，全靠你了。"

言谈一阵，瓦德西辞去，当下辜鸿铭即前往李鸿章府。李鸿章笑道："昨夜，王府已遣人告知，计划极成功，瓦德西已驯服，专候我二人今日前往府邸，磋商下一步计划。适才俄使来寒舍，已称听说昨日之宴极成功，瓦德西一回去，即令整饬军纪，足见此人态度诚恳，与议和极有利，可喜可贺，故特来告知于我，和议有望。"

"果不出所料，"辜鸿铭道，"这只狐狸、恶狼竟来得如此快，大人定要小心，其言甘，其心毒。"

二人随即同往庆王府邸，庆王大为赞叹："汤生，我一见瓦德西，便两腿打颤，心惊肉跳，你为何却一点不怕他？"

"尧舜禹汤、文武周公、孔子均在我身后，何惧之有！"辜鸿铭昂然答道。

"今而后方知孟子所说浩然之气，文天祥所说天地正气之言，不欺人也。"李鸿章附和着说，随即话锋一转，"张香涛来函，盛称汤生兄易学造诣精深。借此机会，请教《易》所云：六爻发挥，旁通情也，以释我之疑！"

自命汉滨读易者的辜鸿铭，毫不客气地解释道："古《河图》云，庚金，元情义。元情为宇宙本体，贯通天地人三才之首，故曰：'六爻发挥，旁通情也。'至孟子所说知言养气，乃以身证道之真功实学，非小子所能道也。"

李鸿章深叹："闻君一席话，胜读十年书。孔圣人说得太好了，朝闻道，夕死可矣。"庆王见二人于公务紧迫之暇，竟好整以暇地谈起易道玄学来，赶紧插口说："此非朱熹之白鹿洞，咱们还是谈外交问题，请汤生明示，以免临阵仓皇。"

辜鸿铭侃侃而谈，说："要割让我国领土、瓜分中国，则誓死和联军作持久战，在所不惜，绝对不可示弱，此为和谈中不必讨论的条件，此是一。假如各国索取赔款数额过大，中国人担负不起，他们必进而要求以中国海关、铁路、矿山、邮政等作为抵押，并准许他们派人直接监督执行，把中国变为半殖民地，永绝复兴之望，则果断和联军抗争到底，绝不能让步！不必言和，此其二。除此两条，我们就乐于与联军议和。这是关乎国家存亡的大原则、大是非，绝对不能退让的！未知两位大人以为如何？"

李中堂突现病容，似颇有忧戚。辜鸿铭心想，李中堂办外交多年，向以老谋深算著称，从未有如此激动之情，难道今天真是为之心动，颇为踌躇了吗？辜鸿铭的心悬了起来。

庆王赶紧说："就这么定了，单等瓦德西的回音了。咱们到此为止，各自休息去吧！"

辜鸿铭抢过话头说："我这就回寓所。瓦德西今晨和我商定，已经前去会见意大利等国公使。如有佳音，再向两位大人报告。"

第三天早晨。瓦德西来到辜鸿铭寓所，告诉他："意大利公使对我说，英、法、俄三国公使昨日同到意大利使馆，除会商要求清政府惩办罪魁不能放宽外，又提出赔款数字——七亿两银子，征求同意。意大利公使表示一切愿随诸国骥尾，遵照本统帅决定行事。"

瓦德西接着说："奥地利公使同样表示完全支持我。奥地利公使还说：'狡哉，俄人！他们提出非李鸿章不能言和，又提出七亿两惊人的巨额赔款数目。他们自有其不可告人的秘密——借此赔款之机，使中国精疲力尽，国力全耗，丧失反抗能力，然后，再玩弄李鸿章，独据东三省。可惜！英、法二国公使只知利欲熏心，关心自己两国军队不能深入江南五省腹地，瓜分中国，便掉过头来，甘愿作俄使手中的木偶。

"美国公使也表态说，总帅的意思和本使完全相同，不能向中国索要这么一大笔赔款。决不让英、俄二国牵着鼻子，与中国展开一场无休无止的、徒令俄罗斯快意的战争！

"日本公使一见面，也直截了当地说：'七亿两赔款不能减少，假如俄使想耍花招，复签中俄密约，侵吞东北三省，本使果断反对！'我将意、奥、美三国公使的见解转述后，日本公使表示：'本使愿对意、奥、美三国公使的意见加以考虑。'辜先生不必担心，我只是急于让你知道进展，你就静候佳音吧！我告辞了。"

瓦德西不待辜鸿铭提问，叽里哇啦，已说得一清二楚，说完后，便匆匆离去。

辜鸿铭马上赶到李鸿章府上，寻思着能碰到俄使最好，当面教训他们一场，俄国皇储还没有他那般骄横。但是，转念一想，自己身着便衣，根本不可能会见外国公使，就是改着官服又能如何？品级低下，根本没有资格、没有机会同他们会见，当下就打消了同各国公使见面的念头。急急步入李鸿章起居室，见庆王早已前来探视病情，李鸿章斜依卧榻，病容满面，这一番奔波，心思耗竭，也难为了他。李鸿章强支病体，说："刚才俄使前来，告诉我联军已提出赔款数额为七亿两银子，由于他拼命反对，才减少一亿两，降为六亿。再减少是不可能的了。"

辜鸿铭一听，气不打一处来，当即应说："中堂好好休养，别听俄国人的鬼话。事实上，提出索取七亿赔款的正是俄使，其次是英、法二使，果断反对的人是德国的瓦德西元帅和意、奥、美三国公使，日本公使也答应考虑了。"

接着，辜鸿铭将瓦德西会见意、奥、美、日四国公使所取得的进展告诉了李鸿章。李鸿章听后，心中有所放松，说："这么大一笔赔款，我国如何拿得出？只是没有割地之忧，看来此番过后，我国当致力于国家经济的振兴，不能再折腾了。"

言下大为忧虑。辜鸿铭说："请中堂不必过分忧虑。讨要多少银两，自然是他们开口，给多给少却也在于我们。"

李鸿章却忧心忡忡："唉，徒托空言，我国虚耗日久，难啊！"

辜鸿铭却信心十足："我们实力业已在握，中堂毋庸忧疑。"

接着，辜鸿铭一板一眼地说："瓦德西尚未会见英、法、俄三国公使，怎么能说都赞成了呢？所谓都赞成，必是他们八国公使联名请你到总理衙门，由瓦德西率领，当众提出。俄使不过以私人身份来拜见中堂，假如消息传扬出去，必招致各国公使的质问，中堂为何还信他的鬼话？"

李鸿章沉默半晌，没再说话。辜鸿铭心想，看来传言是实了，中堂大人多半想给予俄国人在东三省的好处，以他们制约其他各国。这时庆王奕劻说话了："你休息吧！反正哪国公使也不可能以个人名义强迫我们签约。俄使若是再来，但与他虚与委蛇，可也。"

辜鸿铭赶紧强调："王爷，对待外国公使，万不可采取虚与委蛇态度。必须持之以定力，老实不欺，像当年文相国（文祥）那样对待外国使臣，才能取得他们的尊敬，不敢撒野，潜移默化，久而久之，自不难纳外交于正轨。"

奕劻听后，连声称道："然哉，然哉！我过矣，我过矣！"

李鸿章斜依榻上，接着说："我本没有什么病，只是感觉体力不支，唉，我老矣，无能为力！现在叫我到总理衙门，还真去不了。"

辜鸿铭赶忙安慰他："中堂大人放宽心，将息身体要紧。现在，联军内部矛盾正尖锐，业已展开争斗，只有日趋分裂，不会更加团结一致压迫中国，这场争斗三五个月不会平息。他们的意见不一致，就不能联名请你到总理衙门去。"

李鸿章心不在焉地说："但愿如此。"

辜鸿铭回到寓所，深感李鸿章大失常态，态度暧昧，内心似有着不可告人之隐痛，和议前途，实堪忧虑。庆王人虽精干，能虚心听取意见，但也不过是唯李鸿章马首是瞻，不敢越雷池一步。辜鸿铭只好遵照张之洞嘱咐，将诸般情形通过电报报告张之洞，电请张之洞指教。张之洞洞悉内情后，称他做得对，并勉励他继续坚持下去，不要灰心丧气。并嘱咐辜鸿铭触及时讳的话，要尽量避免，自然会有干预议和的人敲警钟……

同时，张之洞也电告李鸿章，电文中慰问李鸿章贵恙，然后对李鸿章为国操劳，大发同情，检查了自己在江督任内时，电奏李鸿章赂俄攻倭，前门驱虎，后门入狼，造成中国今日大患，前车之覆，后车之鉴……称目下中国最大的敌人是俄国，其次，才是英、法、美、德、奥、意和日本，矛盾正烈，因此，赔款数额无论削减多少，万不可轻率签字。

以后，张之洞通过辜鸿铭，时刻关注着议和进展，同李鸿章展开针锋相对的争论，除于赔款问题表示意见外，也对其他和议条款，无不一一表示意见，颇令李鸿章头疼。

第四天早晨，瓦德西又定时来到辜鸿铭寓所，告诉辜鸿铭和谈进程，称："英国和法兰西两国公使得知我联合美、奥、意、日四国公使，准备同其他三国公使相斗的消息，同时也受到美国公使公开反对的压力，对我说，赔款数额可以再斟酌削减。"

瓦德西将他同英国公使的谈话具体讲给辜鸿铭听。

接着，瓦德西告诉辜鸿铭："今天，我带给你的消息是令人乐观的。我所担心的，也许和你的心事一样，就是贵国全权议和大臣李鸿章的亲俄投降政策，这令人害怕。今后，俄使或别国公使再去拜见你国全权大臣，请你务必像前天那样，马上派人告诉我，我好有个准备，和他们斗。同时请你电告张之洞、刘坤一以及其他各省总督、巡抚，请他们电告李鸿章，表示他们的看法，采取强硬态度，给贵国政府撑腰，以使美、奥、意、日等公使和本帅好有的放矢。我保证一定斗争到底。我不下令，战争不会再爆发，哪国军队也不敢单独启衅。"

辜鸿铭便将他给张之洞的电报，以及张之洞给李鸿章和他的电报内容告诉了瓦德西。

第五天早晨，辜鸿铭向李鸿章请安，并将瓦德西谈话简要告知，李鸿章喜形于色中，又略现不悦之色，说："俄使前来见我之事，似可不必公布，致令我们少一耳目。"

"中堂请想，俄使的居心，不过是想玩弄中堂与各国公使于股掌之间，以达到吞并东三省之目的。现在，他披着画皮，变了一个天女，妖媚巧言，载歌载舞，前来献花，等到画皮一去，现出夜叉狰狞面目，那时中堂如何摆脱他的魔爪？不抓住这个机会，激起公愤，当众撕下他的画皮，让他现出形来，更待何时？但晚生未奉中堂令，一时不慎，脱口将俄使行动告知瓦德西，乃晚生之过，请中堂罚我，绝无怨言！"

　　李鸿章温言安慰他说："汤生兄说哪里话来。但国家大事，定当奉命而行，请汤生兄务必切记。另外，烦你一行，将消息带给王爷。"

　　庆王奕劻听完他的报告和他对自己的失言之悔后，说："君有诤臣，父有诤子，士有诤友，何况国家大事，当争者必争，但当奉令而行。中堂爱才成癖，必不会怪你。"

　　辜鸿铭频频颔首。奕劻续道："中堂何所爱于俄使，只因他对俄国颇存幻想，不似张之洞、刘坤一转变快。我也不明国际局势，俗语说，哑巴梦见祖宗，有话说不出。我说服不了李中堂，非我无忠君爱国之心，不负责任。望辜先生不要灰心，在'争'字上多下功夫。"

　　奕劻喝了口茶，接着说："李中堂虽也和张、刘二位总督采取同一行动，参与东南互保，不奉朝廷勤王之诏。但是，李中堂把希望寄托于外交，不敢发动战争，恐苍生重遭涂炭。张、刘二位则寄希望于四万万忠君爱国之人民，时刻准备大战，果断反对丧权辱国，见仁见智，各有不同。据我对现在时局的观察，真理、正义在我，联军各国内部意见已起分歧，此其一；江南五省时刻准备于交涉失败后，作持久战争，威力不小，各国亦不能不正视我国之实力，不敢冒战争的风险，此其二。毋庸讳言，中堂对此，毫无信心，又深恐和议不畅，心忧如焚，焉能不失常态。据我素知，中堂从不喜怒形于色，而今却大不然，平心而论，中堂究是老成谋国之人。今有张、刘函电交争于外，你我二人同心协助于内，朝廷又一再电谕，指示力争，中堂自不敢一意孤行，甘冒天下之大不韪，和议前途犹可乐观，愿与辜先生共勉之。以后，凡有不便同中堂直说的话，告诉我好了，我们二人研究之后，再酌商于中堂可也。"

　　一日早晨，瓦德西又到辜鸿铭寓所，说："昨天，联军各国公使、将军全体会议，共讨论四件事：第一件事是由我提出，重申联军最初决议，不惩办罪魁，不能和中国谈和议，不容置疑。否则，本帅决不同意！所以，有关和议问题，可以提前讨论，但绝不能在此问题未解决前，向中国提出。

俄国公使以为先决问题必须坚持，但罪魁名额应减少。英法日三国公使坚持不能减少，而美奥意三国公使主张，减少几名，不可苛求过甚，有碍和议。"

瓦德西接着告诉辜鸿铭："我重申这个先决问题，并表示我的果断态度，我的想法是：一、给敝国皇上有个交代。我还未告诉你，不惩办祸首，不能和中国开议，是我出发前敝国皇上的首要命令。二、希望你和赫德先生抓住这个时机作文章，在英美报刊发表文章，创造和平气氛。三、拆开线头，一拉到底，无往不利。这是你告诉我学习的话，现在，我想把这话用到我的工作上，只要我能把敝国皇上的线头拆开，何愁拆不开和议这个大线球呢！"

瓦德西这么一阵长篇大论下来，倒有些口干舌燥，两人点了烟后，呷了口茶，接着说："第二件事是：英、美、奥、意和日本公使联合提出，主张东亚均势，联军各国必须遵守，不得擅自同中国订约，全都接受了。第三件事是俄国公使提出，在中国议和全权大臣李鸿章抱病期间，是各国公使同去慰问，还是由联军推荐一位代表前去？最后，都认为各国公使均可前往。第四件事由法英俄日四国公使联合提出，他们一致主张要求赔款六亿两，美奥意三国公使表示反对。我公布休会，第一件事和第四件事各国公使私下交换意见。"

接下来，瓦德西讲了他同赫德的谈话："午餐后，我去回拜赫德先生，由他带我逛西山名胜。他感叹地说：'东亚风云，日紧一日！今日，中国和约一签，明日，日俄必兵戎相见。可叹，英、日二国一味贪图索取赔款，竟敢把中国当作印度，以为是他们的囊中物，以为俄罗斯是一个皮球，哪知俄罗斯却精得很，反把各国当皮球踢，正是中国给联军挖好了坟墓。美奥二国公使所见极是，希望统帅千万要把好舵，无论如何不要迷失方向！我老矣！救世之心，只能托之于口舌，旋转乾坤之力，要看你们了。"

辜鸿铭照例又赶到李鸿章府上，汇报进展，李鸿章正在用餐，他老实不客气，坐下就与李鸿章一起吃饭。李鸿章笑说："汤生兄枵腹而来，必有佳音！"

"我料中堂早知之矣。"

李鸿章哭丧着脸说："怎奈两家公使不答应，还是不好办啊！"

"不，是一家。"

"那么，俄使又来撒谎了。"

"俄使没有说谎。不过，他瞧不到幕后的安排罢了。"

李鸿章倒是糊涂了，辜鸿铭又将瓦德西所说的情况，一五一十，从头到尾，细细说与他知道。李鸿章笑了，说："看来，可将载漪、载澜两兄弟性命保全，谅朝廷不会再电谕驳斥了。"

在惩罚罪魁的问题上，一直令李鸿章忐忑不安，一边是联军压力，一边是朝廷压力，特别是把持朝政的载漪，首当其冲，不能不令他担心。现在总算对朝廷有个交代了。辜鸿铭紧接着说："还有一件大事，中堂大人，大阿哥的废立问题如何处置？"

"联军还未提到这个问题，何必反请洋人干预我国内政？"

辜鸿铭却有深远考虑，大阿哥问题不解决，必成内患，因此他解释道："中堂言之有理，但晚生所虑者，若不得各国保证，还有什么力量能保证当今皇上不废呢？这个问题对我国来说，比和议重要多了。"

李鸿章大吃一惊，说："汤生兄深谋远虑，我计不及此，惭愧，惭愧！请你赶紧秉告王爷，让他知道今天的好消息，然后向他请教大阿哥废立问题，这不是你我二人敢专擅的事。"

庆王奕劻听了辜鸿铭的汇报和他提出的废立问题后，立即说："今上英明，未可废立。但大阿哥不废，皇上必废。此乃嫂溺，援之以手，与媚外降敌，借机巩固个人地位，不惜丧权辱国，甘作汉奸不同。走，咱们去见中堂，告诉老头子，我完全同意借机处置大阿哥问题。"

两人同到李鸿章府上，李鸿章对奕劻说："我知你不会有异议。我估计从明儿起，我这小宅院会热闹起来，有两件事要劳烦二位。首先，我得强打精神，接见各国公使，是在客厅呢，还是在起居室里相见？其次，我们的意见怎么提？向一国公使提，还是具书全体公使，正式提出？"

奕劻紧接着说："这得请辜先生说说，咱们合计合计该怎么办。"

辜鸿铭说："抱病在内室和公使相见，并向他们提出，必须将载漪、载澜二人排除于罪魁外。否则，敝国不能接受。至于废大阿哥问题，只能把我们的苦衷说与瓦德西，并请他代为陈说，取得各国公使同意，再提出商议，不能暴露出这是我们的意思。"

奕劻和李鸿章齐声说："好，就这么办。"

了却了一桩心事，三人都舒了口气。李鸿章又说："汤生兄要我抱病在内室会见各国公使，除体谅我年老衰病外，是否别有深意？"

"你不抱病，就要到总理衙门办公。各国公使三天两头齐来见你，那时，有的提出过分要求，不赞成的呢，当面争吵。现在你抱病在内室见他们，他们得一个个分开来见，碰到问题，你只要回说不能接受，他们必不能以个人名义逼你，只好回去向大会报告。那时，不赞成他们要求的公使，便会义正词严地反对他们。很明显，和议的斗争已变成德、美、奥、意四国对英、法、俄、日四国，与其你出头到总理衙门和他们斗，不如让瓦德西出头，在联军中去斗。要知，敌人敢在总理衙门吓你，却不敢威胁瓦德西。"

李鸿章听后，大为感叹："办外交，看来不通外事不成啊，可叹！端王大戆深明外事之人，袁昶、徐用仪、许景澄皆被惨杀。不是客气，我哪有文相国那份修养，能把凶神恶煞般的洋鬼子当一群调皮的小孩，教化得个个彬彬有礼，听老师的话。此次和议，没汤生兄大力协助，全靠庆王爷和我与洋鬼子周旋，且不说我二人会受多大罪，还不知要酿成多大遗憾呢！"

此时已是晚餐时节，李鸿章吩咐摆上酒菜，三人一同用餐。席间，庆王奕劻感叹说："东北五老，今不得见之矣。难道圣朝国运真衰乎？"

李鸿章闻言，泪下沾襟，泣不成声，三人欷歔不已。

第七天早晨，瓦德西来到辜鸿铭寓所，交换了意见，两人便同去见李鸿章。瓦德西对李鸿章说："本帅得知贵体欠安，特来拜见。有关和议先决问题，我愿效犬马之劳，以使东亚早见和平。"

李鸿章一番感谢后，说："本大臣意见，罪魁当中，务必取消载漪、载澜，别的倒无异议。"

"那么，敢请贵国二位大臣联名写一复照，本帅好据以力争。"

李鸿章马上派人请庆王奕劻，让他领衔在复照上签字。瓦德西得到复照，高兴地走了。

接着，俄、日、美、奥、意、英、法各国公使接踵前来探视。

第八天午前，瓦德西到辜鸿铭寓所，通知他说："今晨联军会议上，各国公使一致同意中国复照的请求。我表示，既然大家都表示同意，早日打开和议大门，本帅不便节外生枝，同诸位一道同意中国复照的请求，同时，还表示同意奥使所提废大阿哥问题，于是全体通过！"

随即取出联军复照给辜鸿铭看，辜鸿铭见事已成功，立即带着瓦德西直奔李鸿章府上，李鸿章细细阅过联军复照，说："本大臣即请庆王联名电报行在，这里稍有出入的，可能是废大阿哥问题。但端王载漪和他兄弟载澜虽还得受罚，却死罪已免，谅朝廷不会不接受复照所开各条要求。俟得复电照准，本大臣即便会同庆亲王签字。"

第九天傍晚，得朝廷电谕，准此联军所请照办。

第十天早晨，复照联军各国公使在总理衙门签字先决问题如下：

一、除徐桐、刚毅先死外，毓贤、启秀、徐承煜斩决。

二、庄王载勋、英年、赵舒翘均赐死。

三、端王载漪及其弟载澜发边外永禁。

四、某某等百余人禁锢革职，永不叙用。

五、大阿哥废。

六、于庚子（光绪二十六年）十二月执行。

先决条件解决后，和议大门打开，英、法、俄、日四国公使提出大纲20余条，美、奥、意三国公使反对。瓦德西同意美、奥、意三国的意见，请英、法、俄、日四国公使考虑，不可逼中国太甚。

双方争持月余，不分上下。

联军内部的争斗越来越激烈，散会后，英、法二国公使总找李鸿章出气。俄使照样用那一套对李鸿章。

转瞬数月，李鸿章病情更重。联军却还未斗出个结果。

最后经瓦德西力争，各国才得出个大体一致的意见，继续修订条款。英法二国公使即来见李鸿章："现在，已一致同意修改和议大纲，数日内必可照会大人签字，勿得违拗，否则，大战马上爆发，自取灭亡。希望大人不要步叶名琛后尘，空吟望海楼头爱国之歌，无补客死异国他乡、葬尸海底之恨。"

说罢扬长而去，李鸿章放声大哭。辜鸿铭赶紧入内室安慰。

李鸿章说："国运可悲，非为个人生死利害计。"

"中堂之心可告天下。今已胜利在望，何故悲伤？刚才二人黔驴技穷，窘态毕露，中堂何忧何惧？至于战争爆发，岂是他二人说了算的？此两人竟以私人名义，前来恐吓中国全权大臣，无理已甚。请中堂、王爷联名照会联军各国公使，正告他们，嗣后拒绝接见英、法二使，看他们不来道歉才怪。"

"汤生兄，别惹祸啦，老虎尾巴摸不得。"

"这正是执讯获丑，不可放过的好机会。"

李鸿章闭目，不再言语，辜鸿铭知他胆寒，轻轻退出，回到寓所，即电报告诉张之洞一切情形，请张之洞指示。电报发出后，即前去见庆王奕劻。辜鸿铭心里明白，李鸿章只要能保全端王载漪兄弟性命，其余一切都不再顾忌，想请奕劻从中调处。庆王听了他的看法后，却说："只得等机会，皇太后、皇上撤换和议全权大臣李鸿章，但非我一人所能办到。现在说什么也没用，请辜先生原谅，我不能多言多说，好在机会很快就会到来。"

他这几句奸猾之言，噎得辜鸿铭无话可说，默默回到寓所，又向张之洞发去电报，陈说忧心。

次日早晨，辜鸿铭连得张之洞两通回电，前电说："别忘，读圣贤书，所学何事！无官守，无言责者，尚能不避斧钺，挺身而出，为国家大事奔走呼号。我辈有官守，有言责，何能顾及个人利害，缄口不言？今告汝知道，有他没我，有我没他，我誓和他斗到底。"

第二封回电说："某公徒有兼人聪明，没有爱国肝胆，他想置身事外，我如何能饶了他？"

辜鸿铭即刻去见李鸿章，刚问过安，张之洞的电报即到，照例是张之洞一番斥责，李鸿章一笑，说："张某做官数十年，犹书生也。"

辜鸿铭颇不满，说："满口诗云子曰，黍麦不辨者，谓之书生。今张香帅电报所陈，皆肯綮之言，中堂何以书生视张制军？"

李鸿章来个闭目不答。辜鸿铭只得离去，心中却大为窝火，连连投稿英、美报刊。

第二天上午，瓦德西匆匆闯进辜鸿铭客厅，连声叹息："今晨，我已被英、俄二使击败，联军会议最后确定在俄、英、法、日所提的和议大纲十三条上签字。我只能尽力于此了，唉，实在抱歉。"

瓦德西叹息一阵，起身离去。辜鸿铭心下郁郁，给张之洞发去电报后，专等回电，自知不能再有作为了。

其实，这个故事乃无中生有，实系辜鸿铭晚年穷居北京，自命一身才学无人问津，经天纬地之心寂寞无奈之余，遂演绎当年《辛丑和约》议定诸般情景，过自己的嘴瘾，神话自己的能耐，十天排除和议阻力。而此中分析，虽处处有书生意气，挥斥方遒之感，但其臧否人物，倒也有些中肯之处。此番评论，确实也令他非常过瘾。

这个故事，总之一句话——编的。①

实际上，辜鸿铭参加东南互保谈判后返回湖北武昌。此时局势已经明了，慈禧太后见自己无受责之虑，遂即指派李鸿章、庆亲王奕劻为全权大使，便宜行事，同列强议和。

慈禧太后为讨好联军，将责任推得一干二净，懿旨下来，送出几个替死鬼，一班因主张强硬开战的大臣纷纷沦落为阶下囚。徐桐、李秉衡早已自杀，也不放过，撤销恤典；载漪、载澜定为斩监候，发配新疆，永远监禁；英年、赵舒翘赏绳一条，令他们自尽；徐承煜、启秀立即正法，刚毅定为斩立决。

以处理家事治国的慈禧太后，杀了几个家奴，表示一心和解，却苦了一班自命为忠君体国的大臣，只好陈尸法场，战死疆场犹不可得了。

瓦德西得此结果，大为兴奋，在他看来：

"从下令准备攻击之恫吓，至西安方面中国皇室之屈服，不出四日，又足以重新证实，凡与华人谈判，若欲得到胜利，必须具有威力，而且示以行使该项威力毫无顾忌之决心，方可。"

在一番软磨硬泡，联军内部吵吵嚷嚷，分赃停匀之后，提出和议内容，光绪二十六年十一月初六日（1900年12月27日），清廷电旨李鸿章、奕劻：

奕劻、李鸿章电悉，览，所奏十二条大纲，应即照允，钦此。

最后终于在1901年9月7日，奕劻、李鸿章代表清政府签订《辛丑

---

① 关于辜鸿铭在八国联军占领北京期间的传奇逸闻，见于兆文铭先生所撰文章。兆文铭其文题为《辜鸿铭先生对我讲述的往事》，刊于全国政协文史资料研究委员会编《文史资料选辑》（总108辑），文史资料出版社，1986年。文中，记述了辜鸿铭许多奇闻逸事，多不足为凭，特别是当中"晋京襄助李鸿章和奕劻"部分，于史更无依据。而作者文中称："在辜家学习六七年之久，常与辜氏闲谈，聆听辜氏述说往事，乃将所闻连缀成篇，撰成此文。"文中所记，无史实可考，多为臆测，抑或是辜鸿铭铺排逸闻，以为谈资。

各国和约》，主要内容是：

一、清政府向各国赔款白银四亿五千万两。三十九年还清。

二、在北京设立"使馆区"。各国自己驻兵保护。

三、大沽炮台以及北京到大沽沿路的炮台一律削平。

四、惩办在义和团运动中和帝国主义作对的官吏。以后有反帝者，立斩。

五、改总理衙门为外务部，列六部之前。

此约订立后不久，李鸿章病情恶化，"大溲不下，吐血常作"，两个月后死去。

袁世凯继任直隶总督兼北洋大臣。

影响晚清同光时代政局的李鸿章消失了，他所代表的以洋务扶清的力量，也消失了，只留下张之洞还以清廷柱石自命。擅长玩弄枪杆子，出卖主子如同儿戏的袁世凯所代表的新一代军阀开始走上中国政治舞台。这帮人能够在无力自任的清朝末年飞黄腾达，甚至于主持民国数十年，也可说是这些军阀最荣耀的时代了。

第五章　首入帝都

清光绪二十七年

公元 1901 年

清政府风雨飘摇，慈禧下变法诏

张之洞大倡新政，辜鸿铭腹诽不已

庚子一役，国事日非，抱残守缺的清政府处于风雨飘摇之中，帝国主义列强这一场联合风暴几乎撼动了清政府的根基。

同时，忧国忧民的伟大的民主革命者孙中山先生在惠州发动武装起义。时任两广总督的李鸿章很快扑灭了这场革命。然而这场革命之火注定要烧得更旺，腐朽的大清帝国材质已经干枯，火星一来，必呈燎原之势。

慈禧太后带着一帮皇子皇孙东奔西窜，心魂胆魄俱受震动，深感宗社倾覆，不得不捡起她亲手扑灭的"维新"旗帜，美其名曰"新政"，以图救治危难时局。

1901年1月29日，避难西安的慈禧，以自己和光绪帝的名义下"变法诏"，指陈数十年积弊相仍，因循粉饰，以致酿成大衅。欲求振作，必当更张。诏书中说：

> 世有万祀不易之常理，无一成不变之法治……盖不易者三纲五常，昭然如日月之照也；而可变者令甲令乙，不妨如琴瑟之改弦。

此所谓新政，不过是用张之洞《劝学篇》详加阐述的"中体西用"学说，把一帮东南互保的封疆大吏重新纳入朝廷控制之下，在一定程度上暂时弥合了几乎分裂的统治集团。

1901年4月21日，清政府设立督办政务处，筹办新政，委庆亲王奕劻、大学士李鸿章、荣禄、昆冈、王文韶、户部尚书鹿传霖为督办政务大臣，两江总督刘坤一、湖广总督张之洞为参预政务大臣。

此后，清政府颁行了一系列上谕，设外务部（改总理各国事务衙门为外务部），废武举、建武备学堂，派遣留学生出洋，废科举、兴学堂，酝酿实行立宪……广泛展开上层改革。张之洞、袁世凯、刘坤一、李鸿章是操纵这次新政的主角。

李鸿章、刘坤一分别在1901年、1902年先后去世。

李鸿章临死，推荐袁世凯代之，袁世凯成了直隶总督兼北洋大臣。从此，张之洞、袁世凯成为清末新政最显赫的两个角色。

张之洞在成功策动东南互保后，声望大增，显然以百官之首自任，举足轻重，会同刘坤一于 1902 年连上三疏：

7 月 2 日，《变通政治人才为先遵旨筹议折》
7 月 8 日，《遵旨筹议变法谨拟整顿中法十二条折》
7 月 9 日，《遵旨筹议变法谨拟采用西法十一条折》

合称《湖广两江总督合奏三疏》，即著名的变法奏议三折，疏中强调不变何以为国，认为当兴学育才，总结他在湖广、两江施行的经验，推向全国。同时，强调革除积弊，仿效西法，兴办实业，自称绝非扰乱纲纪的康有为所倡的种种谬论，乃是三十年来奉旨陆续兴办的经验总结。

三疏一上，慈禧太后阅后，脸上神色阴晴不定，似喜似忧，家国之念涌上心头，不无感伤，低沉沉叹道："法是好，只是无人办。"

看来慈禧太后亦深知，大清帝国此时已是病入膏肓，无药可疗，即使有良方圣药，也不知从何处入手了。此新政连慈禧本人都骗不了，不过徒媚外人，欺骗国民而已。

讥弹新政

张之洞一边上疏朝廷，积极参议新政，一边继续在湖广总督任上大力推行他一直在进行的洋务，不过现在是美其名曰新政了。

张之洞自云，他的一生宗旨离不了新政二字，他曾对他的侄女婿黄绍箕说："我从政有一定之宗旨，即：启沃君心，恪守臣节，力行新政，不背旧章十六字，终身持之，无敢异也。"

张之洞着手将早年兴办实业学堂、军事学堂大规模扩展，预备创办一批普通教育学堂。特别是在兴办各类学堂的过程中，深感师资难得，为解决师资之急，他曾从经心、两湖、江汉三书院选派优等生赴日本学习师范，即使暂署两江总督亦未停顿。

从 1902 年开始，张之洞创办了一批师范学堂，如：

1902 年，开设湖北师范学堂，以追随他来湖北的武昌知府梁鼎芬为监督；

1902 年 7 月，开设两湖师范学堂，委派梁鼎芬将两湖高等学堂改作两湖师范学堂，著名科学家李四光就毕业于该校，闻一多先生亦就读该校的附属小学；

1903 年，开设湖北师范传习所；

1905 年，开办支郡师范学堂，为府县培养师资。

梁鼎芬为给张之洞捧场，创开学会，特联络通省当道官员，于学校举行。

一次，一所学校开学，教员学生到者数百人，官员亦不少。梁鼎芬派东洋留学归来的刘某致辞，念的是梁早已预备好的一篇辞藻华美、为张之洞大唱赞歌的长篇颂词。

刘某站到台上，一口湖北官话，朗朗高诵，极为卖力，抑扬顿挫，兴会淋漓。下面来宾、坐者无不肃然静听。

诵读刚完，还未鼓掌，众人正在回味之际，忽听得一响亮的声音，接着话头朗吟："呼呜哀哉，尚飨！"

众人顿时大笑不已，回首齐看，原来辜鸿铭在一角落里，正自兀然高座，洋洋自得，沾沾自喜，硬将梁鼎芬费尽心思、搜寻美妙语铺缀而成的一篇颂词，比作一篇祭文了。因为古人祭文总是念给死者的后人听，莫不大唱赞歌，只恐其少，不怕其多。

梁鼎芬气得脸色铁青，久久不发一语，只有张之洞仍自坐在那里毫不变色，充耳不闻，似未听到过一般，眼睛也没眨一下。

张之洞对他手下的这个谋士，还是很能容忍的，这既缘于张之洞的雅量，但最重要的还是他对辜鸿铭的赏识，所以能对辜鸿铭的任气忤物多加容忍。

1902 年，慈禧太后生日，举国上下举行万寿节庆典时，辜鸿铭又发惊人议论。

这日，张之洞总督府上张灯结彩，铺张扬厉，花了无数银两，邀请驻武汉各国领事，大开筵席，并广招军界、学界人士，高奏西方乐曲，觥筹交错，喜气洋洋。这时正逢圣谕令举国传唱爱国歌，辜鸿铭心下大有感慨，遂问梁鼎芬：

"星海，满街都在唱爱国歌，怎么没有听到人唱爱民歌呢？"

梁鼎芬知他心有不平，必有妙语，遂怂恿道："汤生兄何不编他一首？"

辜鸿铭略一沉思，脱口而出："我已得四句佳句，想不想听？"

"当然愿意听了。"

随即高声吟道："天子万年，百姓花钱。万寿无疆，百姓遭殃。"

话音刚落，听者无不色变，还是张香帅充耳不闻，正自津津有味品着一杯美酒。要知，此直接对着老佛爷骂过去的话，可是天大的罪状，谁知他老先生随口即说，香帅也左耳进，右耳出。好一个明主，好一个谋士！

辜鸿铭早先在《日本邮报》上发表的《尊王篇》中大肆吹捧慈禧太后，可他是清醒的人，那是骗骗洋鬼子，我民心犹在，士气犹存。心底下，却是腹诽颇多，这只不过是其偶然冒出的一点点而已。

在创办学校的同时，张之洞还大量派遣留学生。早在 1898 年，即派 150 名两湖子弟前往日本学习武备、格致、农、商、工诸艺。他对派遣留学生的热衷，是由于急需洋务人才，而他派留学生的方针则是西洋不如东洋，一则日本近，费用少，易考察；二则日文近于中文，易通晓；三则日本人已对西书做了处理，便于学习。因此，在 1898 年后近十年间，大量派出湖北学生游学日本，达数千人之多。

1903 年，任两江总督的张之洞选派江南水师学堂毕业生 16 人赴美、德学习军事，同年湖北派出 8 人赴德，4 人赴俄，24 人赴比。

张之洞对于国外留学生接受新思想，宣传改革、革命的信念，时有所闻，但他却不知道时势变化，在他看来："留学生，年少无训，惑于邪说，言动嚣张者，固属不少，潜心向学者亦颇不乏人，自应明定章程，加以引导。"

1903 年 9 月，张之洞上奏清廷，条陈饬筹防范之法，清政府根据他的意见，颁布《约束游学生章程》和《奖励游学生章程》，对妄发议论，刊布干预政治之报章的学生，立即命其停止，如有不从，即命退学。同时，又施之以恩惠，对循章守法的学生，赠予举人、进士出身等奖赏，恩威并济，试图以利吸引学生。殊不知，此利禄一途大开，本为冷门的留学，多是一帮困穷或求真知者的途径，一变而为大热门，以出洋为猎官之捷径。当官在中国，好处是太多了，一登官位，手下百姓的钱财是他的自不必说，就是命也是他的，如何不令人眼红？稍有家资者无不纷纷出洋，以期镀金回来，挣个大红顶子，再做个三年清知府，弄到十万雪花银，太诱人了。而一帮真正忧国忧民的学人，却仍热衷于探求救国之路，原非张之洞的势利之心所能诱动的。

辜鸿铭对主公此举，大为不满。

这一日，有大批留学生又要派赴外国，张之洞亲自为他们饯行，酒酣耳热之际，学生们一致请张之洞讲几句，张之洞也正要告诫他们，欣然说道：

"你们到了西洋，要好好努力，认真求学，学得一身本领，将来回到祖国，为国家效命出力，挣个红顶子，做大官，那是很容易的事情。希望诸君勉之，不要信那些异端邪说，闹嚷嚷无所作为，不小心还会坏了诸君的性命。"

辜鸿铭听他如此说，大不以为然，私下里对人说："香帅只知利害，不知是非。是非之论，他听不进去；只有利害呢，他还能接受。"

此话传到张之洞耳里，张之洞大怒，立即把辜鸿铭叫来，训道：

"谁说我只知利害，不知是非？假如我只知利害，岂不早已有万贯家私？所谓利者，在哪里？我讲究的不过公利而已，并非私利。私利不可讲，而公利则不能不讲。"

辜鸿铭针锋相对地答道："当初，孔子不言利，然而孔子就讲私利吗？"

张之洞想方设法为自己辩护，认为公利私利大有区别，公利不可不讲。

最后，辜鸿铭讥讽道："《大学》言，长国家而务财用者，必自小人矣。然而小人为了国家讲富强，岂不是说公利吗？香帅诱学子以名利，恐怕遗害不浅。香帅学识丰富，难道没有看过袁枚说的一则故事？"

张之洞一愣，不知他如何扯到袁枚身上，愕然问："又与袁枚什么相干？"

"那也很简单，袁枚的故事不过是说，从前有这么个人，因为无子，终日忧心忡忡，求教于人。别人告诉他，只要能学学禽兽的样，必定会有子女。这人惊奇异常，问是何缘故。那位出主意的告诉他，男女交合，万物化生，此处是只有人欲没有天理的。现在的人年过四十，就有了传宗接代的想法，将天理掺加入人欲当中，不仅欲火不能旺盛，难以尽怀，要怀孕当然难了。而且以人胜天，是造物之大忌。难道不见牛羊犬豕乎，其交合，如神射手一般，一发一中，百发百中，是什么缘故？那是因为禽兽无生子之心，阴阳自然鼓动，行其所不得不行，止其所不得不止，因此其繁殖生育，可以说是势所必然。"

张之洞面带窘色，犹有小忿，说："这又与利害有何关系？"

"香帅，关系大着呢！你这番不断派人出洋留学，诱人以功名利禄，此乃等而下之者，再则诱人以报效祖国，既有谋利谋官之心，又有为国效命之想，岂不是存了传宗接代之心？如此三心二意，岂能学有所成，徒增几个想当官的而已。更何况派出去的留学生，大半是去挣洋功名的，国学根基虚浮，好高夸大，回国之后，妄自尊大，不屑与国内学人同列，未先尝试，即求大用。宁为高等游民，不肯屈就卑职微俸，处处以洋人为规矩，不明国情，趾高气扬，自以为是。在我看来，祸中国者，官僚而外，即留学生。"

张之洞为之气结语塞，支支吾吾，默默端起茶杯，不再言语。

日后，辜鸿铭有位老友的孙儿清华毕业后，将赴美国留学，前往他府上拜访，辜鸿铭听说这位后生将赴美学商科，很不赞成，说："你家乃书香门第，竟答应乃孙出国学做买卖，实为奇耻大辱。"

随即以《四书》中一段话，让小伙子译成英文，小伙子随口译来，令辜鸿铭大为感叹："如此英文水准，学商，太可惜了。"

辜鸿铭不仅对于留学生不满，而且对于崇洋媚外者也大为不满。固步自封的天朝上国自从洋人打进来后，信心尽丧。同光以后，争以洋气为尚，一登洋地，身价倍高，特别是留洋学生可以授举人、进士，国人更是趋之若鹜。辜鸿铭大作讥讽，说：

"想当初范蠡浮海出齐，隐姓埋名，自称鸱夷子皮，耕于海畔，苦身勠力，父子治产，居无几何，治产数十万，齐人闻其贤以为相。范蠡大约就是当年华侨。想当日，齐国穷无聊赖之一般官绅，必大开欢迎会，必定还请了招待员，挂国旗，奏军乐，吃大餐，有一番大热闹。可惜太史公记陶朱公事，未曾将此热闹情形以龙门之笔描写出来，至今犹令人费三日思。"

张之洞在处理人才问题上，一直十分矛盾，一方面极其排外，一方面又大量雇用洋员。作为封疆大吏，他十分注意引荐、培养和任用通晓近代知识的人才，谋士辜鸿铭，即是位通晓世界事务的专家，见解学识，胆量气势均属一流，特别是他的任气忤物，无所不骂，无所不讥，能为明主张之洞赏识，足见谋士对明主之敬佩，明主对谋士的优容。一时，张之洞幕下人才济济，这也是谋士辜鸿铭极敬佩的。同时，他又向清廷大量推荐人才，晚清名流学者自称门生，出其门下者无数。

当此，天下日益混乱，局势不明，举天下之人皆在寻求不同的方式，既为自己的发展，也为帝国的前途，纷纷攘攘，一时鱼龙混杂，泥沙俱下。

革命的风潮已吹来，弄潮的革命者用报纸作为阵地，多是单身上阵，单骑瘦马，向大清王朝挑战。

1903年，章太炎、邹容在《苏报》上大骂清王朝，嘲"载湉小丑、未辨菽麦"。

张之洞即刻表现出与章、邹不共戴天的仇恨，虽然最后没有将章太炎、邹容捉拿归案，但可以看出，张之洞已敏锐地发现吹覆大清王朝的飓风即将登岸了，他决心全身心地投入扑灭这场大火。

帝都风貌

清光绪二十九年

公元 1903 年

张之洞奉旨入京，辜鸿铭随行

辜鸿铭首次得见天朝威风，大发感慨

　　1903 年初，张之洞奉旨入京陛见，带着辜鸿铭、梁敦彦起程，于 5 月 16 日抵达京师。此时，正值晚清重臣李鸿章去世，舆论一致认为张之洞将握政柄，受到重用。但此时朝中以满族亲贵为主、庆亲王奕劻为首的一班大臣因张之洞秉执大权、带头策划东南互保，对他早就不满，因此将张之洞晾在一边，进退维谷，尴尬至极。幸喜此时，清廷正筹议全国学制改革，张之洞素以知学著称，特别是在湖北兴学育才，名闻遐迩，乃当今第一通晓学务之人，于此中利弊最为熟悉，清廷遂委任张之洞会商学务，由他主持了一系列教育制度制订的工作。

　　7 月，设定《约束游学生鼓励毕业生章程》。

　　8 月，奏定《约束出洋游学生章程》《奖励游学生章程》。

　　12 月，奏进和通过《重订学堂章程》。

　　此年正当癸卯年，所以称"癸卯学制"。这是我国正式颁布的第一个在全国范围内施行的学制，施行到辛亥革命为止。以后，民国年间提出的几个学制，也与此大同小异。

　　张之洞在制定学制时，同辜鸿铭反复讨论，最后，决定以"中学为体，西学为用"为主旨，强调："中国圣贤经传无所不包，学堂之中，岂可舍四千年之实理，而骛数万里外之空谈。"

　　著名史学家王国维先生质问："若不改此根本谬误，则他日二科（指经学、文学二科）中所养成之人才，其优于占毕帖括之学者几何？而我国之文学经学不至于坠于地不已，此余所不能默然而息者也。"

张之洞的这种观点还受到当时主张西学的梁启超等人的驳斥，尖锐抨击说："（张之洞）平日守数千年文章诗赋之旧，傲然自负为通学，耳食一二西事，知之未全，便又自以为深通西学，于文明之学术，未尝梦见，亦未肯虚心求益。"

于此可以看出，张之洞一身执持不移的汉宋学术精神，昧于世界大势，津津乐道于此邦文物制度，由此入于魔障，终以"新政"竟其一生。

首次来到天朝帝都的辜鸿铭，一方面协助张之洞会商学务，另一方面花费精力体察帝都风范。这里是天朝的心脏，神话般的东方巨龙之首，这里的一切都在诉说着一个古老的神话——天朝上国，万邦来朝。精心布局，色彩威严，檐飞角斗，庄重厉穆的紫禁城，从南到北，一字排开，前门、天安门、午门、太和殿、中和殿、保和殿……在一条中轴线排列着。静，静得肃穆；大，大而无外。红墙碧瓦在夕阳下竟显得是如此地浩大、庄重。天坛、地坛、日坛、月坛、颐和园、北海、荒草萋萋的圆明园无一不在诉说着什么！

如此帝京，恰合了辜鸿铭梦幻中的中国，礼数之邦的气派。

而那一班大臣们更令辜鸿铭心仪已久，钦佩不已，令他想起了当年蔡锡勇给他讲的大臣风范。

当年，蔡锡勇在广东同文馆学习英文，随后奉派前往京师同文馆学习。蔡锡勇一行到达北京后，径到京师同文馆，下车，卸下行李，即有一位长须飘飘的老翁，欢喜迎入，慰劳备至，随即带他们到馆舍，引导这些学员，遍观各地，每到一处，必亲指点，这里是斋舍，这里是讲堂，这里是饭厅，带着他们看了每处地方，一直和颜悦色，兴致勃勃。

这一群学员以为不过是个年老长者，此处一般管事的人而已，都不以为他是什么大人物。这时，参观完了，老者询问他们："诸位，吃过午饭没有？"

学员们齐声回答："没有。"

老人即召来提调官，学员们见一位红顶花翎的官员立即侍立一旁，态度无比恭敬，学员们才知道这老人乃当日之宰相文祥①文中堂也。

辜鸿铭当年听到后，即有恨不早生数十年的想法，感叹前辈大臣之风度，非常人可及，更佩服文祥远略过人。当时曾国藩等大肆兴办洋务，建造船厂、枪炮厂，文祥则首先倡导设立同文馆，培养洋务人才，学习西洋语言文字学术制度，所谓知己知彼，百战不殆，非如此不足以消除外患。

不料此事一到北京，权倾朝野的袁世凯这时已非吴下阿蒙，驻守京师的多是北洋军队，为了巴结张之洞，袁世凯特派军队到张之洞寓所守卫。不久，张之洞到天津，去见袁世凯，谋士辜鸿铭亦随侍在侧，袁世凯一副巴结逢迎之态，令辜鸿铭大为看不起。

会谈后，袁私下里拉着辜鸿铭吹牛，说："汤生兄，西洋人练兵，秘诀在什么地方？"

辜鸿铭见他这一问，即回答："最重要的是尊王。"

袁世凯即顺着他的话往下问："我曾听说你用西文写有《尊王篇》，尊王的意义，我倒很想听听。"

辜鸿铭听他这一说，知道这个圈他是钻定了，当下毫不客气地说："西洋各国，凡大臣寓所，有派军队守卫的，都是出于朝廷特别的恩赏。现在香帅入都，你竟派军队替他看门，以国家的军队巴结同僚。士兵们见你以国家军队巴结同僚，则士兵知有你而不知有国家，一遇效命疆场，将士各为自己的领兵统帅，临阵必致彼此不相救援，如此，虽然步伐齐整，号令严明，装备先进，士兵娴熟，也不可能打胜仗。因此说：练兵的秘诀，第一是尊王。"

袁世凯讨个没趣，快快说不出话来。辜鸿铭却对帝都大僚信心尽失，

---

① 文祥（1818—1876）瓜尔佳氏，字博川。满洲正红旗人。世居盛京（今沈阳）。1845年中进士。1858年署刑部左侍郎，迁内阁学士。1859年任军机大臣上行走，授礼部侍郎。历吏、户、工部侍郎。1860年英法联军陷北京，随恭亲王奕䜣议和。1861年任内阁总理衙门大臣，参与"辛酉政变"。1875年任武英殿大学士。1876年死，谥文忠。

感叹不已，无限伤感，自言自语："现在不仅士兵不知有国家，而且各省督抚属下大小官员，也只知有督抚，哪里还知道有国家啊！行伍中人又有什么值得责怪的呢？中国不必洋人瓜分，早被自己瓜分完了。"

不料辜鸿铭一阵叹息，却成谶语，日后，袁世凯继续他出卖维新派的伎俩，把清王朝卖了，得了个民国总统，最后竟然称起帝来。手下将兵果然纷纷叛离，在众叛亲离中死去，而从此中国数十年不得清净。

臧否人物

幸而这时随来的梁敦彦带来了一线曙光，使辜鸿铭不致绝望。梁敦彦以候补道员身份奉旨觐见，散朝归来，与辜鸿铭大谈朝廷见闻，百官威仪，皇家气派，听得他心中痒痒的，可惜又身无品级，至今仍仅是个幕僚而已，无缘觐见。两人这么一番感叹，梁敦彦随即告诉他："汤生兄，今日在朝房，等着叩见皇上，一帮大臣等在朝房中，三三两两，阔谈议论，只是声音都不敢太大，我注意着听他们谈话，只听得锡良锡清帅对别人说：'咱们这些人，怎么配得上做督抚。'你要是有机会，一定要记下来，这样的人难得啊！随后有个人对我说：'当今要想看一个督抚的识见、器量、才能，不必看他如何行事，单看他用人。不必看他所委任补缺的人，单看他左右所用的幕僚，就可知其一二了。'"

辜鸿铭听得频频点头，心驰神往，如见上古之君子，接口答道："甚至连他左右幕僚都不必看。想要知道当今督抚贤明与否，只看他吹牛皮不吹牛皮，今天中国并不是亡于外交上的失败，也不是亡于没有实业。我看，中国之亡，实在是亡于中国督抚喜欢吹牛皮。毛诗说：俱曰予圣，谁知乌之雌雄。不过是说，都认为我圣明，谁又知道乌的雌雄呢？今日要想拯救中国之亡，必从督抚不吹牛皮做起。"

梁敦彦连连称好，辜鸿铭点上一支香烟，接着说："孔子说，一言兴邦。又说为君难，为臣不易。像锡良锡清帅这样的人，堪称今日督抚中之佼佼者。"

辜鸿铭吹得起劲，梁敦彦听得认真，两人不觉都端起茶杯，喝了一口，一阵欷歔，辜鸿铭正在兴头上，接着往下说："当今天下，都说是同光中兴，特别推崇曾文正（曾国藩），曾文正公功业大节所在，固不可轻议，然而其学术及其筹划天下大计，实在不能令人心折。他自己日记中也说：'古人有得名望而像我这样的人，没有比我更陋的了。'"

梁敦彦心下迷惑，却素知他好辩，不禁问道："曾文正之陋，陋在何处？"

"这个嘛，只要看看南京制台衙门，那规模造型的笨拙，用工用料的粗率，一句话，大而无当，于此处，即可知道曾文正公的陋处了。"

梁敦彦不禁大笑，辜鸿铭却一本正经："笑话少说，你看他，执天下之望，却不知如何筹划，只知道西洋人有巨舰大炮，以为能制造巨舰大炮，西洋人也就不足惧了，殊不知李文忠（李鸿章）遵循曾文正故旨，愈走愈远，最后甲午一役，北洋水师的巨舰大炮不堪一击。唉，可叹，其不知西洋制度故也。"

梁敦彦亦感叹不已，问："那么他的巨舰大炮，何以不灵？"

辜鸿铭欲言又止，颇费思量，答道："这个就不好说了，形象说罢，当初我到西洋留学，见各国都城，无一不有大剧院，规模壮大，宏伟华丽，金碧辉煌，自不必说。到了演戏时节，每演一剧，观众数千人，清风雅静，肃然静听。而我国新办所谓文明新舞台，固欲仿效西洋，但天天场中观剧，观众举止嚣张，语言嘈杂，声震耳鼓，虽有佳剧妙音，也几乎被湮没了。由此可见，西洋与我中国，有教无教，不问可知。"

梁敦彦听得眼发直，说："这与国家大计有何关系？"

辜鸿铭续道："关系可大了，俗话说，窥一斑而知全豹，观剧尤能如此正心诚意，崧生兄啊！如此国民，干什么不行啊！"

这时，天上已飘起细雪，冷风渗体，凉意逼人。两人从中午一直谈起，到此时也该是晚餐时候了，两人遂在房中摆下酒菜，生上炭火，谈兴不减。

几杯酒下肚，辜鸿铭更是兴从中来，此时两人一旦脱离总督府的繁杂事务，来到京都，闲了下来，好久未有如此谈兴的辜鸿铭一身"金脸罩铁嘴皮"功夫又发作起来，索性将他这近二十年穷居幕府之门，沉郁下僚看到的诸般世情，一发抖将出来。

辜鸿铭接着话题，继续说："崧生兄，当今天下，非一二督抚的问题。近日御史能参劾权贵已属不易，而其下场多是去官归乡。中国到如今这般状况，已容不下一二耿直御史，更不要说其他了。即使能容下一二耿直忠心的御史，当今中国也并非如前代朝廷，因有大奸大恶之人，窃持大政，作威作福，参倒他们，就可以了；而是整个国家上下，以顽顿无耻为有度，以模棱两可为合宜，不学无术以自是其愚，植党干没以自神其智，这些人，真是患得患失的鄙夫了！但却足以亡人家国。当今言官，没有一个能上疏朝廷一言，有益于主德；提出一条建议，以肃纪纲，使朝中上下，洗心革面，只是急急攻讦一二贵人琐屑小事，像是与人有深仇大恨一般，愤愤不平而不能自已，你说这是什么个状况啊！今日于天子足下，你也看到了。"

梁敦彦听得入神，接口说："似汤生兄此言，天下岂不是无可救药，你以为香帅如何？"

辜鸿铭再点上一支香烟，深吸一口，慢慢吐出，望着缭缭烟雾，神思有些恍惚，呷了口茶，润润嗓子，说：

"说到香帅，当今督抚，我打过交道的，袁项城，小人一个，不说他。李中堂，死了，我是不佩服他的，也不说他。刘制军，也已作古，此人我还有些佩服，也不说他。只剩两人，香帅与端午桥（端方①）。端午桥在香帅署两江时，曾暂署湖广，我正在武昌，当时京师正拟办税务学堂，因而与午桥谈及此事，午桥告诉我：'现在中国急需讲求专门学问，

---

① 端方（1861—1911），托忒克氏，字午桥，号匋斋。满洲正白旗人。1898 年，任直隶霸昌道，因上《劝善歌》标榜维新，被光绪帝擢升陕西布政使，护理陕西巡抚。1900 年，在西安拱卫慈禧、光绪有功，升湖北巡抚，署湖广总督。1904 年，调任江苏巡抚，摄两江总督。1905 年，奉派出国考察宪政。后相继任两江、直隶总督。1911 年入川镇压保路运动，于四川资州（今资中）被击毙。

鄙意以为应在湖北创办鳌金学堂。'我说：'既有鳌金学堂，州县官亦不可无学堂。'午桥答说：'诚然。'我一本正经地继续说：'如此则督抚亦不可无督抚学堂。'午桥闻之，大笑。我当时就说：'学问之道，有大人之学，有小人之学。小人之学，讲艺也；大人之学，明道也。讲艺，则不可无专门学堂以精其业。至于大人之学，则所以求天下之理而不拘以一技一艺名也。自学成理，明以应天下事，乃无适而不可。如同操刀而割，锋刃利则无所不宜，以之割牛肉也可，割羊肉也可，不必切牛肉用一把刀，切羊肉却又另做一把刀。'"

辜鸿铭一吹起来就没个完，梁敦彦也听得不亦乐乎，也不等他息下，紧接问："到底当今天下，你以为午桥与香帅的刀如何？"

辜鸿铭一副高深莫测的神态："这个嘛，恕我直言，香帅学问有余而聪明不足，故其病在傲。端午桥聪明有余而学问不足，故其病在浮。香帅傲，故其门下幕僚多为伪君子。午桥浮，故其门下幕僚多真小人。当初曾文正公说，督抚要考绝无良心科，沈葆桢当考第一。我以为现在考督抚绝无良心科，端午桥当考第一。或许有人说，午桥多情好士，焉得为无良心，我却以为午桥不过是质美而未闻君子之道也。聪明人处浊乱之世，没有听过君子之道，则心中没有主见，故没有一个立身处世的标准。这样，人虽然有情，也像水性杨花的妇人一般，最容易做没良心事。故我以为，端午桥必考第一。当然，午桥是真好士的，不像吕不韦之流，无非要的是好士之名而已。端午桥之质美，亦可以说是今日浊世翩翩一佳公子也。"

梁敦彦听他如此说，心有迷惑："汤生兄如何说香帅手下多伪君子呢？"

"唉，崧生兄，我想你也明白，既然你有此一问，那么我就给你举两个例子吧！香帅为人，风流自许，以学问自命，经常称能作数年京官，读书篱下，其愿已足。星海（梁鼎芬字）早年即投其所好，深知香帅饱含书生意气，尤重诗文，特别是苏东坡、黄庭坚二家，却又不喜别人言其师承。星海诗本宗晚唐，乃一变其诗风，专诵苏、黄诗句。面见香帅，侃侃而谈，香帅深重之。此次香帅入京，实是香帅调署两江后，端午桥执掌湖广总督，梁星海功名心太重，立即奔走端午桥门下，阿之谀之，协助端午桥，排挤香帅，致香帅不能回湖广任上，而羁留京师。人云星海乃小之洞，之洞乃大星海。虽香帅深恨星海，却是幕下多伪君子了。单此一人，即可见香帅幕中人物，特别是移督湖广后，香帅优容手下，恣意贪婪，你我跟随香帅多年，不说也罢。"

日后，张之洞死，梁鼎芬扶棺恸哭，虽为伪君子，终亦算有君子之心。

辜鸿铭言下甚为自得，仿佛心中早有一杆称天下人物的大秤。想当初，曹孟德与刘玄德煮酒论英雄，曹孟德快意之下，指着刘玄德说："天下英雄，唯使君与操耳。"那气象也不过如此，心中豪气，睥睨天下的怀抱，实不是俗世人物可比了。

辜鸿铭说到自得处，举杯一饮而尽，又抽出一支香烟点上，端起茶杯，润润喉咙。只听梁敦彦问道："汤生兄，小弟不敏，不明白你这学问有余而聪明不足，如何就傲了？聪明有余而学问不足，如何就浮了？"

辜鸿铭认认真真，一脸正经地说："前哲说过，凡人气傲而心浮，象之不仁，朱之不肖，也只因为一个傲而已。一个人假如不忠不信，那么做事就不会踏实，很易为恶，做善就难了。傲则必乖戾凶狠，浮则必浅薄轻浮，论其才智，不过中人以下，傲就不肯屈居人下。浮呢？义理不能入，不肯屈居人下，必自以为是，顺着他就好，稍为拂逆其意，必定大怒，喜欢的必是些奸佞之人，讨厌的必定是正直不阿的人。义理不能入，则心中无主见，时间一长必随大流，稍一诱惑就趋之若鹜，而随大流必定就会向下流，一向前就会跟着奸邪一流走。"

停了一下，接着说："我认为，学问有余而聪明不足，其病往往在犯傲。聪明有余而学问不足，其病往往在犯浮。傲则学而不化，浮则学而不固，学不化必道貌岸然，至其极就是伪君子；学不固必无常态，至其极即是真小人。"

辜鸿铭说完，长长出了口气，仿佛在这黑夜中，在层层笼罩着中国的黑夜中，忽发一声长啸，戛然而止。唯有一灯如豆，忽明忽灭，中国的前途，不知到底走向何方。大地在暗夜中一片寂静，静得无音，静得怕人。幸喜还有四壁与二人为伴，不至飘向无边的旷野。西洋人的火车，在这里开得太慢；西洋人的枪炮还不足以敲碎这片浓黑的夜幕，天地间仿佛唯有二人在忧心评论，不平啊，公平在哪里！

此时两人唯相视而笑，笑什么？管他呢！东方未白，杯盘已狼藉，酒已罄，壶已干，醉意早已朦胧了。

张之洞这一次在北京待了八个月，只做了一件事：会商学务。朝廷似乎没有这位封疆大吏放手一干的机会。现在，朝廷为挽留张之洞而安排的"会商学务"之事也完成了，朝廷也不好再将这位封疆大吏羁系京都。1904年春天，张之洞、辜鸿铭、梁敦彦一行返回湖广任上，结束了帝都之行。

此行，却使辜鸿铭长了不少见识，更加深了他对中国文化的了解。他真切看到，整个朝廷暮气沉沉，看不到一点活力，文武百官衣冠赫赫、道貌岸然，却个个都是争官做的。礼仪之邦、谦谦君子的东方古国的神话世界，早已被现实击得粉碎了。他早已定下主意要将中国文化的精义发挥出来，但绝不是今天这种朝廷上下都似慢了一步的中国现状，而是那宏大、宽广、渊深的礼仪世界，让世人瞧瞧。

他，要代表中国文化在世界上发言，让世人同去追回失落已久的伟大辉煌的中国文明；他和他的明主，在他看来，要做的唯一一件事就是让中国文化重放异彩。

第六章　督办浚浦

清光绪三十年

公元 1904 年

上海

辜鸿铭督办浚浦局

张之洞、辜鸿铭一行回到武汉后，即闻上海各国领事，准备开办浚治黄浦江事宜，按照 1901 年奕劻、李鸿章与列强订立的《辛丑和约》第十一款二条办理，即："现设立黄浦河道局，经管整理改善水道各工。所派该局各员，均代中国暨诸国保守在沪所有通商之利益。"

根据条约，预估后 20 年，该局各工及经管各费，应每年支用海关银两 46 万两。此数平分，半由中国国家付给，半由外国各干涉者出资。该局员差并权责及进款之具体各节，皆于后附文件内列明（附件第十七）。附件中规定极为苛刻，经费两家平摊，而该局应任之员却只有一行涉及中国人：

甲、上海道；乙、海员税务司；丙、各国领事中公举二员；丁、上海通商总局中由董事公举二员；戊、由各行船公司在上海、吴淞或黄浦之各地口岸所有每年进出口船只吨数逾五万之各行商公举二员，以保行船行商利益；己、公共租界工部局一员；庚、法国租界工部局一员；辛、各国在沪及吴淞并黄浦之各地口岸如每年进出船只吨数逾二十万吨者，由该国国家特派一员。

张之洞等一帮封疆大吏早已对此不满，要出钱，却没有权。更可气的是，督办由上列各员公举，哪还有中国人的份，在中国的土地上浚治中国的河道，中国人仅列名参与而已，岂不是主权丧尽？张之洞决定派辜鸿铭前往上海，利用他的才学、胆识同洋人交涉。

而此时，辜鸿铭却正经历一件伤心事，他最宝爱的如夫人吉田贞子染病而亡，年仅 40 余岁，为他生下唯一一个儿子的爱妾、他的"安眠药"，如今弃他而去，只剩下淑姑这一兴奋剂，令辜鸿铭伤痛难抑。

辜鸿铭此时到上海，也正合去散散心，办些事分散这份哀伤，还未将贞子下葬，即领命前往上海。

主办浚浦事务

一到上海，即会同巡道袁树勋、瑞澂前往，与上海各领事谈判浚治黄浦江事宜，首次接洽即再遇英国驻上海总领事华仑。此时的辜鸿铭在上海欧美人士中已经是名声大振。华仑对这位一口纯正的英语、穿着长袍马褂、拖着长辫子的谈判对手颇为客气，命人送上一杯热气腾腾的咖啡，辜鸿铭抽出一支香烟点上，一阵寒暄之后，辜鸿铭即提出此行来意：

"领事先生，你也知道，我此次前来，是为黄浦浚治一事，别的就不废话了。"

华仑应道："辜先生，我觉得《辛丑和约》中所订就很好，有什么可争议的呢？"

"不然，不然。假如在英国浚治泰晤士河，英国必须出一半工费，却只派些象征性的人员参与，主持其事的全是些外国人，难道你认为很合理吗？浚治黄浦是一回事，如何浚治又是一回事，而谁出钱，谁主持又是一回事，怎么能不弄清楚呢！"

华仑也无话可说，点头道："那么，先生以为当如何？"

"不是我认为当如何！我是代表大清政府数万万国民，我要说的是他们的心声，问题在主权二字。我们认为，你们要出钱可以，但必须由中国方面主办；你们要出人可以，必须由中国方面聘用。"

华仑见他说得头头是道，有理有据，呷了口咖啡，略一沉思，道："辜先生言重了，还不至于如此吧！我想由贵国政府主办，那么款项还是贵国一方承担下来最好，这样我们还是能接受的。"

辜鸿铭见事情已说到这个程度，维护主权的目的达到了，也就不再争下去。接着，辜鸿铭又拜访了其他各国驻上海领事，最后都基本同意了这个要求。辜鸿铭即和袁树勋、瑞澂商议，电告外交部。辜鸿铭继续留在上海。

1905 年 9 月 27 日，经清政府派员与各国磋商，签订《改订修治黄浦河道条款》，对《辛丑和约》中关于浚治黄浦江的条款作了些修订，主要是强调主权问题。大致内容是：

一、所有改善及保全黄浦河道并吴淞内外沙滩各工，统由江海关道暨税务司治理。其黄浦江面之巡捕及卫生、检疫、灯塔、浮标、引水等事，仍照旧章办理。

二、此项议定章程画押后三个月内，中国自行选择熟悉河工之工程师，经辛丑公约画押之各国使臣大半以为合适，中国即可派委其承办工程。

......

九、河工全费，中国国家一律承出，并不向沿江各地及来往船货征收税捐。

......

十二、此条议定画押后，即将辛丑和约第十一款之第二及附件第十七暂停施行，惟中国如不照此新章每年筹拨足用之款，以致有误工程需要，或有遗漏不照本章他项要端，则辛丑和约条款及附件十七即复施行。

据此，清政府正式收回浚治黄浦江的主权，而早在1905年初，浚浦工程局就已在九江路东口洋房租地挂牌，取代1879年巡道刘瑞芬设立的水利局。按照辛丑和约，由中国与各国干涉者各半出资，定期20年，年支银46万两，请荷兰河工工程师奈格办理修浚工程。

收回主权后，上海道即聘请辜鸿铭为督办，继续聘请奈格为工程师，浚浦工程局隶属于上海巡道与税务司，奈格认为此工程在4年内即可完工，费用920万两白银亦应在4年之内付清。

辜鸿铭来到地处九江路东口洋房的浚浦工程局，首先要办的就是掌握年初开办以来的工程局状况、人员和经费状况，了解实情，放手发挥自己的决断权力。因此吩咐下去，让财务主管将这一段时间的账目清理出来，呈报与他，同时命人将这一段时间的工程计划、进展状况具体报告与他。按照条约规定，辜鸿铭领导的浚浦局在上海道台、江海关英籍税务司总长的领导下，开展浚浦事务。

待工作理顺后，辜鸿铭松弛下来，派人到武昌将爱妾贞子的棺木移来上海，安葬于万国公墓，不时前往祭扫。

辜鸿铭主管浚浦事务期间，发生了承办浚浦事务的荷兰公司冒领工程款的贪腐案。1908 年初，辜鸿铭听说了冒领工程款之事，遂令财务主管清理账目。财务主管逐一清理了账目后，先把自己吓了一跳，天呀，疏浚工程正式开始以来，即有 16 万余两银子来无影去无踪，不由得额上也冒出一层细细的冷汗，以为自己眼花了，忙扶正眼镜，认认真真重新核对了一遍，不错，是少了 16 万余两银子，而且恰恰出在两位洋员的身上，非同小可。财务主管当即拿起账本，急忙忙赶到辜鸿铭的办公室，进门不等辜鸿铭发言，即气喘吁吁结结巴巴地说："不得了，确有许多钱找不到踪影！"

随即打开账簿，一页页指给辜鸿铭具体过目，只见两个洋员的名下，有许多不明不白的款子，归总下来，竟超出 16 万两白银。

顿时一股怒火直冲辜鸿铭脑门，询问财务主管："你觉得当如何处置二人？"

"依小人之见，这洋人的事，最好大事化小，小事化了，不好说，不知督办大人有何主意？"

辜鸿铭一听，气不打一处来，破口大骂："这些洋鬼子，简直不是东西，以为我中国的钱要吃就吃，简直不把中国人放在眼里，太他妈气人了，我不重重治他二人，这督办我如何做得下去。"

即着人前去把两位吃得脑满肠肥的洋人叫到办公室。两人不明就里，正自轻松快活，毫不在意地来到辜鸿铭的办公室。谁知一进门，两人就觉得一股寒流从脚底生起，腿脚不住打颤。这两人早听说辜督办声闻上海，深悔撞在了此人手中。但见辜鸿铭一张脸上，似喜非喜，似怒非怒，一副捉摸不定的神色，两只眼睛炯炯有神，却又其冷如冰。这下两人知道，东窗事发，但却又强忍惧怕，说："督办大人找我二人，不知何事？"

辜鸿铭不开口，冷冷再盯了他们一会儿，把一本账簿举起向二人头上砸去，喝道："王八羔子，吃了就快跑，居然还敢来见我，看看你们做的龌龊事。"

两人知道，这次是无话可说了，只是站在那里，听辜鸿铭吩咐："现在起，你两人必须时时待在这里，不得外出，听候发落。"

这边辜鸿铭刚一回家，就见一位洋人早已恭候在客厅里。你道是何原因，原来这两人系工程师奈格找来的，见两人闯下如此祸事，只怕不易善了，即着一人前来做说客。这人一见辜鸿铭回来，立即站起身来，说："啊哈，辜先生，你的大名，早已如雷贯耳，我今日特到府上请教，欢不欢迎？"

说着立即拿出预备好的香烟递上，赶紧替他点上火，辜鸿铭漫不经意地吸了口，心想，虽说常有洋人来访，但这人未免太多情，俗话说，礼下于人，必有所求，看他如何说法。即请来人坐下，说："如此急着来访，想必先生有要事指教？"

这洋人倒也干脆，开门见山地说："我这次来访非为别事，只是听说先生手下两人出了纰漏，先生大为震怒，必要严办，不知先生如何办法？"

辜鸿铭心道，原来为这事儿来，动作还真够快，遂不动声色地答道："先生以为呢？"

这人不知他是何态度，但见他没有怒色，以为有机可乘，即说："本人来华多年，深知贵国衙门派头，有钱就有理，有理无钱也没得法，何况中国政府向来怕洋人，假如先生力主严办，岂不是会吃力不讨好，反而会有碍先生的前途，先生当深思。我这里有一点小意思，请先生收下，好好考虑考虑。"

那人随即拿出一张面额 10 万的银票，放到他面前。辜鸿铭这下似大受欺侮般，怒骂："滚，滚出去！你瞎了狗眼，竟敢拿钱收买我，不要以为我们中国人都是钱可以收买的！"

收买不行，各国领事只好亲自出面，卵翼两位贪污巨款的洋员，来请浚浦工程局督办辜鸿铭，会商解决洋员问题。辜鸿铭坚决主张严惩，而各国领事想方设法为两人开脱，主张不予追究，双方争执，相持不下。忽有一领事开口说："辜先生，我看算了吧！我们都不是工程专家，也许是先生搞错了。"

辜鸿铭一听，气冲斗牛，知道这些洋人平素从未将中国人放在眼里，复又恢复镇静，慢慢地把早就揣在怀里的德国莱比锡大学工程师文凭摸出来，摆在桌上，说："诸位，把你们的眼睛睁大点，看看是不是冒领的？"

诸领事面面相觑，说不出话来。最后，只好上呈两江总督裁决。经过一年多时间的调查斡旋，最终撤换了舞弊员工，并在原定挖泥工程外增加约价值15万银两的挖泥工程。当时两江总督生怕涉及对外交涉，不再深入追究，只将此事大事化小，小事化无。这样处理，原也是必然，清朝官员无一不怕洋人。

辜鸿铭一介书生，意气不平，看到这样的结果，很不满意，但又知事不可为，为一泄其怒气，将事情原委，来龙去脉，写成文章，投到上海《字林西报》，不料一向欢迎他投稿的报社不愿惹起是非，不用其稿。辜鸿铭又将它投到《捷报》，《捷报》原文照登，多多少少出了一口恶气。

不久，一艘德国轮船在江阴将一艘中国货船撞沉，船主禀告官府，索取赔偿。两江总督委派辜鸿铭为代表，在上海与德国领事洽商。辜鸿铭领命前往，洽商一阵，毫无结果。辜鸿铭怒气冲冲，大怒之下，决定聘请律师，法庭上解决。但当他向其他国家领事请教时，都告诉他，千万不要以德国法律起诉，那样不会有好结果。

于是，辜鸿铭决定动用国际公法，聘请驻上海的局外人代为主持，具体调查前因后果、损失大小，他奔走其间，不辞劳苦，最后终于为中国货船主争得赔偿。

在处理此两事上，可以见出辜鸿铭的胆略识见、气势，对洋人不卑不亢，极力维护我中国利益，与洋人周旋。

评论日俄战争 ①

辜鸿铭致力于浚浦事务之际，日俄战争爆发，这是一场令清政府难堪的战争。交战双方都毫无顾忌地在中国土地上兵刃相见，清政府却视若无睹，宣布中立，置身局外，仿佛与自己无关似的。

日本人这一次长脸了，最终于 1905 年 6 月逼得俄国人没法，在美国人的调停下，在美国议和，于 9 月 5 日签订《朴茨茅斯条约》，俄国人输了，但输掉的却不是他自己兜里的东西，无非是把大清帝国的满洲倒了道手让给日本！

12 月，日本人又强迫清政府订立《中日会议东三省事宜》，承认日本人赢到的筹码——满洲三省的利益。

一直注视着战争进程的辜鸿铭也没有闲着，谈判之余，辜鸿铭一方面醉心于向世界各国介绍中国文化，同时拣起笔对日俄战争大抒己见。在日本横滨的《日本邮报》上发表了一系列文章。在 1904 年 10 月发表的第一篇文章中，即于开首表明自己的看法：

> 使得现代半开化、半教育的欧洲人坚持来到中国和日本，那些崇拜暴力及其更露骨的形式——金钱——的欧洲人，他们心底说的是我不信神，政治的世界没有义理，对道德律不顾不惧。为了使那些现代欧洲人（假如他们非来中国、日本不可的话）以道德律所要求的所有顾虑和尊重来对待日本和所有他们称之为亚洲的人，遵照人之为人的内在道德品质，而非依据他们面孔和皮肤的颜色。

---

① 日俄战争，是日本和俄国为争夺我国东北的控制权而进行的一场战争。1904 年 2 月 6 日，日本正式与俄国断交，2 月 8 日夜间不宣而战。战争期间，日本多次打败俄军。最后，美国出面斡旋，俄国被迫于 1905 年 9 月 5 日在朴茨茅斯同日本签订和约。

　　辜鸿铭与鲁迅看到的不同，他看到的是肤色、种族、文化，他心灵深处隐藏着羞辱。早年在爱丁堡时，以唯一的亚洲人的身份，成了仅有的种族歧视的对象。现在，在日俄战争之中，不能不激起他对肤色、种族、文化的敏感。那些半开化的欧洲人，特别是那些坚持到中国和日本的通商口岸来的欧洲人，更是他狠狠痛击的对象。这些人不了解伟大的东方文化，自视过高，看不起东方文化，尽是些道德败坏的低劣的欧洲人。

　　日俄战争结束后，1906年初，辜鸿铭在《日本邮报》上发表了题为《当今，帝王们，请深思！论俄日战争道义上的原因》，对此次战争作一反思，特别强调道德问题。

　　日俄战争对辜鸿铭来说，重要的不是大清的无能，也不是国人的麻木，而是在西方人对亚洲种族主义的侮慢后，成了赢得欧洲人对亚洲文明尊重的"圣战"。尤为重要的是，在这个日益以欧洲人强权为中心的世界上，辜鸿铭在日本人的胜利中，为自己的自信自尊找到一个寄托，中国文化是有希望的，远不是那么令人沮丧的，因为日本是"真正、原出的中国文明——真正儒家文明"的守护者。

　　不仅是辜鸿铭，此时所有的亚洲民族主义者几乎都有类似的看法，实际上这也是日本军国主义者自命亚洲解放者的意思。泰戈尔在纪念日本战胜帝俄时，作了一首赞颂日本胜利的日本体诗，引起了当时印度文化大学所在地学生的胜利游行。在他们眼里，日本的胜利为黄皮肤、为亚洲赢得了自尊自信，欧洲人不再是主宰世界的唯一强者。

　　多年以后，辜鸿铭仍然还记得起义和团运动留在他心中的伤疤——"（义和团）对外国人的反抗……是因为他们看不起我们。"

与托翁的交游

　　1904年，辜鸿铭还在《日本邮报》上开始连载他译成英文的《中庸》，1906年印成单行本，在斥责西方的同时，向他们宣扬中国的真理，连同1898年出版的英译《论语》，辜鸿铭表达了他要向西方人介绍的中国文化：

孔子在世界上是独一无二的，他建立了一个不是宗教的宗教，儒家是纯粹的道德体系，不是崇拜上帝或诸神的宗教，与西方的宗教近似，也与西方的法律近似，但它是道德的律令而非法律。儒家强调义利之分，此乃中国文化之核心与根本原则。而欧洲人不过是现代的自动机械的怪物，既无道德责任，亦无道德权利，是一群庸俗、粗陋、物质、机械的……以及其他二分概念中不利的东西。

但是辜鸿铭并非在抹杀西方文化，他强调的是中国文化同西方真正的文化——如阿诺德、卡莱尔等所代表的西方文化——是同等的，他是在为中国文化争地位，在他的心中最美好的是东西方文化的融合，并且自信地说："我完全了解中国……"

另外，从1901年到1905年，辜鸿铭分五次发表了172则《中国札记》，反复强调清帝国与西方列强的冲突乃是西洋现代文明对伟大的东方文明的打击，东方文明真正体现了自由、平等、博爱，同真正的西方文化一样，具有不可否认的价值。同时，还将《大学》译成英文，本打算与《中庸》合为一册出版，但觉得《大学》译文还不理想而放弃。

1906年3月，辜鸿铭将他写的一篇关于日俄战争的文章——《当今，帝王们，请深思！论俄日战争道义上的原因》和《尊王篇》一起，通过俄国驻上海领事寄给列夫·托尔斯泰①。

---

① 列夫·托尔斯泰，全名列夫·尼古拉耶维奇·托尔斯泰，生于1828年，出身于贵族家庭。1851年在高加索从军。1856年，满怀理想主义、充满幻想的托尔斯泰试图解放自己领地的农奴，谁知道却不容于世人，连农民自己都不信任他，令他大为失望。次年，游历欧洲，不久回国。在他长达60年的创作生涯中所创作的大量作品，揭露沙皇制度和统治阶级的虚伪，宣扬人性的善良，呼吁一种理想主义的近乎圣人的道德观念，在人类比比皆是的罪恶中为人类的善良辩护。同时，他又过分地沉溺于这份善良，希望人类不要以恶报恶，把他理想的世界寄托在最靠不住的人性善良上，这使他与辜鸿铭有极大的相似之处。

1910年，因为他总是希望解放自己领地上的农奴而与妻子不和，最后在长期的冲突后，80余岁高龄的他仍然火气不减，于这年冬天，大雪纷飞之际离家出走。不几日后，客死他乡。他终于融入了永恒，不再为人世的不良耿耿于怀了。也许，只有死，是他最好的酬报了。

8 月，托尔斯泰收到辜鸿铭的邮件后，于当月让他的秘书以自己著作的英译本回赠，又于九十月间给辜鸿铭写了一封很长的信。托翁此信很快发表在德国的《新自由报》、法国的《欧罗巴邮报》上，题目是《给一位中国人的信》。信的内容如下 [①]：

亲爱的先生：

　　中国人的生活常引起我的兴趣到最高点。我曾竭力要知道我所懂得的一切，尤其是中国人的智慧宝藏：孔子、老子、孟子的著作，以及关于他们的评注。我也曾调查中国的佛教状况，并且我读过欧洲人关于中国的著作。

　　但是，晚近以来，在欧洲——尤其是俄国人——对于中国施行了种种横暴的举动之后，中国人民的思想的普遍趋向，特别引起我的注意——它永远引起我的注意。

　　中国人民曾经受了欧洲民族的贪婪的残暴、蛮横和不道德的许多痛苦，直到现在，他们总以一种庄严的、有见识的"Stoicism"（斯多葛主义）——宁愿忍受暴力，不愿反抗它——来对付这一切的暴力。

　　这个伟大的、众庶的中华民族的镇静和忍耐反使欧洲民族的傲慢增加了。这在那班过纯兽性生活的自私的人们里可以看得到的——这个竟发现在中国人要对付的欧洲人身上。

　　中国人民过去以及将来还要遭受的折磨确实重大，但是，正在这个时候，中国人民不应当把忍耐心失了，不应当把对于压迫者的态度改变了，俾不致使自己对于这个暴力退让——不以恶报恶——所造成的伟大的结果濒于危亡。基督教导人："那些能忍耐到底的人，是唯一的有福者。"我觉得这已是不可否认的真理，虽则人们很难使自己相信，不以恶报恶，不与恶合作，这就是自赎和战胜那些作

① 　此处托尔斯泰信件内容，引自《人间世》1934 年第 12 期（味荔译《与辜鸿铭书》）。

恶者最妥当的方法。

自从俄罗斯租借旅顺之后，中国人当曾看见，这个法则奇迹般地被证实了。如果中国人想保住旅顺，拼命拿武力抗击日本人、俄国人，俄国也许在物质和精神方面不致有这样的损害，落得如此下场。德国租借胶州湾，英国租借威海卫，将来必是同样的结局。

强盗走好运，总会引起别的强盗的妒嫉，赃物成了他们争夺的目标，最终必两败俱伤。

现在，我从你（辜鸿铭）的书里知道，好战的思想在中国觉醒了，中国人民想用武力击退欧洲横暴举动，非常焦虑，就是因为上述原因。

如果是这样，中国人民真不能忍耐了，并且学着欧洲人的方式把自己武装起来。如果他们想以武力把欧洲强盗全赶走——这是很容易的，因为他们有着这样的特性：智慧、坚忍、勤劳，尤其是他们广大的群众——这是很可怕的。可怕，却并不像德皇，这位西欧最野蛮的、最无知的代表所说，中国将成为欧洲的祸患。因为到那时，中国就不可能再作这样智慧的屏障了——真正的、合乎实用的、想过安静的农民生活的大众的智慧。凡是有理智的人们都有着这共同的智慧，那些舍弃了这种生活的民族早晚要回到那里去的。

我坚信，在我们这个时代，人类的生活正面临一种重大的变化，并且坚信，在这个变化中，中国将领导东方民族扮演重要的角色。

照我看来，东方民族，中国人，波斯人，土耳其人，印度人，俄罗斯人，也许还有日本人——如果日本人还不曾完全被欧洲人腐烂的文明罗网捕住的话，这些东方民族的职责是要把自由的新路径指示给世界。这条新路，在中国的语言里，只有一个字"道"表达。道，就是说和人类的永久的法则相符合的生活……

可从你（辜鸿铭）的信里，以及从其他途径得来的消息，我知道，一般轻率的人们，即所谓"改良派"相信，中国应当模仿西洋国家做过的事情。换言之，以宪法代替军人专制，创设和西方一样的军队，以及振兴实业。表面上看,这个结论似乎十分简洁,而且自然。实际上,这不仅是很轻率的也是愚蠢的。就我对中国的认识来说,这种轻率愚蠢的行动是不适宜于有见识的中国人的。如果学欧洲民族,草创一部宪法,设置军队,也许甚至行强迫的征兵制,创办实业,这就是否认了中国人生活的一切之基础,否认他们的过去,他们的淡泊、宁静的农民生活,舍弃了真生命唯一的路径——道,不但对中国是损失,而且全人类也永远失去了它。

中国人不应当模仿西方民族,西方民族正可给他们当作一种警告,使他们不致陷入同样的绝境。

欧洲人的一切吞并、盗窃之所以能成功,就是因为有一个政府存在。对于这个政府,你们(中国人)承认做它的臣民。一旦中国没有政府,外国人就不再能施行他们的掠夺政策了,就不再能以国际关系为借口。如果他们拒绝听命于你们的政府,如果你们不再帮着列强压迫你们,如果你们拒绝替列强的机构,不论是私人的、国家的还是军队的机构服务,你们现在所受的痛苦就会消失。这样看来,东方民族——他们面前摆着西方可怜的样子——应当合理地放弃这种尝试,想以选举议员限制权力这种矫揉的方法把自己从人类暴力的痛苦里解救出来,特别是那些与西方有关系的人物,东方民族应该用一种更为彻底、简单的方法来解决这一权力问题,这个方法就是"道"。照着这条路走下去,这条路自会在那些人面前展开,那些人忠诚信仰这个最高的、带命令式的造物或上帝的法则——禁止我们听命于人们的武力的法则。

如果,即使在最低限度上,中国人像直到目前那种继续他们的宁静的、勤劳的农民生活,并且使自己的行为不违背孔、道、佛三教的精义——它们的基本原则是一致的,道教强调不受人们的武力的束缚;孔教强调己所不欲,勿施于人;佛教强调牺牲、退让,对人类和一切生命的爱。如果中国人这样做,他们现在所受的痛苦自会消失，将来的世界必没有一个强国能使他们屈服。中国人，以及一切东方民族现在所担负的使命，据我看，不仅是把他们自己从他们政府以及外国人强加给他们的痛苦中解救出来，并且还要把这个过渡时代的出路指示给所有民族——他们都在那里，无一例外。

确实，除非屈从于上帝的势力，是不以人的意志为转移的，此外没有，并且也不可能有别的出路。

托尔斯泰

1906 年 10 月

看来，信中，托尔斯泰特别强调道德的主张与辜鸿铭是颇有相似的地方，辜鸿铭肯定是颇能接受托翁的思想的。1908 年 8 月 28 日，托尔斯泰八十大寿，正在上海的辜鸿铭以中国文艺界代表名义，撰写中英文祝寿文，通电祝寿：

今日我与同人会集恭祝笃斯堆（即托尔斯泰）八秩寿辰，窃维先生当代文章泰斗，以一片丹忱，维持世道人心，欲使天下归于正道，钦佩曷深。

盖自伪学乱世，刍狗天下，致使天下之人汩没本真，无以率性而见道。惟先生学有心得，直溯真源，祛痼习而正人心，非所谓"人能宏道，非道宏人"者欤？至若泰西各国宗教，递相传衍，愈失其真，非特无以为教，且足以阻遏人心向善之机。

今欲使天下返璞归真，复其原性，必先开民智，以祛其旧染之痼习，庶几伪学去，真学存，天下因登仁寿之域焉。今天下所崇高者，势力耳，不知道之所在，不分贵贱，无有强弱，莫不以德性学术为汇归。

今者与会同人，国非一国，顾皆沿太平洋岸而居，顾名思义，本期永保太平；孰知今日各国，专以势务相倾，竞争不已，匪特戕贼民生，其竟也，必至互相残杀，民无噍类。故欲救今日之乱，舍先生之学之道，其谁与归？

　　今之所谓宗教，如耶、如儒、如释、如道，靡不有真理存乎？惟是瑕瑜互见，不免大醇小疵；各国讲学同人，如能采其精英，去其芜杂，统一天下之宗教，然后会极归极，天下一家，此真千载一时之会也。

　　同人不敏，有厚望焉，是为祝。

　　看来，托尔斯泰与辜鸿铭大有惺惺相惜之意。托翁的穿着，常是粗布衣衫，与一般俄国农民无异，混同于一般的俄国百姓之中。辜鸿铭呢？则有些不同流俗，一身辜记服装，不似托翁浑朴，倒有些游戏风尘色彩。这却无损于他们二人在中国问题上的一致。两人都有主张东方文明救世的倾向。特别是托翁对中国的幻想，也许是没有实现而存期望更高，对中国有一种雾中看花的感觉，早在1891年10月25日他写给彼得堡一名出版商的信中，回答出版商问他什么书对他影响最大、印象最深时，就严肃认真地列了50余种书，分别说明在他一生的五个时期的影响，并注明影响的程度。而在50岁到63岁这段时间，列举了11种，其中有两种是中国古代著作，一种是《孔子和孟子》，下注他的印象和对他的影响："极深刻。"另一种是《老子》，下注明："深刻。"很可能是这两部书，沟通了他与辜鸿铭的思想。

　　临逝前，托尔斯泰也未忘记他给辜鸿铭写的这封信，有人称道其生平著述，托尔斯泰答言："此皆不足道。余以为最有价值者，复中国人某一书而已。"

　　言下对他给辜鸿铭这封牢骚满腹的长信，追怀不已。看来，他是在信中刻意要与辜鸿铭阐发他辉煌的中国梦想的。而辜鸿铭在祝寿文中也称述其意，大加颂扬。这两位堪称未曾谋面的异国知己了，他们有着一个共同的梦：以中国文化拯救世界。

舌战十里洋场

黄浦浚治局里的辜鸿铭已不再是一名幕僚，而是大清帝国官员中的一分子，遇事可以自己做主。而此职又公务轻松，心情自是愉快。

在公务、著译之余，辜鸿铭也时刻关注着时事。

1906 年，清政府于一年前派出考察欧美和日本各国政治的端方等先后回国，密陈立宪有"皇位永固""外患渐轻""内乱消弭"三大好处，主张诏定国是，仿行宪政。而实行之期原可宽立年限，经过一番朝廷争论，清政府于 9 月间正式公布"预备仿行立宪"，从改革官制入手，做了些调整，企图永固大清江山。

时在上海的辜鸿铭，对大臣出洋颇不以为然，与正在上海的一位华侨谈起此事，说："你以为当今中国派人出洋考察，如何？"

那人答道："当年，新加坡流传有一故事，有一位土财主，家资巨万，年老无子，膝下只有一女。已当婚嫁之龄，考虑招个女婿入赘，认作半子，继承家业。但因自己目不识丁，急于想找个真读书的又有宋玉之貌的人作女婿。正巧有个福建人，年少美貌，因家贫，前往新加坡谋生，借住在一同乡家中。土财主常到那家走动，每次都见那少年终日危坐，认真看书，遂觉此人很可以作他女婿，因此托媒人前往撮合，那少年欣然答应，很快成婚，成了土财主府上的娇客。过了几日，财主把少年叫到跟前，吩咐：'现在，我家的一切账目全归你治理，不必要账房先生。'少年羞愧不已，良久，才回答说：'我不识字。'土财主很惊奇，说：'当初我怎么见你手不离书、终日钻研呢？'那少年答说：'我不是看书，而是看书中的画罢了。'"

辜鸿铭一听大笑，说："妙喻，妙喻。当今中国派人出洋考察宪政，正是出去看洋画而已。"

平常时节，同流寓上海的赵凤昌以及东南互保谈判时结识的盛宣怀过从甚密，优游自在。但辜鸿铭却对盛宣怀的投机钻营、搜刮钱财大为不满。

有一次，辜鸿铭见报上纷纷登载，说盛宣怀被任命为度支部侍郎，即前往盛宣怀府上道贺。盛宣怀对这位出语惊人的辜鸿铭一直是颇为佩服的，两人坐定后，盛宣怀告诉他，纯是谣传，并无其事，便天南海北地聊开了。

辜鸿铭问盛宣怀："杏荪兄，今日度支部乃财政要害所在，除你而外，尚有谁能胜任呢？"

盛宣怀谦谦自抑，笑着说："汤生兄太看得起我盛某了。论理财，我不如张香帅。"

"不然，不然，香帅比杏荪差远了。"

"汤生兄，何以见得？"

辜鸿铭即侃侃而谈："张香帅手下，至今个个是劳劳碌碌，手头拮据，不敢随意开销。杏荪，你就高明多了，手下小小一个翻译，也是身拥巨资，家财富厚，甲于一方。由此可见，张香帅比起你差远了。"

盛宣怀听到这里，不禁大笑。辜鸿铭接着说："杏荪兄深知治国之道啊！"

"汤生兄，此话怎讲？"

"当今中国，民困固深，官亦穷得大异平常。假如太苛刻，其害比中饱私囊还严重。曾文正（曾国藩）曾说，爱其小儿而饿其乳母，不过是使二人都饿死而已。我曾听说过，中饱私囊固不可，而中饿更不可。我以为中饱则伤廉，中饿则伤仁，此二者不免皆有所损伤，宁可伤廉而不可伤仁。杏荪可谓是深知此中要害了。"

盛宣怀听他如此说，知他别有怀抱，也不与争议，岔开话题，问："汤生兄，你译的英文《中庸》不是已出版发行了吗？此书乃大有经济之思想，送我一本，让我子女读读，如何？"

辜鸿铭回答说："《中庸》一书，杏荪以为其要旨当在哪一句上？"

"汤生兄以为呢？"

"贱货贵德。"辜鸿铭脱口而出。

盛宣怀一听，颇中自己痛处，遂不言语，只请辜鸿铭吸烟喝茶，说些无关紧要的话。

在这块洋人成堆的冒险家乐园，辜鸿铭绝非无名之辈，大上海的欧美侨民不熟悉辜鸿铭的人太少了，英国人在上海办的报纸《字林西报》上几乎断不了他尖刻的文章。

洋人们时常到他府上造访，他对法国人讲法语，对英国人讲英语，对德国人讲德语，纵谈天下大事。当然洋人也少不了邀请他赴宴、聚会什么的，他总不忘向西方人传播东方文化，自然发生不少趣事。

一次，一个西方友人邀请他去赴家宴，辜鸿铭到那里后，发现只有自己一个中国人，因此一帮洋人推他坐首席。坐下后，一班人兴致勃勃地聊了起来。宴会嘛，吃在其次，多是单注重会的，会了便能满足人的高谈阔论之欲。这样的场合，当然最好有辜鸿铭，有了他，宴会必是酒好、菜好、气氛好。

聊着聊着，聊到了中西文化上来，主人问辜鸿铭："孔子之教有何好处？请辜先生指教！"

"刚才诸君推让，不肯居首座，此即孔子之教。若行今日所谓争竞之教，以优胜劣败为主，必等到优胜劣败，然后举箸，恐怕今日此餐大家都不能到口。"座中客人无不大笑。

当然，也有欧美人士以西洋近代眼光看中国，处处看到薄弱，令辜鸿铭尴尬。有一次一位英国人问他："今日上海，卖娼者为何如此之多？"

"卖穷。"

辜鸿铭虽然答得响亮，心下里也嘀咕，我中国苏浙两省，素号繁华富庶之区，倚门卖笑者本有其人，然而以前所谓苏班妓女，其身价甲于天下，从没听说有卖笑到他省的。现在却不然，凡行省商埠，无不有苏班妓女，辗转营业，托足其间。由此可见，我中国尚有教养之道么？心中暗自叹息。

特别是西方人见到街市当中，遍挂童叟无欺四字，常对辜鸿铭说："于此四字，可见中国人心欺诈之一斑。"

辜鸿铭顿时语塞，无以自遣，这大约是他一生中唯一的一次口舌不灵了。这个问题激起了他心中对中国文化阴暗一面的痛惜，使他想起了一个足以让人惭愧而又没有中国人会惭愧的故事。

在辜鸿铭的家乡，有一市侩，并无学问，仅略识之无，为谋生计，设了一家村塾，招收乡间子弟，居然做起冬烘先生来。为取信乡人，特书一帖，贴于墙壁上——误人子弟，男盗女娼。

如此下去，不知误了多少乡人子弟，当中有位乡董子弟，读了几年，胸无点墨，引为终身恨事，曾对人说：

"我师误我不浅，其得报应，固应不爽。"

"汝师之报何在？"别人问他。

"其长子已捐道员，而其女公子现亦入改良学堂矣，难道不是男盗女娼。"

赵凤昌与辜鸿铭同在张之洞幕下干了近十年，自然二人没有多大隔阂。赵凤昌解职后流寓上海，辜鸿铭常怂恿他相偕出游，以解岑寂，两人经常一起同去拜访上海欧美人士。

一次，辜鸿铭带他拜访一位英国学者，此人在海关任职，专攻音韵学。辜鸿铭一见此公，即讨论起音韵来，大谈某字当为何韵，二人虚心讨论，倒把赵凤昌晾在一边。

隔了会儿，那英国人问赵凤昌：

"今年中国皇太后万寿，应令妇女放足，作为纪念。"

赵凤昌回答说："本朝初年，就屡下诏放足，奈何积习难改，竟有甘于自尽以殉脚的。"

辜鸿铭听得有趣，问他是哪一年的事，赵凤昌说：

"约在顺康之初，均有此事，有《东华录》为证。"

随即指出《东华录》中所载，辜鸿铭才终于不以裹足为国家所定的制度。

两人多是这般穿梭于上海欧美侨民之中，放言纵论，心情畅快，亦可见出辜鸿铭在西方人中的地位和声望。

接待德国亲王子

在上海督办浚浦期间，辜鸿铭收到德国亲王亨利①的来信，信中称：

辜鸿铭先生：

今从子观光上国，年幼识浅，不谙世情，恳请先生教诲，望先生不以宾客待之，视为子侄可也。

下面是亲王的签名。辜鸿铭看罢，急忙找赵凤昌商议接待之策，赵凤昌以为："此事宜上报朝廷，让朝廷派人接待，这样才符合两国友谊。"

辜鸿铭表示不妥，对赵凤昌说："我不想惊动朝廷，既是托付于我，我当尽地主之谊。竹君（赵凤昌，字竹君），你知道我寓所卑陋。我想借府上一用，宴请德皇子，谅不会见拒吧！"

赵凤昌知他固执，只好由他。亨利亲王之子来后，辜鸿铭果然在赵凤昌府上设宴接风，席间谈笑风生，一口流利的德语，令亨利亲王之子敬佩不已。

赵凤昌对西方人给予辜鸿铭的敬意大为不解，特别是当年盛气而来的俄储，一见他，气焰顿敛。辜鸿铭告诉他："此辈贵人，不知学问，我

---

① 德皇威廉二世之弟亨利王子（亦译作海因里希亲王）到访武汉时，辜鸿铭也曾参与接待。

1895 年 10 月，德国人在汉口攫取权益，建立了汉口德租界。1897 年，德国公使海靖在汉口期间，将一起中国孩童向德国军舰投掷石头的事件上升为"汉口事件"，通过德国外交部向中国清政府提出抗议。最后，张之洞只好命令长江上的三艘中国军舰向德国军舰鸣炮二十一响道歉，并抓了 8 个乡民痛打一通板子。不久（1897 年 11 月 1 日），山东发生"巨野教案"，海靖从汉口不辞而别，迅速地赶往山东处理。1897 年 11 月 13 日，德派军舰五艘，强行占领胶州湾，迫使清政府签订了丧权辱国的中德《胶澳租界条约》。德国强行占领胶州湾后，德皇威廉二世命海因里希亲王率舰队来华对清政府进一步施压。

1898 年 5 月，舰队抵达胶州湾时，《胶澳租界条约》已经签订。于是，海因里希亲王到北京访问，表示"友好"。慈禧太后和光绪皇帝分别在颐和园接见了海因里希亲王。随后，他先后访问了香港、广州、上海、武汉等地。

1899 年（光绪二十五年）2 月，亨利王子来汉口，张之洞亲自登船欢迎，亨利渡江答礼并参观武备学堂、大冶铁山。辜鸿铭参与接待，并得到亨利王子馈赠的礼品。

以西方学者之态度对付他们，其气自沮。"

西方人如此这般看重辜鸿铭，也怪不得他在西方人中有如许大的名声了。可叹，他的学问却不能折服中国人。看来，在中国，他也只有以怪知名了。

如此这般，直到 1908 年，在上海的三年多时间，日夕于洋人中砥砺口舌之功，过得十分快活。对中国文化的前途和西洋文化的熟悉逐步加深，手不释卷，潜心于中华典籍之中。以其余时，认真翻译中华典籍，向世界传播中国文化的真理。

对大上海，辜鸿铭自有他的看法。在这块大清王朝的国土上，到处是西方冒险家，西洋人说了算，大清王朝似乎消失了。特别是对这里的贫苦百姓，辜鸿铭深表同情，对那些人力车夫吸纸烟，他以为这些人终日劳苦，见坐车的人人手一支，心下羡慕，效以自乐，也是人之常情。而对于执掌上海大权的西洋人，他总是愤愤不平。在一篇英文文章中，他讥讽道——

　　什么是天堂？天堂在上海静安寺路最舒适的洋房里！什么是傻瓜？傻瓜是任何外国人在上海不发财的！什么是欺侮上帝？欺侮上帝是说赫德税务司为中国定下的海关制度并非至善至美！

第七章　天子足下

清光绪三十三年

公元 1907 年

张之洞入阁拜相

7 月 1 日，任命张之洞为协办大学士

7 月 23 日，授大学士，留湖广总督任上

7 月 27 日，充体仁阁大学士

明清两朝，不设宰相，大学士无宰相之名，有宰相之实

故张之洞充任体仁阁大学士，时称"入阁拜相"

9月3日，补授军机大臣

张之洞荐辜鸿铭入外务部

1900年9月中旬，张之洞入京，兼掌学部，开始以宰相身份跻身晚清政坛。调张之洞入京，是清廷早有的主意。

1900年，东南互保时，张之洞等汉族封疆大吏已坐大，中央政府指挥不灵。清政府对张之洞、袁世凯等人，已深怀疑惧，企图调他们入参军机处，以明升暗降的办法，把他们调离自己的权力根基。张之洞果坚决推辞，清廷暂时维持现状，但也多次调张之洞到两江总督任，张之洞疲于应付。

1907年，局势却有了变化，朝中重臣凋零殆尽，从曾国藩开始的汉族封疆大吏主持实政的同光时代，随着左宗棠、沈葆桢、李鸿章、刘坤一……纷纷去世，满族人忽然觉得汉族大吏太受纵容，数遍天下，唯袁世凯、张之洞二人乃人望所属，决定调二人进京。

满汉矛盾在沉寂了多年后，又于此国难当头之际抬头。张之洞极强调化除满汉畛域，维持清王朝的统治。

清廷上一帮天潢贵胄，在此日益危机之时，更感受到他们的地位受到冲击，急欲抓住朝廷大权，排斥汉族大吏。

1907年初，因清廷对袁世凯无比疑惧（此前任直隶总督北洋大臣的袁世凯驻居之地，被称为"第二政府"）而调其入北京，充任军机大臣，兼任外务部尚书，成为与张之洞并列的朝中要员。二人虽有矛盾，但他们同持新政态度，深受满洲亲贵疑忌，故彼此援引，深相结纳。

应诏陈言

1907年6月，追随张之洞多年的湖北按察使梁鼎芬就曾上专折，奏请罢庆亲王奕劻、权臣袁世凯，称：

"人知有奕劻、袁世凯，不知有我皇太后、皇上矣。……奕劻、袁世凯贪私，负我大清国如此已极。"

张之洞很不以为然，称当此朝政危机之日，鄂吏不当为此种言论。辜鸿铭却对梁鼎芬佩服不已。

正当此汹汹局势之际，张之洞推荐梁敦彦、辜鸿铭入外务部。张之洞是这样评价辜鸿铭的："鸿铭满腹经纶，确是杰出之才。"

1907 年 9 月，梁敦彦赴京任外务部右侍郎。次年，辜鸿铭浚浦工程告一段落，亦北上，任外务部员外郎，兼领浚浦事务。

辜鸿铭携家人再次来到帝都——北京。

一到北京，安置好家人，辜鸿铭已无暇去看这座他已熟悉的帝都了。一下火车，他就已发觉，这座古老的都城比起几年前非但没有一点生气，反而更显得拖沓沉闷了。狭窄的胡同，飞驰过去的马车，带起一片尘土，污水遍地。不下雨还好，一下雨简直无落足之处，到处恶臭难闻，墙头转角，大小便的人畜，比比皆是。整个帝国就像都城一样，没有排污设备，到处乌七八糟、一塌糊涂，只有那紫禁城像一只掉光了毛的巨鸟无力地栖息在那里，在夕阳的余晖中，显得是那么无力，那么无奈，那么感伤。

辜鸿铭打起精神，应召陈言，草拟了一份奏疏，将他深厚的西洋学识，二十余年从幕僚之门看到的是是非非，三年上海督办浚浦的洋场痛苦，一并抒发出来，奏疏中称：

一、中国士大夫不知西洋乱政之所由来，徒然慕其奢靡，遂致朝野皆倡行西法与新政，一国若狂。

二、政之所以不得其平者，非患无新法，而患不守法耳。

三、行内政则不守旧法，而办外事又无定章可守。

四、（自太平军兴）前督臣曾国藩奉命督兵平寇……得以便宜行事。自是而后，天下遂成为内轻外重之势。

五、李鸿章继曾国藩而起，品学行谊不如曾国藩之纯粹。北洋权势愈重，几与日本幕府专政之时不相上下。故当时言及洋务，中外几知有李鸿章，不知有朝廷也。

六、北洋既败（甲午一役，北洋海军全军覆没），而各省督抚亦遂争言办理洋务，则虽动支百万金，而度支不敢过问，声势震一省，而吏部或有不知其谁何者矣。……如此故人人各得循其私意，此上下所以纲纪废弛，以致庶政不理，民生日苦，而国势日蹙以至于今日也。

指陈时弊之后，辜鸿铭为根治病体开出一个方子，以"申明成宪"四字提纲挈领，提出他的看法：

一、申明成宪，拟请特谕军机大臣会同各部院大臣，并酌选久于外任有学识之大小人员，随同办理，将该部现行事例，彻底推究，务使简明易行。……分别纲目，刊成简易善本，颁行天下。

二、办理外务，应先统筹全局。……所以防御外患者，惟在修邦交与讲武备最为紧要。……修邦交与讲武备，孰为轻重，孰为缓急，而早定国是，以辑天下之民心，而安中外之人心也。

三、自甲午、庚子以来，士大夫皆多忿激，每言为国雪耻，遂致朝廷近日亦以筹饷练兵为急务。然臣愚诚恐此犹非计之得者也（以为此种观念应予革除）。

其所谓"修邦交"重于"讲武备"可谓书生之见，但其所陈，也不无可取之处。

同时，辜鸿铭写道："用小人以办外事，其祸为更烈。"矛头直指袁世凯，与梁鼎芬一般脾气，其任气忤物，于是可见一斑，其"金脸罩铁嘴皮"的骂人骂世功夫于此亦可见一斑。

辜鸿铭一阵快意之后，回到寓所，却见张之洞沉默无语地坐在客厅里，满脸倦色，一绺长须有些发白了，赶紧上前参拜，问询请安："香帅，怎么亲自前来？也不先通报汤生知道。"

张之洞也不理他，辜鸿铭坐下后，命人泡上茶来，张之洞呷了一口，缓缓说道："汤生，一罢朝我就到处找你，你怎么现在才回来？今日你这折奏疏，别的不说了，又何必加上两句：'用小人以办外事，其祸为更烈。'徒然与袁项城结怨。"

辜鸿铭一听，原来是为此事，大大松了口气，答道："香帅，袁项城的为人，你也不是不知道，听说你去年进京时，袁项城与你同入军机处。项城会见德国公使时，曾自得地说：'张中堂是讲学问的，我是不讲学问，专讲办事的。'"

"香帅，试想，当今天下办事，哪种不要学问？似他这等颟顸，如何做得好事？天下不要学问的事也有，如老妈子倒马桶，就用不着学问。除此之外，我不知道天下还有什么事是无学问的人可以办得好的。"

张之洞知他不服，也就不再多说，但心头的话也放不下，遂又说道："我知你素倔强，说服不了你，不过你这道奏疏却令鹿定兴①十分钦佩，但有什么必要呢？"

辜鸿铭一听，当下回道："此时尚非袁之天下！"

说得铿锵有力，掷地有声，张之洞也就默然无语，不再多说了。

罗振玉对辜鸿铭的这道奏疏也极为赞佩，说：

"采索根元，洞见症结；贾长沙（指西汉贾谊）复生，不能过是，盖天下之至文，沉疴之药石。"

辜鸿铭虽然极力倡言，可惜此时，大清王朝已是病入膏肓，无处下药了，谁人还会听他一言呢？

---

①　鹿传霖（1836—1910），字滋轩，一作芝轩。直隶定兴人。同治进士。历任广西兴安知县，桂林知府，河南、山西巡抚。1895年，擢四川总督。因上疏主强对三瞻行改土归流，奕䜣恶其多事，被撤职。1898年戊戌政变后，起用为广东巡抚。次年，为江苏巡抚兼署两江总督。1900年，八国联军攻陷北京，他募兵三营，护送慈禧太后逃西安，授两广总督，旋升任军机大臣。回京后，兼督办政务大臣。宣统即位后，与醇贤亲王载沣同受遗诏，加太子太保，历拜体仁阁、东阁大学士。

盟主之死

1908 年 11 月，光绪帝与慈禧太后相隔一日，先后离去，斗了一辈子的姑侄二人，到黄泉路上也走到一块，可能不会寂寞了。

慈禧太后执掌政柄达四十余年，如今一死，出现权力真空，如何稳定朝局，成了此时的大事。张之洞以顾命重臣的身份，昼夜入宫议事，为继续皇统、权力交替出谋划策。光绪帝死后，皇后隆裕为皇太后，此时问诸大臣："何人继位？"

诸臣都闷着，不吭气。张之洞回答说：

"承嗣穆宗毅皇帝（指同治），兼祧大行皇帝（指光绪）。"

隆裕问："何以处我？"

张之洞答："尊为皇太后。"

隆裕说："既如是，我心慰矣！"

在此嗣君年幼，国变日亟，人心惶惶，朝中老成凋零殆尽之际，有些大臣心中慌乱，手足无措，甚至提出调兵入京。张之洞老成持重，极力反对，认为这样做会引起民心惶恐，加以阻止。同时，请度支部发放款项周转市面，安定人心。张之洞的这些行为，显示出"一言定邦"的元戎重臣的特别地位。

顺利过渡，溥仪 ① 继位，醇贤亲王载沣 ② 为监国摄政王。

---

① 溥仪（1906—1967），姓爱新觉罗，名溥仪，字浩然。清朝末代皇帝。1908 年 11 月继帝位，次年改元宣统。由其生父摄政。1908 年 11 月—1912 年 2 月在位。辛亥后退位，仍住北京皇宫内。1917 年 7 月，张勋拥之复辟，12 天失败。1924 年，被冯玉祥赶出紫禁城，废大清皇帝称号。次年，潜至天津，谋复辟。1931 年"九一八"事变后，到东北投靠日本。次年，任伪"满洲国"执政。1934 年 3 月又改称皇帝，改元"康德"。1945 年，日本投降，入苏联监狱。1950 年，移交中国，禁于抚顺。1959 年 12 月获特赦，回北京。1967 年，病逝于北京。

② 载沣（1883—1951），清末摄政王。爱新觉罗氏，满族。1890 年，袭爵为醇贤亲王。1901 年，被派充头等专使赴德国"谢罪"。1908 年，其三岁之子溥仪即帝位，任监国摄政王，罢免袁世凯，集军政大权于一身。并任用买办盛宣怀推行加捐加税、铁路国有等政策。1911 年武昌起义，各省纷纷响应。12 月，被迫辞职，仍居北京。1928 年，迁居天津，后去东北。1951 年病逝。

载沣摄政后，大肆任用满族亲贵，无视此时汉族大臣在朝中举足轻重的地位，为所欲为。张之洞此时尚无明显政敌，处境还算平稳，袁世凯则不同了。

袁世凯由于曾出卖过光绪帝，光绪帝恨之入骨，据说光绪生前就常写"袁世凯"三字于纸条上，然后撕碎……因此为皇帝系统的贵胄所深恨。据说，光绪帝临死前留下遗诏：对袁世凯，"时机一至，立即处斩"。光绪帝之弟载沣摄政后，声言为兄报仇，要诛袁世凯而后快。更重要的是此时袁世凯手握重兵，占据军政外交要津，"权重震主"，为少壮亲贵集团所不容。这样，光绪、慈禧一死，袁世凯性命可忧。

张之洞虽素对袁世凯的骄横颇为不满，但老于世故人情的他意识到，亲贵们对袁世凯的打击排斥，不是冲着袁一人来的，而是冲着汉族官员来的，兔死狐悲之感涌上心头，因此才对梁鼎芬、辜鸿铭的奏疏表示不悦。现在载沣要杀袁世凯，张之洞当然不能置之不理。

当载沣代表隆裕皇太后临朝，公布袁世凯罪状，以为帝后不和，国政失调，皆袁世凯所致，宜处极刑。公布后，朝上大臣缄默不言，面面相觑，唯张之洞犯颜直陈，称袁世凯身负练兵重任，京畿为其势力所在，倘处置不慎，非国家之福。载沣觉得问题比较严重，决定从轻发落。

张之洞为此，出朝后曾与人说："主上冲龄践祚，而皇太后启生杀黜除之渐，朝廷有诛戮大臣之名，此端一开，为患不细。吾非为袁计，为朝局计也。"

清宣统元年，1909年1月21日，颁布罢除袁世凯的上谕，袁世凯以患足病，着即开缺，回籍养疴。袁世凯回到河南彰德，却无心养病。朝中大臣早已为袁世凯收买，而他的一班心腹重臣，文武官员，早已身任要职，布满朝廷内外，对袁唯命是从。彰德成了名副其实的小朝廷。

罢斥袁世凯，一方面显示了同光中兴，地方封疆大吏权势上升，汉族官员控制时局，满族亲贵的地位受到冲击，同时也标志着汉族支持大清王朝的结束，再也不能为清王朝提供大量的、富于活力的人才了。而清王朝皇子皇孙们似乎确实碰到了帝王政治的末年，举动失措，不知大体，只知争权夺利，个个都盯着官位，没有几个是能做事的。

随即，载沣以监国摄政王代理大元帅，统系禁卫军，掌军政大权，任命他的弟弟载洵为海军大臣，另一个弟弟载涛为军谘大臣，廕昌为陆军大臣，实现了由皇室把持兵权的意图。这一帮纨绔子弟执掌大权后，政局可想而知。全国各地的各种组织不断活动，立宪派康有为、梁启超等到处游说；孙中山领导的革命组织到处奔走，时刻预备武装起义；地方士绅也忍无可忍，大肆活动。大清处于风雨飘摇之中。

这时，张之洞病重，于1909年6月确诊患了肝病，医药无效，但仍勉强办公。

眼见载沣一味任用皇室宗亲，满汉鸿沟日深，帝国行将覆灭，张之洞忧心忡忡。

6月，载沣免去津浦铁路总办道员李顺德等人后，又要起用满官继任，并询张之洞意见，张之洞答说："不可，舆情不属。"

载沣仍然坚持，张之洞又说："舆情不属，必激变。"

载沣不以为然，有恃无恐地说："有兵在。"

张之洞无话可说，退出后，黯然神伤，叹息："不意闻此亡国之言！"

此时大清王朝已是汤药不进了。

张之洞病情亦加重，10月4日，载沣前往探病，张之洞同载沣进行了一场意味深长的对话——

载沣对张之洞说："中堂公忠体国，有名望，好好保养。"

张之洞答说："公忠体国所不敢当，廉正无私不敢不勉。"

载沣离去，太傅陈宝琛（字伯潜，福建闽侯人）进来，问道："监国之意何？"

张之洞什么都没有说，只叹道：

"国运尽矣！盖冀一悟，而未能也。"

当晚，清流运动的主角即离开人世。

张之洞之死，标志着晚清时代一个重要的时期——所谓同光中兴的结束。

自从 1864 年 7 月太平天国的首都南京被曾国藩的军队攻陷后，中国的统治者们暗自庆幸，他们亲眼看到了历史中的罕见现象——一个统治了两百多年并且一度鼎盛的王朝，在衰败时仍能扑灭一场席卷全国的难以对付的叛乱，这就是传统史学家称颂的中兴。

谋士辜鸿铭得知张之洞的死讯，特撰挽联：

> 邪说污民，孙卿子劝学崇儒以保名教
> 中原多故，武乡侯鞠躬尽瘁独死孤忠

张之洞之死，令辜鸿铭无比感伤，历历往事不禁重现眼前，一时人世沧桑，不胜今昔之慨涌上心头，为感念故人，开始撷拾旧闻，铺缀成篇，缅怀追随二十余年的张之洞。

纵论时局

这日，同在外务部任职的梁敦彦前来拜访（梁敦彦，1907 年 3 月入外务部），这两位追随张之洞多年的幕僚，虽同到京师外务部任职，究竟是很少有畅谈的机会。现在，张之洞已死，两人一见，欷歔不已，辜鸿铭即邀之入座，命人奉上茶来。

梁敦彦端起茶碗，轻啜一下，即叹道："汤生兄，现在香帅已去，朝中诸公，碌碌无为，天下大势，不可为啊！听说你正在著文追念香帅，可否让我先睹为快？"

辜鸿铭亦神色黯然，应道："崧生（梁敦彦字）兄，数年前，你我同随香帅来京，一阵畅谈，至今思之，令人有沧桑之感，我拟草文追忆香帅，却未成篇，假如写好，一定让兄先睹为快。"

"那么，汤生兄，可以把你的想法说给我听听吗？"

辜鸿铭道："这时节，你想听哪一方面的呢？千头万绪，我也说不清啊！"

"就说说香帅这几年的政绩吧！"

"要说香帅出任封疆大吏以来，讲求最多、用力最勤的要数洋务、新政和最近的宪政了。这还得从头说起，我中国自咸同以来，经粤匪、捻匪搅乱，内虚外感，列强环伺，经至迭乘，就像一个百病丛生的病人，即令医道高手也不知从何着手。一开始，却有一位时髦郎中，湘乡曾姓者（曾国藩），开出一个处方，叫洋务清火汤，服了若干剂，不见起色。甲午一战，症候突变，来势凶猛，有儒医南皮张姓者（张之洞），另外开一处方，叫新政补元汤，药性燥烈，服之恐生巨变，因就原方，略加删减，美其名曰宪政和平调胃汤，自服此剂后，不仅没有见到转机，病却愈发凶了，势至今日，恐怕非别拟良方不可了。"

辜鸿铭深处沉郁之中，今有人畅谈，正可一泄胸中郁闷，即口才滔滔，舌辩不绝，大谈特谈。

梁敦彦接着话头问道："似兄这样说来，又有何良方？"

"现在天下，已是不可收拾之局，良方暂且不说，只说此时时局，便可知问题所在了。"

说到这里，遂抽出一支香烟，点上，深吸一口，不等梁敦彦问话，即在轻烟缕缕中继续说道："现在时局，即如这缕缕轻烟，只待风一吹到，即会大变。若无劲风，也会袅袅散去，不依人力啊！你看朝中诸公，哪有一点国治民兴气象。想当初，厩焚，孔子退朝即问：伤人乎？不问伤马没有。现在地方上一有事变，朝中上下衮衮诸公，莫不函电交驰，函问曰：伤羊乎？不问民之死活。可叹啊！其实，当今天下，外人为患并不可怕，可怕的是，天下百姓无不思乱。而百姓所以思乱，不外乎两个原因，一是饿，一是怨。想一时不使百姓挨饿，谈何容易！因此入手办法，当在先使百姓不怨。百姓之所以饿，是由于新政造成的；而百姓之所以怨恨，则并非新政所造成。百姓并不怨新政，怨的是主持新政的衮衮诸公而已，而主持新政者只将新政认作进身之阶，能有何作为！"

言罢不胜感叹，喝了口茶，接着说："似这等诸公立于朝廷之上，个个只是想着争官做，厚颜无耻，上下皆以顽钝无耻为有度，以模棱两可为适宜，不学无术以自是其愚，植党干没以自神其智，此真乃患得患失的一群鄙夫，足以亡人家国。用这些人，不要说新政，就是比新政好上千万倍，也必然会落得民怨沸腾，朝廷衰微。"

梁敦彦听得心寒，想换个话题，问他："地方大员如能体恤民情，岂不也能惠及一方？"

"不然，不然。天下已如此，岂是一二督抚可为，记得当初香帅督湖广时，曾大兴新政，香帅欲使地方上报土产矿物，以宜开采。有一县官，急欲以邑中所有树木、茶、纸三属，据实上报。其幕僚劝他道，只须将些土产中种种玩物报上去应付了事，千万不可将地方上一应物产矿产全报上去，否则，考察大员纷纷来到，求所以改良方，一时迎来送往，不吃平你这一方才怪。如此上下敷衍、欺瞒，只为自己口袋，哪有一丝为苍生之念？

"而今日大人诸公，无不深通孔子精髓，君子有三畏，我以为他们有三待：以匪待百姓，以犯人待学生，以奴才待下属。当今各省城镇以及通衢大道，遍布警察巡逻，岂不是以匪待百姓吗！当今官学堂学生之功课，与犯人做苦工有什么差别，同一苦字而已！至于大人待属下一节，当今在官场者，谁又不知，何必我说，只不知朝廷设州县官，是为民作父母，还是为督抚作奴才？"

梁敦彦听了心下大为佩服，再问道："难道真连一两个能称道的都找不到吗？"

"唉，这一帮大小臣工，只认得争官做，只认得搜刮来的银子，即使有一二大臣，也只是见识短浅，说起来也没有多大建树。同光以来，数得上的也不过几位，曾文正公，算得上是大臣；我们香帅，一介儒臣；李文忠（李鸿章），只算个功臣。三公论道，是儒臣的本分；统筹天下安危大计，行政得失，是大臣的本领；因循时势制定时宜，是功臣的能耐。没有大臣就没有政治，没有儒臣就没有教化。政治之有无，关系国家兴亡；教化之有无，关系人类存在，况且，无教化之政治等于没有政治。而这几位也是徒知皮毛，以为西洋人之所以强大，随意欺侮我中国，不过是有铁舰枪炮，至于他们的学术制度文物，则不予过问，真是不可救药。记得以前我曾与你说过西洋剧院情形，那才是教化之国的气象啊！以那般正心诚意的民众来经邦定国，何所不能呢！

"香帅终日以维持名教为己任，他之效西法，只是为富强，而他的志向却又不在富强，是想借富强以保中国，保中国即所以保名教。香帅既想行有教之政，又想图财用讲富强，所谓为富不仁，为仁不富，怎么能够兼行二者之道呢！"

在这大清帝国将烟消云散之际，辜鸿铭已经看到了张之洞的失败，他甚至已经看到了张之洞心理上的矛盾，既要富国强兵，又要找借口，最后遮遮掩掩弄成个四不象，张之洞的新政、宪政必然归于空谈。张之洞要诊治的病人——大清王朝——已汤药不进了，张之洞所做的努力，只是令人生敬佩之心而已。

不知不觉两人又从傍晚聊到深夜。现在已是深秋季节，寒意已经深了，窗内两人仍在如豆灯光下坐谈。炭火仍生着，暖烘烘的，令人似睡非睡，与数年前的一幕多么相似啊！那时两人纵谈天下，臧否人物，意气横生。数年后的今日，却是举国一片疲怠欲死模样，比起数年前的景象更令人伤感，整个朝廷都似乎在暖烘烘的炉火旁昏睡，不知一场飓风即将吹到。

两人虽然已很倦怠，却了无睡意。辜鸿铭即对梁敦彦说道："今晚，咱们索性再来个彻底长谈，你也不必走了。想来吹了半日，腹内已是空空，我已命人预备了酒菜，咱们边喝边聊，可驱驱寒气。"

当下遂命人将酒菜摆上来，两人先喝了杯酒，辜鸿铭开口又说道："崧生兄，香帅的一件本领，我是比较佩服的。"

"哪一件？"

"香帅当年亟力为国图富强，但过世后，债务累累，不能清偿，一家大小八十余口，几乎无以为生。每一思之，即令我黯然神伤。"

两人一阵叹息，接着辜鸿铭大声说："身本国末，一国之人皆穷而国家能富强的，从来就没有过。中国今日不求富强则已，若要求富强，则必用袁世凯辈，盖袁世凯辈欲富其国，必先谋其身，此所谓以身作则。"

梁敦彦听得绝倒，二人相与大笑，辜鸿铭忽告诉他说："这袁世凯是一个贱种。"

梁敦彦听他如此一说，心下一愣，颇为迷惑，袁世凯家世不是还不错吗？即问道："此话怎讲？"

"说起来话就长了。不久前，有个洋人与我吹牛，他问我，他们西方人种族有贵贱之分，能不能识别，我说不能，他便告诉我：'凡我们西方人到中国，虽借居中国很长时间，形体不变、状貌如一的，必是贵种；若一到中国，居住未久，便形体大变、挺胸凸肚的，必是贱种。其间缘故很简单，中国食品，价格便宜，贱种一到，即放口大嚼，不用多久便会膘肥体壮。'你看那袁世凯甲午战争以前，本一乡曲穷措大、无赖之徒，不久暴富暴贵，位至北洋大臣，于是造洋楼，置姬妾；等到解职还乡，又营造府第，广置园圃，穷奢极欲，于享乐一道无所不至其极，与西洋人之贱种一到中国，便敞开肚皮大嚼，有何差别！庄子曾说过，嗜欲深者，天机必浅。孟子说，养其大体为大人，养其小体为小人。所以，别人称袁世凯为豪杰，我却认为他不过贱种一个而已。"

听得梁敦彦鼓掌大笑，说："汤生，你这张嘴太过刻薄了。"

穷居幕府二十余年的辜鸿铭，沉郁下僚，宦海浮沉，骨鲠在喉，令他常郁懑不已，其志难伸，常议人论事，尖酸刻薄，如今梁敦彦这么一说，辜鸿铭叹道：

"在如此天下，你我唯只一张嘴还能胡说八道，为何又要虐待它呢？说说也可免得憋出毛病来，别人能刮地皮，争官做，你我过过嘴瘾，又有何不可呢？"

梁敦彦深有同感，说：

"当年在香帅手下，有许多遗闻逸事，哪几件没有你老兄呢？这且不说，只是目下，我还有一事不明，现今国会请愿汹汹，汤生兄有何看法？"

1908 年，光绪和慈禧死后，载沣即以预备立宪笼络人心，宣称 1909 年内各省成立谘议局。一帮早在 1906 年清政府预备立宪时就已行动起来的立宪党人，现在积极从事成立各省谘议局的活动，以控制各省谘议局。同时于 1909 年 10 月纷纷宣扬早开国会，组织各省谘议局到北京请愿，先后连续组织了 4 次请愿，清政府都以各种理由拒绝，令立宪派人士伤心绝望，俱称"希望绝矣"！国会请愿此时正热热闹闹。

辜鸿铭端起酒杯，喝了一口，说：

"国会请愿，令人有种说不清的感觉。香帅生前，就不敢轻言宪政。此时，我想起了诸葛武侯的《前出师表》，那才真是一篇货真价实的国会请愿书，武侯所谓宜开张圣听，即是请开国会。所谓宫中府中俱为一体，陟罚臧否，不宜异同，若有作奸犯科及为忠善者，宜付有司，论其刑赏，以昭陛下平明之治，即是请立宪。西洋各国当日所以开国会立宪者，其命意所在亦只欲得平明之治耳。现在朝廷果能开张圣听，则治必明，如此，虽无国会亦有国会；不如此，虽有国会亦如无国会。如朝廷能视官民上下贵贱大小俱为一体，陟罚臧否，无有异同，则治必平。如此，虽不立宪亦是立宪；不如此，虽立宪亦非立宪。所以我说出师表就是一篇真国会请愿书。

"今日各省代表所请者，不过是发财公司股东会，非真国会也。因为真国会之意即在得平明之治。得平明之治，则上下自为一体，然后国可以立。股东会之意在争利权，一国上下皆争利权，无论权归于上、权归于下，国已不国，还谈何权利呢！"

梁敦彦听后，不禁问道："只是你这般说来，以君子之心视人，假如是一家公司，大家以君子待经理，不查账，无报告，卷款不追究，谁来投资呢？"

辜鸿铭听完，不禁脸有怒色："天下之道只有二：不是王道，就是王八蛋之道。孟子所谓道二，仁与不仁而已。"

二人这一长谈，不分白天黑夜，从朝廷到民间，从官僚到百姓，从西洋到中国，一阵神吹海聊。两人虽已来京，列名外务部，然不过帝国千万官僚之不足道一员而已，虽然有致用报国之心，却是无所措手脚，朝野上下，浑浑噩噩，令人窒息，心中愤懑，压抑不住，发泄出来。

此时，东方已白，酒已罄，人意已阑珊，辜、梁二人举目一望，但见整个京师已蒙细雪，显得白茫茫一片世界，凉气瘆人，路上行迹，全被细雪蒙住，神思恍惚间，二人真有今夕何夕，不知何所去的感叹，不禁齐出长长一声叹息。

列名进士

不久，辜鸿铭从快要断气的大清王朝获得了他梦寐以求的功名。

1910年1月19日，年仅3岁的宣统皇帝公布赏赐进士。此时科举早废，所以只有颁赏进士。辜鸿铭以"游学专门列入一等"的资格，获赏文科进士。和他同榜的还有严复及严复的学生伍光建，另外还有一位叫王劭廉，名次是严复、辜鸿铭、伍光建、王劭廉。文科进士之外，詹天佑、魏瀚获赏工科进士。

令辜鸿铭感到美中不足的是，名次居然排在严复之后，夹在师徒二人之间，心中有些不平，对人愤愤然说："严复不过把人家种的东西培养一下，人家已经倾倒的东西扶一下，有何创见？有何贡献？"

言下大为不平，颇有看不起严复这位被奉为近代翻译鼻祖的意思。而他辜鸿铭也是搞翻译的，不过他是首位把中国典籍译成西文的中国人。辜鸿铭此时已由外务部员外郎、侍郎而晋升左丞（相当于部长助理），对大清王朝的暮气感受日深，对于普通百姓困窘的生活深表同情，借当日之禁售彩票发表过一段辛酸看法：

无分得足以祸民，本国法所宜禁，此乃言礼教之常耳。如近日禁售彩票，盖亦恶民之惯以无分得也。然而也应看时局如何？今日天下多穷无聊赖之人，有时购买一纸彩票，得者无论矣，即不得者，亦尚可作旦暮希望，聊以博人生之趣。今并此人生之趣亦绝之，吾不知穷无聊赖者以后更作何聊赖耶？

辜鸿铭对于当时的中国文化、中国时局也已颇感失望。获进士赏赐时，适逢来京结识的朋友瑞仲兰来贺，两人闲谈之中，辜鸿铭忽想起曾看过一本日本人写的书，对瑞仲兰说：

"中国今日如此沉疴不振，犹夜郎自大，记得曾看过日本人冈千振衣光绪十年游中国写的一部书，书名叫《观光纪游》，当中有一段话很耐人寻味，他是这样写的：'中土士大夫重名教，尚礼让，志趣高雅，气象温和。农工力食者，忍劳苦安茹素，汲汲营生，孜孜治产，非我邦所能及也。而士人讲经艺，耗百年有限之力于白首无得之举业，及其一博科第，致身显贵，耽财贿肥身家，喜得忧失，廉耻荡然，不复知国家之为何物。而名儒大家，负泰斗盛名者，日夜穿凿经疏，讲究谬异，金石说文二学，宋明以前所无，顾炎武、钱大昕诸家以考证为学以来，竟出新意，务压宋明，纷乱拉杂，其为无用，百倍宋儒。其少有才气者，以诗文书画为钓名誉、博货贿之具，玩物丧志，无补身心，风云月露，不益当世，此亦与晋时老庄相距几何？吏胥奴颜卑膝，奉迎为风，望门拜尘，欺己卖人，自为得计。商贾工匠，眼无一丁，装貌炫价，滥造粗制，骗取人财，此犹可以人理论者。其最下者，狗盗鼠窃，不知刑宪为何物！立门乞怜，不知秽污为何事！其人轻躁扰杂，喧呼笑骂，此皆风俗颓废、教化不行者。呜呼，政教扫地，一致此极。而侮蔑外人，主张顽见，傲然以礼义大邦自居。欧美人之以未开化国视之，抑有故也。'而当道光末年徐继畬出使西洋，归国撰《瀛环志略》，国人哗然，以其吹捧洋人，攻击唯恐落后，最后被迫去职，令人感慨不已。自来我中国士大夫至于平民，夜郎自大惯了，被别人嘲笑，也不足稀奇。时至今日，慕欧美者，又何前倨而后恭也？看来这些人只知责己，不知责人，那有什么出息！"

瑞仲兰听后大笑，说："闻君才名四播，学贯中西，一时俊杰，本以为君已飞黄腾达，不料却久居人下，屈抑不伸，是何道理？"

辜鸿铭回答说："不拜客。"

"怪不得如此啊！"

两人相对大笑。

辜鸿铭继续著文追念张之洞，终于于1910年同时完成两部书。

《张文襄幕府纪闻》，中文版。在该书中，谋士辜鸿铭把张之洞奉为清流的主角，对晚清的时局发抒己见，同时对其穷居幕府二十余年看到的世间百象，大加挞伐，以其愤世嫉俗之笔，伤时忧国，嬉笑怒骂，皆成文章。

《中国的牛津运动》，又译《清流传》，英文版。次年，由德国学者卫礼贤将此书译成德文出版，定名《为中国反对欧洲观念而辩护：批判论文》，德国哥廷根大学的新康德派对该书大为推崇，列为该校哲学系师生必读之参考书。

《中国的牛津运动》后于1912年改定为《中国的清流运动》，实为替大清帝国的悼亡之作，同时也是"我们为中国文明事业拼死决战的故事"。书中，辜鸿铭用英文编造了一个凄美而哀怨的故事：大清帝国的覆没，原因在于清流运动的失败。他所辅助二十余年的张之洞，无疑是这场运动的主角。辜鸿铭认为同光年间的清流运动与19世纪中叶英国的牛津运动十分相似。

19世纪的欧洲，出现了一帮反思欧洲行为的思想家，他们对西方世界自认为自己的规则就应是全人类的规则大加批判。他们深信，全体人类在任何时代的终极目标都是一致的，然而由于冷、暖不同的气候，高山平地区别，处理人类自身事务的方式各有不同，任何一种方式都难免有削足适履之处，但他们各自表达自己的集体经验，全都是人类自我表达的真切而有效的工具，以任何一个文明的特别方式作为人类唯一合理的存在都是狂妄的，令人嘲笑的。英国的一群思想家也早就有此传统，从柏克、科贝特、柯勒律治、卡莱尔纷纷向现代欧洲发出怒吼——个人主义的自私撕毁了社会的经纬！

早年留学西洋的辜鸿铭一直师事诸位大师，自命弟子，特别是卡莱尔的学说更是深印在他的脑海，当时纽曼大主教和阿诺德在英国发动的牛津运动令辜鸿铭钦佩不已。

辜鸿铭认为，同光年间的清流运动同英国的牛津运动一样，都是针对自由主义、针对现代欧洲的进步观念和新学的，他们所反对和攻击的是同一个敌人："现代高度物质文明的破坏力量。"

辜鸿铭，以他特别的文化背景既契合了西洋的反现代化思潮，同时又以一个中国人的角度批判欧洲中心主义。牛津运动的失败使物质主义在英国和欧洲泛滥。清流运动的失败也使进步与改革代替了思想开放和精神宽容，从而导致了帝国的末日，中国文化的光芒再次蒙上了污垢。

最后辜鸿铭深切呼吁：兼收并蓄，吸取精华，是中国也是当今世界的共同需要。

第八章　南洋公学，帝国挽歌

清宣统二年

公元 1910 年

紫禁城的黄昏

上海南洋公学

辜鸿铭执校长印

穷居北京的辜鸿铭，深感局促于下僚，难有建树，更何况此时，大清已是无可救药，明主张之洞已死，困居于此，徒然消磨时日，日日见到暮气沉沉的京师气象，令人郁闷；朝中诸公碌碌，令人丧气，不如归去。遂辞去外务部职，南下，回到上海浚浦局任上，不久辞任。受聘任南洋公学①校长。

时正值沈曾植辞官居上海，两人时常过从，相与优游，同时宦海浮沉数十年后，深感国事不可为，正因有报国之心，自许经世之才，却不能得到施展的机会，更是痛苦万分。此时，两人索性抛开朝廷之事，也就乐得个轻松。

此时，大清王朝的日子却越来越不好过，隔三岔五总有些事情，刺痛朝廷中枢的神经。一帮积极鼓吹立宪的人，以张謇、汤寿潜、郑孝胥为首在上海成立预备立宪公会，康有为将保皇会改组为中华帝国宪政会，梁启超在日本组织政闻社……花样百出。各界对于早日召开国会的期望，遭到清廷拒绝，绝了他们的希望。

同时，一帮不晓事的朝中大员，借商办铁路之机，采取国进民退，将铁路修建收归国有，向列强大肆借款建设铁路。本已准归商办的粤汉、川汉铁路，已经开始运作，清王朝的国有化政策一出，消息传到四川，群情汹汹，要求抵制，于 1910 年 6 月 17 日成立"保路同志会"。清政府一面命端方率领鄂军入川"认真查办"，一面令四川总督赵尔丰"切实镇压"，擒杀请愿群众，迅速点燃四川武装暴动的火焰。

1911 年 4 月，孙中山领导的同盟会在广州起义，不久即被镇压，但清政府却惊恐万状。正如孙中山所说："已震动全球，国内革命之时势实以之造成矣！"

孙中山等人的革命思想已在一代人，特别是青年人中扎下了根，湖

---

① 南洋公学，1896 年 4 月盛宣怀创设于上海，由电报、招商两局提供经费。分设四院：师范院，即师范学堂；外院，即附属小学堂；中院，即二等学堂（中学堂）；上院，即头等学堂（大学堂）。1903 年，改名为上海商务学堂，不久又改名为商务部高等实业学堂。1906 年，又改为邮传部上海高等实业学堂，设有铁路、电机等科。辛亥革命后，改为交通部上海工业专门学校。1921 年，与唐山工业专门学校、北京邮电学校、交通传习所等合并，改名为上海交通大学。

北武昌在革命团体日知会、湖北军队同盟会、群治学社等的领导下，在军队中做了大量的工作。端方带兵入川，又为武昌起义提供了机会。

1911年10月10日，武昌起义爆发，很快革命党人就控制了武汉三镇，于11日推黎元洪①为都督，建立湖北军政府。

武昌起义后，各省人民莫不同情革命，闻民军胜利，额首相庆，奔走相告。湖南、陕西、江西、山西、云南、贵州、安徽、福建、广东等十三省和最大的城市上海纷纷宣布起义，一时鱼龙混杂，泥沙俱下。有的地方扯下龙旗，换下长袍马褂红顶子，挂出一块军政府的牌子，即宣布革命。

另一方面，清廷朝中一帮天潢贵胄，却手忙脚乱，面对举国上下一片闹哄哄一拥而上的革命景象，不知所措。亲贵遗臣纷纷出都，天津上海青岛大连等洋人租界，挤满了他们的身影。这些地方的房租屋价顿时骤升，有人写一联嘲讽这些风逃勋臣："君在，臣何敢死？寇至，我则先逃。"

上海，望平街（当时报馆集中地）上，人头攒动，许多人整天都在那里探听革命的消息。此时却有许多遗老遗少，借口交通堵塞，要求租界加以取缔，妄想像戈登当年镇压太平军一样，希望洋人对这次革命进行干涉，阻挠甚至武力镇压。

10月25日，辜鸿铭投书《字林西报》，编辑全文照登，信中称："此可为模范之租界，犹属大清之世界，若肯从上海报馆中痴人妄说，刊刻排满图画文章，非独有违万国公例，抑岂事理之平……夫此等排满文章，意在鼓动长江及各埠数百万饥民，使其抛却服从皇帝之职，意使乘间起事耳。……如今日望平街所刊排满文章，英人岂能置之不言？我愈思英将戈登之老实尽职矣。"

---

① 黎元洪（1864—1928），字宋卿，湖北黄陂人。天津北洋水师学堂毕业，后在海军供职。甲午战争后，投奔湖广总督张之洞，颇受宠信，两次奉派到日本学习，升至湖北新军协统。1911年，保路运动兴起，以军界代表资格参加湖北铁路协会。湖北军政府成立，出任都督。1912年，当选南京临时政府副总统，仍兼鄂督。袁世凯窃权后继任。1915年，袁世凯死后，继任总统职。1917年，张勋入京后被逐。1922年，直系军阀控制北京政府后复职，次年又为直系所逐。1928年6月，病死于天津。

辜鸿铭稿一投出，如同往常一般来到南洋公学，不料学生们看了他的文章后大怒，同时有的报刊上称他为"怪物"，更助长了学生们对他的看法："此公是颇有反革命意思的。"于是一哄而上，围着辜鸿铭，大加诘难，一时汹汹嘈杂，令辜鸿铭应对不暇。忽然，辜鸿铭一声大喝，打断学生的哄嚷，顿时都静静听着，只听他说道：

"言论本可自由，汝等不佩服我，我辞职。"

学生们顿时鼓掌，闹哄哄散了开去。辜鸿铭大为气恼，长辫一抛，即返身离去，也不再到学校。

遗老之殇

辞去南洋公学校长后，辜鸿铭整日里潜心向壁，钻研中国文化，或与来访之中外客人高谈阔论而已。

北京，武昌起义后，清廷在无知而又无能的隆裕太后和软弱无能的摄政王载沣的统治下，很快陷入一种近乎愚蠢的状态。醇贤亲王载沣在他短暂的一生中曾犯过一些严重错误，而现在他还在继续犯着一个致命的错误：他决定或者是被说服要恢复一个人的职务，而这个人正是他最危险的敌人，两年前被他贬黜并使之丢脸的那个人，以为起用此人即可结束大清王朝中群臣的恐慌，重新稳定整个混乱不堪的帝国，年幼无知的宣统皇帝可以重新坐到龙椅上做他童年的梦。

毫无疑问，启用袁世凯可能会有一个明显好转的局面出现。这位疗疾彰德的袁世凯在帝国训练有素的新军中，有着不可动摇的地位，朝中文武大员多出自他的门下，其他勋贵也多与之沟通，他对各种政治集团的影响确实是很大的。清政府任命袁世凯为湖广总督，要他统兵南下，镇压革命。此时的袁世凯却端足了架子，知道他的机会来了，却不管清廷这边如何急，越急对他越有利，来了个不痛不痒的答复，表示歉意，此刻不能服从皇上的召唤，因为两年前迫使他返乡治疗的足疾至今未愈，不肯从彰德老窝中出山。而他的一帮亲信坐镇前线观望不进，急坏了载沣等人。

10 月 27 日，袁世凯开出条件，提出召开国会，组织责任内阁，授予他军事全权，保证供给充足军饷等。同时，他的亲信也致电清廷，摇旗呐喊，最后，清廷不得不任命袁世凯为内阁总理大臣，组织责任内阁。袁世凯见火候已到，即走马上任，一到北京，他就发觉自己是把握局势的人，他可以按自己的主意行事，并且确信不会有人妨碍他。他身兼湖广总督，统率军队和组织内阁，于是他着手处理军务，并迅速扭转了长江中游地区同革命军的斗争形势，把武昌对岸的汉口和汉阳从革命军手中夺回，而后即停下军队的攻势，并不急于进攻，他有自己的打算。

袁世凯很快派唐绍仪到上海同革命军商讨和谈事宜，不料唐绍仪一到上海即发表赞成共和的声明，后辞去代表的职务，所有的人都明白了，袁世凯并非忠于清廷，他更忠于自己。

此时南方，孙中山于南京组成临时政府，坚持北伐。

1912 年 1 月 1 日，南京临时政府宣布成立。但是，南京临时政府手中无军队枪炮，口袋中无金银钞票，最后毕生以革命为主旨的孙中山不得不妥协，南北双方达成协议，清帝宣布退位，袁世凯赞成共和，孙中山向临时参议院辞职。

清廷接受了退位的《优待条例》，条例中规定：

一、大清皇帝辞位后，尊号仍然不废。中华民国以待各国君主之礼相待。

二、大清皇帝辞位之后，岁用四百万两，俟改铸新币后改为四百万元，此款由中华民国拨用。

三、大清皇帝辞位之后，暂居宫禁，日后移居颐和园，侍卫人等，照常留用。

四、大清皇帝辞位之后，其宗庙陵寝，永远奉祀，由中华民国酌设卫兵，妥为保护。

五、德宗崇陵未完工程，如制妥修，其奉安典礼，仍如旧制，所有实用经费，均由中华民国支出。

六、以前宫内所用各项执事人员，可照旧留用，唯以后不得再招阉人。

七、大清皇帝辞位之后，其原有之私产，由中华民国特别保护。

八、原有之禁卫军，归中华民国陆军部编制，额数俸饷，仍如其旧。

1912 年 2 月 12 日，由隆裕太后颁布退位诏书，诏书说：

> 今全国人民心理多倾向共和，东南各省既倡议于前，北方诸将亦主张于后，人心所向，天命可知。予亦何忍因一姓之尊荣，拂兆民之好恶。是以外观大势，内审舆情，特率皇帝将统治权公诸全国，定为共和立宪国体，近慰国内厌乱望治之心，远协古圣天下为公之义。袁世凯前经资政院选举为总理大臣，当兹新旧代谢之际，宜有南北统一之方，即由袁世凯以全权组织临时共和政府，与军民协商统一办法。

袁世凯经过一系列精心策划，玩弄手中的枪杆子，鼓动一大批巧舌如簧的臣子，欺骗惊魂不定的清廷，欺骗羽翼未丰的革命者，最后终于爬上了中华民国总统的宝座。

民国，在人们的欢庆声中成立了。它的成立，令人们随之而流泪。先前一些热心共和的人很快消失了，许多革命者经历了令人难堪的困境。今日英雄、爱国者加身，明日罪犯和叛徒之名就来，不久，也许又被呼为英雄和爱国者。许多人死于暗杀和内战，只有极少数人在日后保住了自己的生命和荣誉。可怜的醇贤亲王载沣结束了他短暂而倒霉的政治生涯，这位前摄政王不得不去拜倒在皇室祖先的神位前，忏悔他对皇室毁灭所承担的责任。

看来这道由皇帝颁布的诏书宣布了共和的确立，适宜地为皇帝的威严的面子蒙上一层神圣的面纱，清王朝已如日西下，并非总是不称职或不明智的十位皇帝统治了近三百年的这片广大的土地，开始进入黑暗和动荡不宁的夜晚，但白昼的余光似乎还不愿意完全退出紫禁城的宫墙。

上海，辜鸿铭正在沈曾植家里，与一帮人品着美酒，气氛热烈，高谈阔论。

忽然，一位仆人从街上回来，手上拿着一份报纸，高声喊着走进来："快来看，快来看，特大消息。"

席上诸人仍高谈阔论，并不理会他的大呼小叫，报纸上不过是一些记者们的危言耸听罢了。仆人见没有人理，即把报纸递到主人沈曾植手中，沈曾植接过，不以为意地扫了一眼，马上一行大字映入眼帘——

清帝宣布退位！

头版头条，太醒目不过了。沈曾植以为看花了，瞪大眼睛再看，没有错，顿时惊得目瞪口呆。座中诸人见他脸色不对，不知出了什么事，顿时鸦雀无声地盯着他，静了足足有五分钟，沈曾植才回过神来，两行老泪扑簌簌地直往下掉，声音嘶哑地说："诸位，不好了，不得了，皇帝宣布退位了。"

座上诸人顿时齐齐站了起来，转而向北跪下，一场热闹的宴会，立时只听得一片伤心痛哭之声，不住地把头向地上叩去。

辜鸿铭拉着沈曾植说："灾难临头了，我们怎么办？"

沈曾植用双手抱住辜鸿铭，流着眼泪，用一种让人永远也不会忘记的声音说：

"世受国恩，死生一志。"

这时，辜鸿铭修订后的《中国的清流运动》出版，在这部为大清帝国悼亡的书中，辜鸿铭一方面伤时忧国，深切怀念故去的张之洞，同时对袁世凯大加挞伐，称"袁世凯是一个彻头彻尾的无赖"，辜鸿铭一生骂得最多、最喜欢骂的就要数袁世凯了。此书中，辜鸿铭大骂出口，称：

　　袁世凯的行为，连盗跖贼徒之廉耻义气且不如。袁世凯奉命出山以扶清室，既出，乃背忠弃义，投降革命党，百般狡计，使其士兵失了忠君之心，然后拥兵自为，成为民国总统。……袁世凯不但毁弃中国民族之忠义观念，并且毁弃中国之政教，即中国之文明。

接下来，辜鸿铭声称：

> 许多人笑我痴心忠于清室，但我之忠于清室非仅忠于吾家世受皇恩之王室——乃忠于中国之政教，即系忠于中国之文明。

这成了辜鸿铭此后生命的主旨。

游说日本

清帝宣布退位后，星散于各地主张复辟的遗老遗少暗中纷纷活动，借居租界，思谋借助于帝国主义列强，实现复辟，他们要用忠心在军阀的时代获得成功。

上海，成了复辟活动的中心之一。这里有广大的租界供他们活动。以江苏阳湖绅士恽祖祁、恽毓昌父子最为积极，他们和军界张勋、徐宝山、张怀芝、张作霖等均有联系，并与允升、长庆、李经羲、锡良等声气相通。

卜居于上海的张之洞手下三大幕僚辜鸿铭、沈曾植、赵凤昌也积极参与，与北京宫廷暗通声气。这些人认为袁世凯难以收买人心，其举措动辄自相矛盾，混乱的秩序依然无法恢复，有效的措施不见眉目，陈规陋习仍困扰着人们。大小军阀各行其是，独霸一方，虽系一方土皇帝，其奢华、腐朽早已超过了过去的皇帝。各省常陷入混乱，生灵涂炭。天下人期望于共和者，逐渐失望，共和声誉日下。讴歌前朝者时亦有之，似乎养着一个皇帝，比养千万个土皇帝好受些，两害相权取其轻了。在袁世凯的治下，不出三五年必出现四分五裂的局面，天下民心未忘前朝，届时，拥立宣统登高一呼，统一天下，恢复旧观，诸君岂不皆殿上中兴之臣。

这一帮子游离于主流社会之外的遗老遗少，毫无根基，不知天下百姓尚以不知温饱为恨！却自认为天下人心之代表，躲在帝国主义列强的羽翼下，做着白日美梦。

辜鸿铭混迹于这么一帮拥帝复辟的遗老遗少中，正可以其讥弹妄议，宣之于口。此时的大清，岂不是正如白纸一张，用以复兴上古帝王事业？因为他精通汉洋之学，特别是其语言天赋，正可以借助以联络列强，所以受到重视。此时的遗老遗少诸公手中无枪炮巨舰，袋中无金银钞票，只有脑中装着为天下苍生立帝王，免于无君无父的宏愿，寄希望于帝国主义列强的干预，与日本等国频频接触，希望得到支援。而日本人对于当时的复辟活动，持有一定的观望之心，虽深知复辟者们无坚固根底，但认为参与复辟者多是中国国民之中坚——缙绅士大夫，是一股潜势力，焉知其日后前途！因此也有意预为下注，赌他一把。这样，辜鸿铭被派往日本东京，游说日本政府，以期得到日本政府的支持。

1913 年 1 月初，辜鸿铭肩负复辟者们的愿望，东渡扶桑，踏上日本国土、他的如夫人贞子的国家，这个他早就想一游的国家。早在甲午战前，他就见识了日本人的气势，1887 年日本海军少佐松枝新一乘着战舰到长江扬威，当时辜鸿铭正在武昌办事，松枝新一亲往造访，辜鸿铭到舰上参观，两人于酒市畅谈，其乐融融，初次相见，即有欢若平生之感，辜鸿铭问松枝新一：

"松枝君，我一直有个疑问，想我少游西洋各国，习其语言文字，略知各国沿革立国之基。西洋近百年来，风气大开，讲求智术，精于制造，人口增加极快，故航海东来，于是东洋各国，因此多事。我中国自古圣人教民，重道不尚奇巧，故制造器械，远不如西人，兼以近来民俗苟安，不思进取，故常苦无抵御之策。而日本与我中国，本是同族，文字也相同，特别是日本，文物衣冠犹是汉唐风貌，民间礼俗，也多上古遗风，故士知好义，崇尚气节。当西人东来，皆慷慨奋起，献身家国，不顾性命，又有西乡诸人领袖群伦，博通古今，因时制宜，修国制、定国本。唉，日本之能有今日之国威，不受外人狎侮，当真是有道理了！然而听说日本国民近日学西洋技艺，往往重西学而轻汉文经书，我确实很困惑，想你能释我迷惑吗？"

松枝新一见辜鸿铭问得诚恳，其忧国忧民之心，溢于言表，心下感动，遂说："先生多虑了，如我，原本日本士族，幼年习西人军事谋略，航船技术，然却尤好中国文学，故能担当国家重任。"

辜鸿铭慨然大叹："我现在更相信你们日本之所以能有今日，确非仅依恃西洋区区奇技淫巧，实因为你们国家尚存我汉唐古风，故士知好义，崇尚气节。"

后经日俄战争，日本人战胜了俄国，更令辜鸿铭心中的民族主义心弦大动。辜鸿铭来到日本东京，他发现自己已不是个生疏人，日本人对他不仅熟悉，而且崇拜，特别是他在横滨《日本邮报》上登载的许多为中国辩护的论文，以及庚子一役，以张之洞、刘坤一名义授权发表的一系列定名为《尊王篇》的文章，使他在日本名声大噪，而他于1904年日俄战争爆发后发表的一系列为日本呐喊的文章，更受日本人欢迎。

此时，辜鸿铭奉命前往游说日本政府支持复辟活动，抵达日本后，辜鸿铭应邀作了一系列演讲，演讲正对了他的胃口，他的舌辩之才，他的"金脸罩铁嘴巴"功夫，使他能在演讲中，大肆宣扬东方文化，称道日本人以汉唐古风立国，在世界上为亚洲争了光，教训了狂妄自大的自以为是的来到中国和日本的欧洲人；斥责欧洲人为半开化的没有教养的流氓……

辜鸿铭凡有邀请演讲，有请必到，到后就一阵狂吹海聊，自吹自擂，大骂西洋人……口中时而英文，时而希腊文、拉丁文、法文、德文，旁征博引，滔滔不绝，口若悬河，常令指派的翻译目瞪口呆。

拖着长辫子，穿着长袍马褂，一双双梁布鞋，或者很别扭地套一双皮鞋的中国人，日本人见得多了。特别是那些留学生忸怩地将一条长辫子盘在头顶上，弄得油光发亮，他们学得最快的是娱乐，吃喝嫖赌，日本人早就见厌了。这一位却不同凡响，令日本人耳目一新，他在西洋人中的影响，他滔滔不绝的辩才，他强烈的民族主义精神，特别是杰出的语言天赋，迷住了日本人，日本人为他喝彩、欢呼。辜鸿铭大为沉醉，他在这里才真正得到了信心和自尊，他对日本人越来越有好感了。在这里，替他捧场的，比在大清王朝还多。站在演讲台上的辜鸿铭无比兴奋，一条灰色的小辫子似乎更长了，更黑了，头上的瓜皮小帽也更神气了。一身长袍马褂，一双双梁布鞋似乎总在代表他向日本人宣扬他的信仰、他的自尊、自傲。他总忘不了把自己的辫子拿到手中，对着大日本帝国正在膨胀的臣民们宣扬大清是最纯正的中国文化之基，热情洋溢地呼吁：

"让我们一起来拯救垂老的大清帝国吧，让它在世人面前重放光芒！"

然而，辜鸿铭对日本政府的游说却极不成功（本质上说，辜鸿铭是个学者，或者说是个书生，没有政客、政治家的本领）。

日本人已经把牙齿磨得很好了，胃口也不错，没有患消化不良。特别是甲午一战，吃掉了台湾、澎湖列岛后，更对自己的胃口有了信心，但吃到口的辽东半岛又吐了出来，接着对俄国人一战，更是知道自己的牙齿已很好用，吃到早已想吃到的东北大餐。现在，既精强又力壮，日本人此时是太关心自己的胃口了。

站在这个日本政府衙门上，辜鸿铭却一味呼吁："贵邦与我中国，文字相同，风习一源，现在中国政府正经历着一场浩劫，中国文化面临着毁灭的深渊，殷切希望贵国政府能帮助大清王朝，恢复正统……"

辜鸿铭这一番滔滔陈述，只在向日本政府兜售一件崇高的文化古董，一点都没有挠到日本人的痒处，书生意气的辜鸿铭怎么知道还有一个《征讨清国策》一直装在日本人的脑子里，他们要的是进攻北京，占领长江流域各战略要地，划辽东半岛、山东半岛、浙江舟山群岛入日本版图，其余部分分割成若干小国，附属于日本。日本人对前清没有多大兴趣。

辜鸿铭是动之以情，日本人是晓之以利。空有舌辩之才的辜鸿铭怎能深明其中细故。难怪日本间谍宗方小太郎①在上海会见复辟分子时，听

---

① 宗方小太郎（1864—1923），1894年来华。1901年，在上海创立东亚同文书院，任代理院长。1923年，病逝于上海。宗方自1890年至1923年，作为日本海军的间谍，长期在华活动。1894年，中日甲午战争期间，他曾多次潜入北洋海军基地威海卫、旅顺等军港，刺探重要军事情报，为此受到日本天皇的嘉奖。

说他们派遣辜鸿铭到日本东京，大不以为然，说：

"辜鸿铭其人，虽精通汉洋之学，稍有见识，但多辩而无才能，其言不足以动人，以其充当去我国之使者，非适宜人选。"

最后，辜鸿铭只得到日本政府的空口许诺，快快不乐，唯日与日本人吹捧东方文化以自娱。不过，日本人还是对大清王朝、对宣统皇帝感兴趣的，他们一直在关注着这位大清末代皇帝的命运。1932 年，他们最终帮助溥仪在长春建立了伪满洲国，不过已经太迟了，此时忠心耿耿的辜鸿铭已拖着长辫子进了坟墓。假如他活到那时，不知又有何谬论。

在日本继续待了一段时间后，他会晤了日本外务省政务局长阿部、外务次官仓知铁吉，仅仅约定回国后将复辟活动的情况向阿部报告而已，觉得事不可为，没有什么事情可做，辜鸿铭于 1913 年 1 月底返回上海。

青岛闲游

辜鸿铭深感一帮复辟"志士"，徒有忠贞之心，却百事难以措手，无聊之余，他决定到青岛看望正在那里学习的儿子——辜守庸。早在 1909 年，辜鸿铭就将他与日本小妾贞子生的唯一一个儿子辜守庸遣往青岛，在青岛特别高等专门学堂的预科班学习。

1910 年，奥地利籍讲师赫善心博士应聘来校，讲授《哲学入门》。课堂上，这位博士屡屡提到辜鸿铭，班上的学生们都漠然置之，没有一个知道辜鸿铭的大名，这位洋博士大为惊奇，对学生们说："他的儿子就在本校学习，你们居然不知道大名鼎鼎的辜鸿铭？"

语气中充满了惊奇和不解，学生们这才知道，原来有个叫辜鸿铭的人令洋人如此佩服，到处打听。幸好姓辜的人不多，最后纷纷找到辜守庸，探询辜鸿铭情况。他拿出父亲所著的《张之襄幕府纪闻》上、下两卷给他们看，学生们读后都觉得极为平常，无非传统笔记志人志怪一流，没有什么惊人之处，更觉迷惑。

到 1911 年，广州起义后，该学校学生纷纷自动剪掉发辫，而辜守庸因为未得父亲许可，仍然拖着条长辫子，成为少数拖着长辫子的大清遗老子弟之一。

1912年到1913年初，辜鸿铭常往返于青岛、北京、上海等地。在青岛，整日里混迹于宗社党遗老之中，高谈阔论，骂人骂世。而在大清王朝统治时就已兴起的租界，是大清王朝管不了的大清国土。在那里，由洋衙门做主，洋巡警、洋捕头说了算，不容于大清的朝廷要犯老躲到那里去高谈阔论。现在，袁世凯也继续了大清的这份基业，不过这次是轮到大清的遗老们到那里去高谈阔论了。这些忠君之士，一拥到那里，房租屋价登时上扬，只苦了一帮小百姓。

流亡青岛的大清恭亲王溥伟，就是这里大邦遗臣的中心，复辟叫得最响，活动最为频繁。这位王爷见辜鸿铭发高论，反对革命，大谈保全清室的道理，正惶惶无依之中，引以为同道，有意接纳，而隔三岔五前来闲聊的辜鸿铭，此时心中想的却不是参加什么政治组织，政治活动，他想的不过是发发牢骚而已，标新立异本就是他的行当，见人就炫耀他的新、他的异正是他崇尚的清谈风度，是思想界的花花公子本色，见人就亮出自己缝制的一件件思想新衣。

青岛，本是德国人的租界，德国人又最佩服他的高论，所以常有不少混迹青岛的德国人前往拜访，聆听高谈。在这里，与辜鸿铭最为相得的是一位引以为同道的德国人——卫礼贤。

卫礼贤25岁即从德国万里迢迢，来到山东，一边勤修中文，研究中国诸子百家，一边干他的本行——传道。雄心勃勃的他在青岛办起"礼贤书院"，着手将中国典籍译成德文，卫礼贤对辜鸿铭早已熟悉，早在1911年即将辜鸿铭的英文著作《中国的牛津运动》译为德文。在青岛，两人时常聚会，在一起探讨学术。辜鸿铭深厚的西学功底和对中国文化的见解，令这位德国人佩服不已。后来，卫礼贤回国后，于1924年起，担任德国佛兰府大学中国学院院长，把辜鸿铭的影响带到了那里。

▲任五国银行团翻译，开价6000元。感叹："银行家是在天晴时硬把雨伞借给你，而在下雨时收回的人。"

▲在他看来，美国人是伟大的、朴素的，但不是深奥的；英国人是深奥的、朴素的，但不是伟大的；德国人，尤其是那些受过教育的德国人是伟大的、深奥的，但不是朴素的，因此他们都不能理解中国文化。纯正的中国人除了深奥、朴素、伟大外，更是精微的……

▲袁世凯死，当局令全国举哀三日，辜鸿铭却请来戏班，热闹了三日。

▲身历两次帝制复辟。清王朝没了，王公大臣们头上戴的官帽（擎盖）也没了。只有张勋和辜鸿铭的辫子（傲霜枝）还在。辜鸿铭贺张勋66岁生日对联："荷尽已无擎雨盖，菊残犹有傲霜枝。"

五　仕在北洋·帝都北京

第一章　清朝的余烬

公元1913年

民国二年

1912年，辜鸿铭辞任南洋公学校长后，生活窘迫。这一年，辜鸿铭常往返于上海、青岛、北京等地，欲谋生计。最后，决定定居北京——此时的民国首都，大总统袁世凯坐镇的地方。

从宣统皇帝颁布退位诏书后，中华民国的首都——北京却同时居住着一位总统和一位皇帝。对于清王朝来说，这是一个没落的黄昏，而对于民国来说，这是一个黎明，一个非常阴暗的，在密布的云层中带有几道不祥红光的黎明。

紫禁城内的这个孩子——大清的末代皇帝的地位是奇异的，他仍据有这块古老的帝国的皇宫禁地、帝王专享的龙椅，以及一套玉玺等帝王特有的象征物。在这民国的首都，有这么一位大清的皇帝存在，这其间自有其微妙神奇的意蕴。

大清皇帝和民国的总统同处一方，难道是要提醒人们大清皇帝像大清总统吗？不，它让人难忘的倒总是提醒人们，民国的总统也许可以从前清皇帝手中接下大统，而变身为民国的皇帝。不幸后来的事实证实，这已不只是可能，而是有人已在一步步地做下去了。

袁世凯坐镇北京，乃是他精心策划的结果，南北议和中，袁世凯是同意了南方革命党人的条件——必须在南京就职。但狡猾的袁世凯现在已经抓到了大总统的印把子，怎肯甘愿离开自己的老巢，将自己置于南方革命党人的控制之中？革命党人也对他很有戒心，就像他对革命党人非常憎恨和不信任一样。当南方派人前来迎请时，袁世凯便在北京上演了一场兵变，向南方证实，北方的确存在危险的动乱。这次兵变中许多人丧生，并造成极大的财产损失，但对袁世凯来说，却无关紧要，他关心的是自己的命运，即使有成千上万的枯骨死尸又算得了什么？历史上不是常见得很吗？重要的是这样一来，袁世凯有了借口，南方革命党人别无他法，只有妥协。袁世凯终于如愿以偿，得到了他所希望得到的结果：袁世凯留在北京了。

阴谋、欺骗、背叛、见风使舵和谋杀……本就是袁世凯的拿手伎俩。他可不是个君子，当君子有什么好处？食言而肥正是催肥他的诀窍。一而再，再而三的食言，已是他生活中、政治中的一种技巧了。

1898 年，他食言于光绪皇帝，得到了疆吏之首——直隶总督的大印。

1911 年，他食言于宣统皇帝，得到了民国大总统的宝座。

现在，食言于南方革命党人，他又得到了北京的大总统宝座。

一切都是太自然，太顺理成章，太合乎他的心愿了。保不定他哪天还会食言于谁，也许他心中最大的愿望已不再是食言于谁，而是食言于天下，做天子帝王了。

1912 年 3 月 10 日，袁世凯在北京宣誓就任大总统。

1913 年 3 月，宋教仁准备北上组阁，在上海东站惨遭杀害。袁世凯"愕然"，立即命令江苏地区当局："迅速捉到凶犯，穷究主事之人，务得确实，按法严办。"

一场暗杀，解决了袁世凯的心腹之患。然而宋教仁之死，使本已还有几分幻想的孙中山等南方革命党人彻底绝望。枪里面的真理，既使革命党人痛苦又令他们无奈，兜里没钱，手里无枪，许多人只好无可奈何地留在袁世凯的机构中混日子，有的甚至投靠了袁世凯。只有伟大的革命者孙中山先生他们却被血惊得更清醒。看来，是要兵戎相见。

现在，袁世凯万事齐备，要权有权，要枪有枪，最缺少的就是钱了。没有钱，权不灵，枪不响，袁世凯对此再明白不过，该捞钱了。捞钱却最不好办，举国上下，百姓骨瘦如柴，到处土匪横行，任你千税万税，总得要有税可收，鸡脚杆上弄不来几点油，最后还是只有请教他的心腹、捞钱专家——梁士诒①。梁士诒一生积累了大量的财富，有"财神爷"之称。

梁士诒向袁世凯建议："大总统，现在腰杆最粗的，只有洋人了，只要能拔到一毛，何愁无钱！如今天下，你要一搜刮，弄到的不是银子，而是遍地土匪。"

袁世凯心中活络起来，但洋人的钱可不是说拿就能拿的。可他深信，

---

① 梁士诒（1869—1933），字翼夫，号燕孙。广东三水人。1894 年中进士。1903 年袁世凯聘为北洋编书局总办。1905 年，任铁路总文案。1907 年，奉派任邮传部五路提调、交通银行总理、署财政部总长。利用职权为袁世凯筹集经费。1915 年，发起组织各省请愿联合会。1918 年，又出任交通银行董事长，安福系国会的参议院议长。1921 年，依靠奉系出任内阁总理。次年，奉系战败，亡命日本。1925 年，段祺瑞任命为交通银行总理。1927 年，任安国军总司令部政治讨论会会长。1928 年，北洋军阀崩溃，流亡香港。

洋人是相信他有还钱的能耐的，袁世凯点头道："只是这一毛拨起来，只怕，有点难，现在我是只能进补，不能亏损啊！"

"大总统不必担心，只要钱到了手，还愁什么呢？只要能弄到钱，什么条件都不必怕。"

袁世凯大为赞同，立即指派国务总理赵秉钧①前往洽谈。

帝国主义列强早等着生意上门。这些拿着枪炮的金融家，在武昌起义时，就看好袁世凯。他们毫不怀疑他的才能，就等着这位总统为对付他的敌人找上门来要钱。他们知道，这位大总统的信誉在外国金融市场上付得起巨额的利息，于是立即由五国的银行组成银行团：

英国汇丰银行

法国汇理银行

德国德华银行

日本正金银行

俄国道胜银行

由汇丰银行的禧礼尔、汇理银行的贾粹尔、德华银行的柯德士、正金银行的小田切、道胜银行的基尔里组成谈判代表。

银行团翻译

现在最缺少的就是疏通双方的翻译了，要疏通如此众多的代表们的语言交流，实在不是一件易事，这样的人选寥寥无几。各国在京大使馆推

---

① 赵秉钧（1864—1914），字智庵，河南汝州人。1902年，受袁世凯委派，在保定、天津创办巡警，升至道员。1905年，任巡警部侍郎。1911年，任袁世凯内阁民政部大臣。1912年，袁世凯授以内务总长、国务总理。同年，加入同盟会。1913年，参与策划刺杀宋教仁，案情揭露后，辞职。改任步军统领兼管京师巡警，北京警备区域司令官，镇压倒袁的国民党人。"二次革命"时，任直隶都督兼民政长。1914年，被袁世凯毒死。

荐的人物中，都一致提到了辜鸿铭，各国驻京人员都早已听说和见识过这位的语言天赋，欧洲诸国的语言，时常从他口中滔滔冒出，看来这件差事是非他莫属了。终于，银行团的首脑禧礼尔最后决定，聘请辜鸿铭做银行团谈判的翻译。

辜鸿铭到北京后，深感变化巨大，此时的北京早已不再是他前两次来过的帝都了。男人们头上的辫子不见了。长袍马褂还套在人们的身上，然而那种雍容华贵的官服和正宗的大红顶子消失了。人们在更加混杂、更加尘土飞扬的大街小巷踱着永远拖沓的步子，整个一副落魄模样。女人们大多还有小脚，然而再不是从前那般深居闺房，羞答答绣花刺字了。年轻女子的脚已是一双天然的大脚丫子，走起路来，大摇大摆，说起话来纵声大笑，毫无顾忌，更有甚者，烫了一头弯弯曲曲的乱鸡窝头发，穿上一双高跟鞋，一件旗袍做得紧扎扎的，要知道什么，就看得到什么……

辜鸿铭深为叹息，他甚至觉得自己的辫子、长袍马褂、双梁布鞋更刺眼更夺目了，更值得珍惜了，看到那些时髦男女们的装束，他总忘不了告诫一声：

"别以为穿西装、着皮鞋就很时髦，那不过是西洋人的无聊玩意儿而已。"

他整日里坐在家中，研读诗书，钻研中国文化，时常有中外客人来访，每次交谈，总忘不了教训西洋人一番，替中国人出口气。

五国银行团派人前去迎请辜鸿铭，辜鸿铭反正无事，也不好在家坐吃山空，有意谋些事做做，但他是不会出门去求人的。不过，既然有买卖上门，那也不错，遂告诉来人说：

"区区小事一桩，完全可以。不过，我有一个条件！"

那人一听他愿意，赶紧说："只要先生愿意，什么条件都好说。"

"那好，我这条件很简单，开价是6000银圆，一分不多，一分不少。"

那人吃了一惊，说："6000？太多了吧！"

辜鸿铭听他这一说，顿时笑道："你以为我只值你们那些办事员那一点银子吗？告诉你，少一分我也不干。"

那人口中应承，心里却说，你这价也开得太高了，不要以为非用你不行，看来，你是太看得起自己了。谁知他回去这么一报告，禧礼尔大喜，能聘到这样一位语言天才，名震西洋的学者，那是太好了，对其他诸位说道：

"6000，值，太值了，别的人也许一两银子都不值，但辜先生却值得这6000元。"

就这样辜鸿铭当上了五国银行团的翻译，一口流利的英语、德语、法语，解决了银行团诸公不少困难，使他们能很好地表达自己的看法，令他们大为高兴，辜鸿铭也日进斗金，很是风光。

最后袁世凯痛下血本，于1913年4月26日在北京订立《善后借款合同》，借到2500万英镑（约2.8亿银圆），年息5厘，打八四折，另外还搭上了全国盐税的征收权。

条款一签下来，辜鸿铭大为感叹："银行家是在天晴时硬把雨伞借给你，而在下雨时收回的人。"

辜鸿铭狠狠敲了他们一记，而这些洋鬼子却更黑，狠狠地敲了袁世凯一棒，袁世凯又狠狠地搜刮了百姓一遭。

困居北京

辜鸿铭留驻北京，办完五国银行团翻译这趟差事后，整日里除坐拥书城、潜心研究中国文化外，间或高谈阔论，骂人骂世，过得逍遥自在，内心里却难以宁静。住在天子禁宫边上，紫禁城的落日总使他想起中国文化的命运。威严的高高红墙困住了他的思绪，夜望帝宫，令他心潮难静；展开先圣列贤的经典，总令他神游于伟大的古圣先王时代，那里才是幸福、和平、宁静的世界啊！如这般的现状，只有地狱可能还有些相似！紫禁城，紫禁城，只有那高高在上，威严无比的神色，还在诉说着一种梦幻、和平、宁静、幸福，还在诉说着一种光荣——万方有罪，在予一人。可惜，这些伟大的梦幻都被一道高高红墙围住了，困住了，眼看就要断绝了！

在这个没有星星，没有月亮，没有太阳的天空下，在深广迫人的暗夜中，辜鸿铭挥笔上阵，他的背后站着尧舜、禹汤、文武、周公、孔子，他要借助于先贤们的聪明伟业，让这个世界重见星光。

这个世界正走火入魔，西欧国家早已被金银的臭气熏昏了头脑，武器被镀上金银的光亮，时刻都会刺刀见红……血还流得不够，整个污秽的世界仿佛只有血能清洗。

辜鸿铭的心情是多么沉重啊！他仍在讲着笑话，仍在高歌放谈，然而此时的他只是大笑之后，继之以涕泪，涕泪之后，复继之以大笑。

另一方面，辜鸿铭不善理财，少有积蓄，这段时间日子过得相当困顿。

1914 年，陈友仁①在北京创办英文报纸《京报》，慕辜鸿铭大名，以每月 350 银圆的重酬，特约他每天写一篇专稿。辜鸿铭欣然领命，日草一稿，大肆抨击共和制度，批判欧美诸国的强横，大受欢迎。然而，这两人却都有一身番仔脾气，彼此不让。陈友仁是立定反对帝制，为共和披荆斩棘的，不久两人就分道扬镳，各以自己的笔在世界上为中国呐喊，为中国争颜面。他们两人虽然道路不同，但都有一身铮铮铁骨，非碌碌政客庸庸群僚为一己之私可比，鼓足勇气，为一个他们热爱的家园——中国，擂鼓助威。

可惜，他们心目中的这个巨人像是中了蒙汗药，睡得太死，太深，太沉了，你擂得太响了，她不过梦呓一声："我先前也阔过一阔呢。"接着翻身又睡去，她的皮太厚，太麻木，太不容易接受刺激了。

辜、陈二人闹翻后，辜鸿铭自告奋勇给另一家北京的英文报纸《北京每日新闻》写专稿，不要稿酬，但有一条件，他写什么就登什么，不能

---

① 陈友仁（1875—1944），祖籍广东香山县（今中山市），出生于西印度洋群岛的特立尼达。西名尤金陈，精通英文，不会说中国话。1912 年春，回到北京，任北洋政府交通总长施肇基的法律顾问。1914 年，创办英文报纸《京报》，自任总编。1924 年，任孙中山秘书。1927 年，出任武汉国民政府外交部部长。1932 年，续任国民党外交部部长，因力主抗战，被迫去职。1933 年，参加福建事变，失败后赴法。1937 年后闲居香港。1944 年，病逝于上海。

删改一字。辜鸿铭鼓动一支妙笔，文采斐然，报纸销量直线上升。但是，一个半月内，他就连续写了三篇主张纳妾的文章，主编急了，迫于教会等各方面的压力，请他不要再写这类文章了，辜鸿铭十分生气，怒骂："你是接受了美国人的美元还是娶了美国女人？你的报纸要不是我，哪有今天，那些美国人没有出息，不敢娶小老婆，你也跟着嚷。"

弄得那主编哭笑不得，只好中断与他的合作。实际上，辜鸿铭也需要养家糊口，但是这位天生的狂人就是不愿意为糊口稍有妥协。

第二章　笔端的硝烟

公元 1914 年

民国三年

第一次世界大战

辜鸿铭的看法

1914 年，对于人类来说，远不仅是三百六十五天。

1914 年，每一天人类似乎都瞪大了血红的眼睛，像斗牛场上发怒的公牛。

这一年，人类已武装得很好，他们要把子弹射向何方，不知道，但都想把子弹射出去。

这一年，地球注定要开始，而且已经开始流血。血，还要流下去。战争机器既已开动，血是最有吸引力的了。

1914 年 6 月 28 日，一声枪响，奥国皇储斐迪南倒在了塞尔维亚的中心萨拉热窝的街头。这一滴血，刺激了瞪红了眼的欧洲国家，早已装好子弹的枪炮，只待这一滴血扣动。

奥国率先进攻塞尔维亚，紧接着德、俄、法、英参战，日本也向德国宣战，出兵占领它早已垂涎的山东半岛。整个欧洲分成两大集团：同盟国，由德奥意三国组成；协约国，由英法俄三国组成。很快，意大利倒向协约国，美国也加入协约国，而土耳其、保加利亚则加盟同盟国，战火遍及欧、亚、非三大洲，人们不知道接着会做出些什么。

关于这场战争的爆发，人们的揣测太多了，有的人指责资本家们为了商业利益将整个世界卷入战争，而资本家们会说，这场战争使他们得不偿失，他们的子女奔赴前线，战死沙场，而他们也会证实，银行家们如何尽量防止战争爆发。法国人也许会列举德国皇帝的罪状，而德国人则回敬以法国人王朝时代的罪行，各个国家的领导者总是尽力地证实，他们自己是如何尽力以防止战争爆发，只是他们该死的敌人迫使他们卷入了战争……

也许这战争暴露出了人们心中的贪婪和野心、恶意，但并不是它们促使了战争的爆发。整个世界，特别是欧洲是武装得太好了，钢铁、化学、电力会创造怎样的一个世界，人们还不理解，他们却正用着 16 世纪的神经操纵着这些东西。他们按着祖先传下来的陈规陋习去处理他们眼前的事务，开着战舰，装备齐全，去攫取遥远地区新的属地，哪里尚有一小片剩余的土地，哪里就会有英、法、德或俄国的殖民者。倘若人们反抗，就会遭到杀戮……现在，他们又无所顾忌地在欧洲干了起来，你盯着我的腰包，我盯着你的口袋……

辜鸿铭也正瞪着眼睛注视着这场战争的进程，偶然在北京大学上些课，指导学生学习英文、拉丁文、希腊文。

辜鸿铭眼见战火纷飞，心中忧世之情不可言表。此时的他已对欧洲文明完全失望，越发坚信中国文明才是救世良方的想法，他已抛弃了他曾经下的结论——

"一种道德价值的美好真意味，乃用古老中国的文明联结于一种理解和阐释现代欧洲文明扩张进步理念的心向。"

他越来越觉得只有中国文化才是世界上最优秀的文化，要拯救西方，只有采用儒家的学说，他作出结论——

"作为一种道德力量，基督教已经无效。"

硝烟纷飞，战火四起，列强在战场上兵戎相见，士兵在枪弹下尸积成山。在这种气氛中，辜鸿铭坐在书斋中，同先贤圣哲对话，他要从先贤那里寻求救世的良方。他的心在抽搐，在暗沉沉的夜色中，辜鸿铭试图为这个世界开出一剂处方。

1915 年，英文著作《中国人民之精神》①出版了。

辜鸿铭在书中唯一强调的就是向世界宣扬他心中早已酝酿的梦想——让世人知道、见识中国文化的精义，然后使它在整个世界重放异彩。在他眼中，一种文化的价值所在并不是大都市、高楼层、宽马路、美家具、新武器，也不是制度、艺术或科学的创造，唯一的问题在于有什么样的人道，什么样的男人、女人。

在导言中，他直截了当地宣称：

现在的大战引起全世界的最大关注，我想这战争一定会使有思想的人们转而注意文化的大问题。一切文化都开始于制服自然，就是说，要克服、统辖自然界的可怕的物质力量，使它不伤人。我们要承认，现代的欧洲文化在制服自然方面已经取得成效，是其他文化没有做到的。但是，在这个世界，还有一种比自然界的物质力量更为可怕的力量，即藏在人心里的情欲。自然界的物质力量给人类的伤害，是远远不能与人的情欲所造成的伤害相比的。因此，很明显，这可怕的力量——人的情欲——假如不能得到适当的调理和节制，那么不要说文化，就是人类的生存也将成为不可能。

在他看来，西洋人是不容易明白中国人的，那些著名的汉学家大多是肤浅的、平庸的。他说：

---

① 中文书名《春秋大义》。

"我们中国人固不能深知欧洲人，欧洲人亦不能深知中国人，两者之间，固有重大区别。然而中国人尚能知自己文化，欧洲人对自己文化大都盲目。"

在他看来，美国人是伟大的、朴素的，但不是深奥的；英国人是深奥的、朴素的，但不是伟大的；德国人，尤其是那些受过教育的德国人是伟大的、深奥的，但不是朴素的。因此，他们都不能理解中国文化，如美国人亚多·斯密牧师描述的中国人，英国著名汉学家吉尔斯笔下的中国，德国人白兰特等著的《西太后》都不能洞悉中国文化的精神，只有法国的西蒙著的《中国都市》一书是欧洲最好的研究中国的书籍，因为西蒙曾在中国待过很久，并且法国人虽没有德国人那般奥妙、美国人那么宏伟、英国人那么单纯，但他们有着高尚的智能，能够明白纯正的中国人和中国文化，这种高尚的智能就是精微和灵敏。

纯正的中国人除了深奥、朴素、伟大外，更是精微的，这种高尚的精微只有古希腊人和古希腊文化才配得上，其他各种民族都没有。美国人研究中国文化，只能见到深奥；英国人研究中国文化，只能见到宏伟；而德国人研究中国文化，只能见到朴素。英、美、德三国假如研究中国文化、典籍、文字，勉强可以探寻到那种高尚的心思——精微。单法国人研究中国文化、典籍、文字，便可得到深奥、宏伟、纯朴之境，也许还能提高法国人的精微。欧美人士研究中国文化、典籍、文字一定能得到诸多益处。

在《中国人民之精神》的第六章和第七章中[①]，辜鸿铭说的是自己研究中国文化的心得，对西方所谓的"中国学"大加批判，认为西方未能识得中国文化的奥趣。

辜鸿铭呈现于世人的，是他书中列举的三样东西：纯粹的中国人，纯正的中国女人和中国语言。辜鸿铭以此向世人说明中国文化的精神和

---

① 这两章实际上就是 1883 年辜鸿铭发表的《中国学》。

价值所在，绝非西方人对中国文化所持的那种心态，要么看到中国文化的枯枝败叶，要么只看到中国文化往昔的荣光，但宗旨却是一个，中国文化已是辉煌过的文化了。书中，辜鸿铭一反他著的《中国的清流运动》中强调的中西文化具有同等价值，应当兼收并蓄的看法，在战火纷飞的时日，他深觉只有中国文化才是救世之道。因此，他向西方人展示了研究中国文化的途径和中国文化的境界之后，他特意在后面加了个附录——《战争与出路》，向世界展示中国文化才是真正能拯救世界的灵丹。他说：

> 欧洲人，于精神上之问题，即唯一之重大问题，非学于我们中国人不可。否则，欧洲文化不日必将瓦解。欧洲文化不合于用，那是一种基于物质的文化，过分迷恋于物质主义，恐惧与贪欲。至醇至圣的孔夫子必将支配全世界，孔夫子教导人臻于高洁深玄礼让幸福之道。故欧洲人当放弃错误的世界观，采用中国之世界观，这是欧洲唯一可以拯救自己的方略。

辜鸿铭直截了当地指责欧洲人发动大战的动因，在他看来，英国人崇拜群众，德国人崇拜武力即是大战爆发的根源，而英国人崇拜群众则更为严重，德国人崇拜武力，以至于产生了德意志军国主义，英国人应当对此负责。

德意志民族本是绝对爱好正义，仇视不义、污秽和纷乱的，结果却发展到崇拜武力。英国人崇拜群众，为什么要对德国人崇拜武力负责呢？就是因为德国民族仇视不义、肮脏和纷乱，所以仇视英国人崇拜群众和群众崇拜。英国的政治家们崇拜群众，最终导致了非洲的布尔战争。德国人因此愿意牺牲自己，宁可忍饥挨饿也要创建一支海军，希望击败英国的群众、群众崇拜和崇拜者。德国人见自己四周尽是群众、群众崇拜和崇拜者，整个欧洲都为英国所激动，因而更加崇信武力，以为只有钱权才能拯救人道，所以英国的崇拜群众导致德国的军国主义。

欧美国家假如想打倒德国的军国主义，一定要先打倒自己的崇拜群众、群众崇拜者和群众（或暴徒）。欧美人、日本人或者中国人假如要得到自由，一定得自重。

在中国古代，国人更自由些，没有牧师，没有警察，没有苛捐杂税，这是为什么呢？只因古代，中国人人晓得自重，做一个良民，而现在就不行了，一班摩登的变法者，到了外国，学着欧美人，不知自重，只想做一个暴徒而不是做一个良民，受到英国人的教育和指使。

德国军国主义虽由于英国崇拜群众所激发，但这一次的大战应当归罪于德国人。

德意志民族自从宗教改革和三十年战争后，保存固有的伦理，极端爱护正义，反对不安、不洁和纷乱，坚持军国主义，充当欧洲文化公正的拥护者，负责欧洲的秩序和完整，欧洲已经落入了德国人的把握中了。从宗教改革开始，腓特烈大帝很像英国的克伦威尔，坚持军国主义，维持欧洲的秩序和完整。他的继续者们没有坚持军国主义，结果全欧洲，特别是德国宫廷成了藏污纳垢之地，空有文明的假面具。法国平民受害无穷，即揭竿而起，掀起革命，变成了暴徒，最后由伟大的拿破仑领导，而拿破仑却又被放逐了。拿破仑绝不是在战场上败下来的，只不过是由于心存庸俗的奢望，妄想娶位纯正的公主，成立一个王国，拿破仑纠集了一群暴徒劫持整个欧洲，整个欧洲只好借助于德意志军国主义的种子，于滑铁卢一役，彻底摧毁了拿破仑的伟业。

从此，欧洲的伦理又统属到德意志民族之下，归之于普鲁士人。普鲁士人是德意志民族的脊梁。而别的国家心存嫉妒，成立奥匈帝国，阻止这一伟业，导致德国军国主义不能制服那些暴徒，酿成 1848 年的欧洲大混乱，德国人经过努力才重新控制了欧洲。

古代的希伯来人也是如此，欧洲人的聪明和道德全由希伯来人得来，但希伯来人太过分了，所以灭亡了。基督耶稣因为拯救他的民族，使他们趋于温柔谦卑，灵魂平静，犹太人却不肯服从，将他杀死，结果犹太国消失了。罗马人当时主宰欧洲，耶稣告诫他们，"谁拔剑者，必亡于剑。"依靠物质的暴力，必没有好的结果，罗马人不听，罗马也就灭亡了。现在，德国人假如不把崇拜武力的成见抛弃，必然不是它亡、就是整个欧洲的现代文明全同归于尽。德国人必为此次大战负直接责任，歌德也认为世界上最大的和平力量莫过于正义。

希伯来的圣经要人爱正义，中国人的圣经——四书五经——的宗旨也是正义，使中国文明保存数千年不致中坠，假如欧洲人能研究、接受中国文化，必可以拯救欧洲，脱离战祸。

辜鸿铭醉心于辉煌的古代中国，认为只有伟大的孔子学说，以其宏伟气派，数千年行于世间，照耀了伟大的东方世界，相形之下，欧洲人不过如同小儿，最重要的是：

"欧洲人在学校所学，一则曰知识，再则曰知识，三则曰知识。中国人在学校所学者，为君子之道，三岁小儿已开始闻圣人之道。因此，伟大的中国文化才数千年不坠。"

最后，辜鸿铭深刻地指出：

我们假如要消灭战争，就要先消灭武力崇拜和群众崇拜。我们也不要图谋利益，只要维持正义。我们要有勇气，不要怯懦，才可以打倒武力。我们大家都以为，德国民族是现在世界危险的敌人，其实现在世界最大的仇敌是自私和怯懦，因为自私和怯懦造成了现代的拜金主义——商业主义。

现在，世界各国的商业主义，尤其是英美两国，就是世界最确实的仇敌，所以战争的原因不是军国主义只是商业主义，所以假如要消灭战争，就要消灭商业主义的精神。中国文明的秘密就是有了一种良民的宗教，崇信正义，以正义消灭暴力，而不能以暴易暴，正义能够消灭世上一切罪恶，这就是中国文明神秘的灵魂，又是中国民族精神的元素。

最后，辜鸿铭深切呼吁：

> 现下战局结束之方法，当与交战国当局者以绝对权力，使他们
> 提倡和平，无论何人，不得反抗，此乃永免欧洲文化所附带战祸之道，
> 去英国之崇尚民众、德国之崇拜英雄之病，而奉孔子中庸之道。

辜鸿铭以一种理想主义的热情，诚如他自己所说，以形而上的道德来对付形而下的实实在在看得见摸得着的机枪大炮潜艇，其用心可谓良苦，只是这剂药乃万年大补之剂，眼前是很难起作用，想得远一点，欧洲人还会以为他站在欧洲战场的屠宰场边上说风凉话呢！炮火纷飞，血肉模糊的世界只好拿他的话当安眠药吧！

也许世界并不如此悲观，大自然赐予人类无限的希望。人类也许正在摆脱枷锁，以坚实的步伐在真理、道德与幸福的大道上前进，在污染和折磨着人世的错误、犯罪及不公正中得到慰藉。整个世界也许都在渴望辜鸿铭的那剂万年汤药，为之奋斗吧，谁知道呢。

辜鸿铭的这部书在西方世界顿时激起强烈的反响。是啊，这个世界被战火烤得太热了，是该凉快凉快了。在欧洲大战激起的满天尘灰中，在现代枪炮潜艇的洗劫下，孤苦无援的人类正在祈求奇迹出现，他们仿佛看到了天空中飘来一朵睿智的祥云，上面有位仙人驭风而行，手中正有普救尘世的仙方，虽然缥缥缈缈、恍恍惚惚。

很快，《春秋大义》的德文版出版，定名为《中国的精神与战争的出路》，连同卫礼贤译的《为中国反对欧洲的观念而辩护：批判论文》在德国引起巨大反响。这时的德国人普遍厌战，祈求永久的和平，对于东方的哲学和宗教产生浓厚的兴趣。西方人的眼界似乎放宽了，德国人对佛教很感兴趣，同时中国的思想也广泛受到关注。

辜鸿铭的著作相继出现在各个书店，卫礼贤译的《论语》《易经》《道德经》等与之相互辉映，照耀着德国人思想的天空，那种盛况恐怕是穷居北京的辜鸿铭不能想象的吧？

不久，有位德国学者台里乌斯著文，大肆宣扬辜鸿铭的思想，日后还引出一段公案，暂且不说。当时最著名的评论可能要数丹麦文学评论家勃兰兑斯①了。

勃兰兑斯于1917年发表《辜鸿铭论》，文中勃兰兑斯以其渊博学识，扶覆见微，颇致推崇。他写道②：

> 他（辜鸿铭）讲到欧洲时，使我们感到兴趣的是他新奇讨人喜欢的看法，有时偶然也可见到我们已经弃而不用的学说的痕迹，……但是这些词句，只是他在欧洲大学听劣等讲义所留下的偶然踪影。在这样一位自立脚跟坚持求道及文字极有清新力量的人是不足介意的……

> 两千五百年来，中国的文明，是一种没有祭司阶级及没有士兵的文化。……萨莫斯·莫尔于亨利第八年间在他的乌托邦中所梦想的社会状况，在那时早已在中国实行了，只是欧人不知：一种没有贵族，没有祭司，而只有士人贵族为最高贵阶级的社会。……所以要维持社会秩序，我们须如辜氏有点天真的说法，归返于教士统治之下，不然……只有一条路可走，即中国的古道……

> 在现代中国最重要的作家（辜鸿铭）看来，中国的民族是主情的民族。据他说，就在最下阶级中，中国也比欧洲同阶级的人少粗暴性；而中国人对西人表示忠厚和让，正与欧洲人之野兽抢掠本性相反。

---

① 勃兰兑斯（1842—1927），丹麦人，著名文学评论家。生于犹太商人家庭。曾任报刊编辑和哥本哈根大学教授。主要著作是《十九世纪文学主流》。
② 引文引自《人间世》1934年第12期，林语堂译《辜鸿铭记》。

文章以下面这段话结束（这段话也表达了勃兰兑斯的疑虑）：

孔教力量之源在于敬爱父母，如同各教力量之源在于敬爱教主。

耶稣教会说：爱耶稣！

回教会说：爱先知！

中国的教会教人：爱你的父母！

——一位欧洲人附上说：这样却使批评祖宗成为完全不可能，但是这批评却常是进步的来源。

第三章　历两次复辟

洪宪复辟

公元 1916 年

民国五年十二月二十日

袁世凯接受皇帝称号

称洪宪复辟

袁世凯当上大总统以后，玩弄权术，谨慎行事，一步一步地迈向君王的宝座。他要完成他的梦想，从大清王朝的手中接过衣钵，把自己从民国总统变为帝国皇帝。

1913 年 10 月 10 日，袁世凯特意在太和殿举行就职仪式，开始把人们的想象力调到帝王的身上，不驯服的革命党人发动的"二次革命"已被他摆平。

1914 年 6 月，袁世凯拼凑了一部《总统选举法》，把所担任的总统职务变成为终身制，成了终身制总统，实际上，已是没有皇帝名号的皇帝了，并且还指定他的儿子袁克定作为总统继承人。

同时，袁世凯大造舆论，1913年公布恢复学院祀孔，确定衍圣公孔子后代的世袭地位。

1914年，决定恢复祀孔和奠天。在《大总统祭圣告令》中宣称：孔子之道，亘古常新，与天无极。……国纪民彝，赖以不坠。辛亥以来，纲常沦弃，人欲横流，几成土匪禽兽之国。

一切都预备得很好了，袁世凯知道，下一步就轻而易举了。

1915年8月，御用团体"筹安会"成立，这是袁世凯操纵民意的机构，通过他们宣扬民心思君，表达民意。袁世凯宣称，这个机构完全表达民意，然而他和他的鼓吹者们要做的无非是使民意务必符合他的阴谋诡计。

此时，袁世凯一心想着紫禁城中的玉玺，他多么希望拿到这块令他梦寐以求的法宝啊！但他的黄粱美梦终究没有实现。

另一位讨好他的人物——梁士诒，则引经据典，建议给袁世凯的祖先袁崇焕以最高的神位，为袁世凯罩上神的圣光，在草拟这个祖先的荣耀时，袁世凯的帝座已烟消云散。这位眼看要被神化的古人终于还是一位芸芸众生中的凡人，这位古人看来注定不会为他的后人披上帝王的龙袍。

袁世凯当皇帝的阴谋，在一片嚣嚣叫嚷中开锣，从全国各地发来数以千计的请愿书、电报，恳请袁世凯接受国民恢复帝制的要求，发现异瑞天祥的事幸好此时已骗不了人，要不然又会发现多少凤凰、龙迹。

1915年12月，召开国民代表大会，经投票，几乎一致通过了君主立宪制。袁世凯是遵从"民意"的，他宣称自己虽是个不足道的人，但屈从于人民的意志是他义不容辞的责任。袁世凯也玩起了开国帝王们的把戏，推让三次，当参议院恭戴今大总统袁世凯为中华帝国皇帝时，袁世凯假惺惺地将劝进书退回。当参议会再次代表民意上书劝进时，袁世凯甚至连推让三次的耐心也没有了，决定立即接受帝制，承接帝位。

冬至（12月22日）这天，袁世凯正式恢复天坛祭天大典——这是只有皇帝才配举行的仪式。

当袁世凯穿戴着豪华的皇帝专用的祭奠服饰站在巨大的汉白玉祭坛中心时，只有星星在天空闪烁，他几乎就是任何人都要拜倒在其脚下的皇帝了。不过，华贵的服饰蒙蔽不了神灵，反倒使得神灵洞悉了他的灵魂，唾弃他那亵渎神圣的祭奠，拒绝了他要当天子的奢望。

袁世凯公布改明年为"中华帝国洪宪元年"，一场热热闹闹的帝制复辟出台了。

1916 年 1 月 1 日，袁世凯正式成了中华帝国的皇帝。袁世凯穿上了古代帝王的服装，头戴帝王的帽子，似乎一切都已顺理成章。然而这一次，他终于吃到了背叛这剂苦药，他的封疆大吏们最终用他熟悉的手法，一方面宣誓忠诚，一方面又背叛了他。众叛亲离的袁世凯不得不在做了八十三天皇帝的美梦后，于 3 月 22 日取消帝制。但他仍赖在总统位置上，他声称自己受了民意的蒙骗，愿意用余生维持共和。

袁世凯这个骗子，走得太远了，现在他不仅骗了"民意"，甚至于也骗了他自己。在焦虑不安的夜晚，他看到了皇帝宝座已消失于迷雾和梦幻之中。在死一般的寂静中，他的心灵正受到强烈的煎熬，也许他看到了他背叛过的帝王、忠臣、革命者的灵魂，他的灵魂已绞进了这幽暗的对话中，剩下的只是他的躯壳。

6 月 6 日，袁世凯在一片唾骂声中死去。世上只有他铸有"洪宪"年号和"中华帝国"字样的银币、瓷器在流转，从那上面人们还能看到他的头像。

也许是袁世凯这位皇帝太贪婪了，一时之间，坐镇北京的居然有两个皇帝：大清皇帝、洪宪皇帝，人们受不了两个太阳的煎烤，天无二日，人无二主，袁世凯是该收场了！

袁世凯称帝，就是辜鸿铭等忠实的君主派也不能容忍。这些人希望袁世凯能支持年轻的清朝皇帝，袁世凯大加压制。这些清王朝忠实的君主拥护者纷纷引退，拒绝与袁世凯合作，到江湖中去了。

辜鸿铭只不过是主张帝制罢了，但他却并不主张袁世凯的帝制，这个"贱种"怎配做皇帝？袁世凯称帝，他却仍潜心于中国文化研究，不屑一顾。如今袁世凯死了，辜鸿铭真是太兴奋了，这个骗子、贱种早该死了。

袁世凯死后，政府要求为袁世凯举哀三天，全国上下停止一切娱乐。对此，辜鸿铭大为不满，马上着人去请来一个戏班，大开堂会，邀来中外友朋数十人与他同乐，一时鼓乐喧天，锣鼓声声，热热闹闹，整个辜鸿铭府上如过盛大节日一般，宾朋满座，气氛热烈，他坐在其间，高谈阔论，快乐不已。值勤的警察听到喧嚷，发现公然有人违禁，以为这下有事干了，可以开心逮人，说不定还可以弄到不少银子，得个奖赏，于是即刻气势汹汹找上门来，不管三七二十一冲了进去。一班唱戏的见有警察冲进门来，顿时偃旗息鼓，鸦雀无声，眼睛盯着辜鸿铭。辜鸿铭正拖着长辫子，高谈阔论，摇头晃脑地欣赏着，不明所以，忽然听得有人喝道：

"何人如此大胆？政府明文规定，三日之内为大总统举哀，居然敢如此闹法，难道不知道规矩吗？"

辜鸿铭这才回过神来，对着警察，一阵怒骂："哪里来的不知死活的东西，瞎了狗眼，没有看到我与各位正在赏戏吗？嚷什么，滚出去！告诉你们总监，我辜鸿铭正在兴头上，不与你计较。什么大总统，小总统的，不就死了个小人，值得那么兴师动众……"

这时，这伙警察才看清眼前这位穿着长袍马褂的面目，座中不少洋人，心下嘀咕，今日是倒霉了，撞上邪神了，这些洋鬼子不是集中在东交民巷吗？怎么都齐聚到这里来了？这伙警察三十六计，走为上，赶紧一溜烟跑到警察局，抓起电话向警察总监吴炳湘报告。

警察总监吴炳湘听说是辜鸿铭府上正在宴请外国朋友，深知辜老头外国朋友多，一个处置不当，说不定与北京的许多外国使馆闹出交涉案，他吴炳湘可担不起这样的责任，到时候挂冠去职还是轻的，不好惹，当即吩咐手下人等："由他去罢，切切不可惹他，到时候谁捅出乱子谁兜着，老子可没那么大的能耐！"

一帮警察见总监如此说，都乐得睁只眼闭只眼不去管他。辜鸿铭要在这时寻欢作乐，也就没有人管他了，就这么足足热闹了三天，等三天禁令一过，辜鸿铭府上也清静下来了。

平生最看不起袁世凯的辜鸿铭，终于在袁世凯死后出了一口恶气。

张勋① 复辟

1917 年

民国六年

张勋拥立宣统复辟

称丁巳复辟

袁世凯的复辟令紫禁城内的王公亲贵们又活跃起来，他们觉得机会来了，现在北京没有一个能坐镇的人物，机会再好不过，以前只是一帮手中无枪的亲贵遗臣们在活动，现在看来，拥戴复辟帝制的民心可用。

黎元洪继任总统，面临着各种政治集团和军事集团的阴谋诡计，倾轧捣鬼，表现得软弱无力。各路诸侯都暗地里施展自己的阴谋，最大限度地为自己捞好处。

苦于无兵无枪的清廷遗臣们，现在似乎到处都能找到支持者，更何况他们一直就未停止过活动。驻扎在徐州的张勋，本就一直在积极参与复辟活动，他毫不隐瞒自己的想法，一直拒绝剪掉辫子，被人称为辫帅。不仅他自己在外表上保留着忠于清王朝的象征，并且要他的士兵们也像他一样，留着长辫子，一支辫子军牢牢地控制在张勋的手中。袁世凯一死，张勋已解除了他效忠于袁的义务，只剩下对清朝的效忠了。

---

① 张勋（1854—1923），字绍轩，江西奉新人。1884 年投军，1895 年投靠袁世凯，逐次擢升副将、总兵和江南提督。1911 年，率军驻徐州，任江苏巡抚、两江总督兼南洋大臣，为表示效忠清廷，所部禁剪发辫，故有"辫帅""辫军"之称。1913 年，袁世凯命其镇压讨袁军，攻陷南京，升为江苏督军、长江巡阅使，授以宣武上将军。其军改称宣武军，达两万人。1917 年，利用"府院之争"，于 7 月 1 日拥溥仪复辟；12 日，被段祺瑞击败，逃往荷兰使馆。1918 年，被北洋政府特赦。1923 年病逝于天津。

1916 年底至 1917 年初，张勋在徐州主持召开了一系列多少有些保密的政治会议，出席会议的不仅有他自己的朋友和支持者，还有华北、华中各省区一些半独立的督军或者他们的个人代表，这些人向张勋保证，支持张勋为恢复清朝帝制而进行的任何活动。容易冲动的"辫帅"，以为自己的力量已很充足，很有些能为天子重登大极尽力的想法了。

焦头烂额的黎元洪被当时的各种利益集团，特别是段祺瑞逼得处处困手缩足，最后解除了段祺瑞的职务。段祺瑞负气出走天津，组织力量与黎元洪争斗。黎元洪病急乱投医，邀请张勋入京，调解争端。

这正中张勋下怀，不过他是太相信自己的军事力量了，他也太轻信徐州会议上和私下里各省督军的信诺了。对这些人来说，许诺一文不值，当不了一张手纸。张勋自负其能，把他的军队留在徐州，带着三千装备极差的辫子军北上，浩浩荡荡开赴北京，以这样的力量痴人说梦般地去为宣统皇帝画饼。

1917 年 6 月 14 日，张勋和他的辫子军进入了北京城。张勋通知黎元洪解散国会，软弱无能而又优柔寡断的黎元洪顺从地解散了国会。张勋迫不及待地赶到紫禁城，觐见宣统皇帝。

宣统皇帝正和太傅梁鼎芬等说闲话，一位太监忽忽走进来报告："前两江总督张勋求见。"

张勋被传了进来，跪伏在地上，叩下头去，口中说道："臣张勋恭请皇上圣安！"

年幼的溥仪说道："起来吧！"

张勋随即起身，恭立一旁。溥仪问了他沿途灾情后，张勋道：

"自改共和以来，政治芜秽，变乱数起，国势飘摇，民不聊生，求皇上悯生灵之愁苦，复亲大政，以救中国。"

溥仪自称年幼不能担此重任，张勋滔滔陈述了一番，溥仪心有所动，对他说："适所语，不必告王爷（醇贤亲王载沣），王爷胆小。"

张勋退出后，赞叹不已，心下里以为皇上年龄不过 12 岁，能如此体察人心，深谋远虑，可见皇上天赋不凡，正是真命天子像，更坚定了拥立溥仪复辟的决心。

这时，各路复辟人士纷纷齐聚京都，梁鼎芬、沈曾植、梁敦彦、辜鸿铭这四位张之洞手下的大幕僚又齐聚京师，列名复辟。此中以梁鼎芬尤为热心，这位帝师辛亥革命后，曾恳求黎元洪脱离民国，恢复清王朝不成功，便跪到清西陵已故的光绪皇帝墓前大哭一场。而深通外交、与辜鸿铭交谊最深的梁敦彦也任职北洋政府。

沈曾植一到京城，就致书张勋的得力干将刘廷琛，极力推荐梁敦彦、辜鸿铭——

"外交自以梁崧生（敦彦）为最妥，而辜鸿铭佑之，万一外交团有以复古为疑者，非此君不能与讲解也。"

张勋一到北京，即暗地里委托梁敦彦担当外交重任，探询各使馆意向，似乎均无异词，张勋更加放心了。经过一阵紧锣密鼓的筹备，张勋以为万事齐备，现在手中有兵的多支持复辟，负责京都治安的吴炳湘等人也无异议，德国人更是提供金钱枪炮，如此大好机会，可以了却张勋复辟的一腔痴念了。

6月30日，张勋会同各方商议后，于次日（7月1日），率领复辟诸公数十人入宫，吁请溥仪登殿。溥仪来到皇帝宝座上坐定，张勋率众人三跪九叩，拜伏于地，一时山呼万岁之声震耳。

宣统皇帝现在又是大清而非前清皇帝了。

宣统皇帝立即大封有功之人，殿上诸公皆有一职：梁敦彦任外务部尚书，辜鸿铭列名外务部（辜鸿铭不在殿上众人之列）。

张勋和这一帮忠心耿耿的大清臣子向全国发表了一个冗长的声明，指责共和，斥骂民国，赞赏复辟，内容奇绝，声称：

自顷政象谲奇，中原鼎沸，蒙兵未解，南耗旋惊，政府几等赘旒，疲民迄无安枕。怵内讧之孔亟，虞外侮之纷乘，全国飘摇，靡知所届。勋惟治国犹之治病，必先洞其症结，而后攻达易为功。卫国犹之卫身，必先定其心君，而后清宁可长保。既同处厝火积薪之会，当愈励挥戈返日之忠，不敢不掬此血诚，为天下正言以告。

溯自辛亥武昌兵变，创改共和，纲纪隳颓，老成绝迹，暴民横恣，宵小把持……名为民国，而不知有民，称为国民，而不知有国。至今日民穷财尽，而国本亦不免动摇。莫非国体不良，遂至此极……推原祸始，实以共和为之厉阶……何如摒除党见，建一巩固帝国……我皇冲龄典学，遵时养晦，国内迭经大难，而深宫匕鬯无惊，近且圣学日昭，德音四被。可知天佑清祚，特界我皇上以非常睿智，庶应运而施其拨乱反正之功。……

勋等枕戈励志，六载于兹，……谨于本日合词奏请皇上复辟，以植国本，而固人心。……

凡我同胞，……接电后应即遵用正朔，悬龙旗。

如此等等一篇长文，缕列条分，天命有了，地利有了，人民的心愿也有了，看来比袁世凯的条件还好。人心所归，奈何玩弄民意如此，看帝王、军阀电文，莫不为苍生计，莫不为民生虑，说得多么好啊！可惜只是一张纸，效果如何？可不是吹出来的。

接着宣统皇帝溥仪也来了一通似谦似恭的天命上谕，述己之沧桑，哀民生之多艰，一副情辞款款之态，声称：

朕不幸，以四龄继续大业，茕茕在疚，未堪多难。辛亥变起，我孝定景皇后至德深仁，不忍生灵涂炭，毅然以祖宗创垂之业，亿兆生灵之命，付托前阁臣袁世凯……当此万象虚耗，元气垂竭，存亡绝续之交，朕临深履薄，固不敢有乐为君，稍自纵逸。尔大小臣工，尤当精白乃心……

然后列了九条所谓当务之急的事务，承认君主立宪，剪辫子的，听其自然等等，说得多好，多么动听！古雅的文辞之美表现殆尽。袁世凯也这么说过，暴君、土皇帝、军阀也都是这么说的，然而即使刻在万吨巨石上，也不过是一通华美辞藻而已。老百姓似乎听得太多了，饼画得圆，不如衣丰食足。

这日，温顺的北京民众一早起来，吃惊地看到许多地方挂出了龙旗，他们早备有各种旗子，以应付当局要求挂旗的命令，他们可不想惹麻烦。一时间，纷纷撤下旧旗换新旗，顿时整个北京城，龙旗招展，迎风猎猎。可惜的是，这面龙旗已千疮百孔，再也挂不稳，挂不好了。

整个北京城，大小爷们头上又都时兴拖条长辫子，剪了辫子的后悔不已，一时北京城卖假辫子的大发其财，销售一空。辜鸿铭的那条辫子倒又跟上了潮流，但对他来说，拖辫子的人多了未免有些可惜，他的那条辫子还有什么好特别的呢？不过这种担心是多余的，很快人们又不会跟他争辫子了。

列名外务部的辜鸿铭遵张勋之命，前往江浙，解释张勋不得已的苦衷，刚到天津，就听说段祺瑞已兴师讨伐张勋，顿时大惊失色，逃到租界旅馆，躲了起来，不敢露头，不料却被段祺瑞的耳目得知，预备派人照会外国领事，捕捉辜鸿铭。辜鸿铭一行惊慌失措，换上便服，逃回北京。张勋问他事情办得如何，辜鸿铭据实相告。

张勋大骂："你有负委托，何面目见我耶！"

辜鸿铭顿首道："鸿铭该死，乞大帅宽恕。"

张勋怒气冲冲地说："你辜负圣上鸿恩，从今以后，我不呼你为辜鸿铭，老实些呼你为辜鸿恩算了。"

7月3日，段祺瑞看看火候已到，即公布张勋"勋乱民国，复辟帝制"，段祺瑞精良的枪炮解释了一切。在这场战斗中，段祺瑞首次引进了最新兵器——飞机，当他的一架飞机意外地出现在天空，向紫禁城扔下一两颗炸弹时，张勋的一帮辫子军以为触怒了天意，狼狈溃散，甚至有的跪地祷告。张勋明白，这一次，他是完了。

7 月 12 日，一场奇异的复辟活动终结了，张勋、梁敦彦、康有为等又成了民国政府的通缉犯，张、梁二人逃到荷兰使馆，保全性命。看来这一次宣统是名副其实的宣布帝统结局了，从始皇帝到宣统皇帝，不是顺理成章吗？中间冒出个洪宪皇帝，历史只好又花了十二天，宣布了从始皇帝以来，两千余年的皇帝梦是该彻底完结了。

1918 年，民国政府下令免予通缉洪宪、丁巳复辟案中诸人。

1920 年，张勋六十六岁生日时，辜鸿铭特集了一副对联，派人送到张勋府上为贺，张勋命人将对联展开来，只见上面是辜鸿铭特有的毛笔字，写的是：

> 荷尽已无擎雨盖；菊残犹有傲霜枝。

看得张勋悲喜交集，原来辜鸿铭的意思是，现在清王朝没了，王公大臣消失了，他们头上戴的红顶大帽——擎盖——也没有了，虽然天下老成凋零，气象可哀，但还有大帅和我头上的两根辫子——傲霜枝——傲立霜中，不逐流俗。看来，辜鸿铭连历两次帝制复辟，闹闹嚷嚷如同儿戏，对于手段隔膜、政治手腕低下的辜鸿铭来说，复辟与他的关系不大。此时的他更是心冷，只有那遥远的辉煌的中国文化古圣先王时代的梦还吸引着他，他还要继续向世人阐述这个伟大的逝去了的梦。

下篇　耿介狂狷士

在生前，辜鸿铭已经成了传奇人物；
逝世以后，恐怕有可能化为神话人物了。

——温源宁

辜鸿铭是属于危险类的狂人。
他是奇异类的天才，但既无理性又不实际。

——莫理循

▲长袍马褂小辫子，出现在北大讲台。

▲"只要你用中、英、法、德、意、日六种文字各写一封求爱信。什么都依你。"辜珍东小姐一句话吓退求爱者。

▲主讲英文诗课程，分英诗为：国风、小雅、大雅。为什么学英诗呢？"那就是要你们学好英文之后，把中国人的做人之道去教化那些四夷之邦。"

▲安福系收买他，他却一举将400大洋尽数花到妓女一枝花身上。

▲1919年，学生运动，蔡元培辞职。辜鸿铭大发妙论，挽留蔡元培："蔡元培是北大的皇帝，所以应挽留。"

▲1918年，陈独秀率先撰文《驳康有为〈共和平议〉》，指称"康有为若效张勋、辜鸿铭辈"云云，成为复辟论的象征。

▲20世纪20年代的辜鸿铭，冷眼旁观，不为所动，在美国报纸上发表《没有文化的美国》，称美国只有爱伦·坡的一行诗。

▲20世纪20年代的辜鸿铭，终于找到了大量的"回头浪子"：严复、章太炎、杜亚泉、王国维、陈寅恪、吴宓、梁漱溟、梅光迪、柳诒徵、林琴南……

六　执教北大·牛刀杀鸡

第一章　椿树胡同

北京椿树胡同十八号小独院

主人，冬烘先生——辜鸿铭。

定居北京后，辜鸿铭花银子买下了一座小独院，这座小独院位于东四南大街与王府井大街之间的椿树胡同，离东口不远，路南的一个院落，门牌号是：十八号①。

椿树胡同在朝阳门内，离紫禁城不远。漂泊半生的辜鸿铭，此时息心篱下，住到了天子脚下的北京城。虽然天子没了，在这座中国古老的帝都，却还能体味天朝往昔的荣光，深潜于天朝往昔的辉煌中，辜鸿铭细心地从古老的典籍中依稀还能听见往昔的威严。正是这威严的余晖，吸引了他，迷住了他，使他不仅对圣贤经传拜服不已，而且对这个古老文明的一切都爱护备至，甚至纳妾、缠足、长袍马褂、长辫子、文盲……这些文明的余渣也令他津津乐道。

十八号小院内的辜鸿铭在帝王辉煌的余晖中，成了唯一一个以向西方人传播圣贤经传为务的中国人。他以其纯正的英文，向西方人细细称道伟大的中国文化，第一次在欧西主导的世界上，能够听到中国人倔强的呼声。他之所以能名扬世界，也许正是这个世界上的人倾慕着辉煌的古代中国文明，他恰恰满足了这种心愿。

小院进门处是一个小花园，种着各种花木。春天到来时，这里总是生机勃勃，有名的无名的花草竞相破土、拔芽、抽绿，茂茂芊芊，春风醉人。园内一株高大的榆树，孤孤零零的，高达数丈，树干笔直，顶上也开始发出了嫩叶。浓浓密密的枝丫直指蓝天，仿佛这座小院倔强的辫子，尤受主人喜爱。特别是到了冬日，整个花园已经花残枝败，树也蜕尽了叶儿，在一片蒙蒙细雪的银白中，傲立着，清奇绝伦。

花园尽处是一排平敞的北房。

辜鸿铭就在这座清静的小园内，日日与圣贤经籍为伍，探寻他理想中的世界。在这个理想的世界中，一切都是那么和谐，那么伟大，散发出一种久经浓缩的芬芳。在这个世界中，堆积着古老中国文明往昔的卷子，

---

① 一说，此乃满洲贵族因他维护清朝而免费让他居住。

说的都是人的故事，可已没有了人的尘俗味儿。悠长的岁月，已经给它们熏上了书卷的寒香。这里是感情的冷藏室，一页页翻过去，仿佛可以看见圣哲的荣光，帝王的龙袍……

早年游学西洋，辜鸿铭是自负的西洋人嘲弄的对象；回归天朝后，沉郁下僚，困居张之洞幕下 20 年，督办浚浦 3 年，列名外务部，他是志不得伸。现在没了皇帝，只有前清的逊帝还居住在高高的、渊深莫测而有几分令人窒息的紫禁城。走遍东西南北之后，辜鸿铭不禁生出几分感叹，几分伤感。江湖水清还好洗衣冠，可现在水浊啊，不得已，就把脚伸到这盆混浊的江湖水中去罢，洗脚江湖，不也很惬意吗？辜鸿铭这么一定下来，心也有几分宁静了，遂给自己取了个颇有几分幽默的绰号：冬烘先生。

冬烘先生此时已年近六旬，却仍体格硕健，神采奕奕，颏下几绺长须已有些花白，拖着一条灰里泛黄的长辫子，用红丝线夹在头发中，细细编起来，当真是五彩缤纷，鲜艳夺目。一顶红色结黑缎平顶小帽、饰上一颗祖母绿，四时戴着；一袭长袍，枣红宁绸的，外套樟缎大袖马褂，有时是天青大袖马褂，一律磨得油光闪亮，袖子上斑斑点点，尽是鼻涕唾液的痕迹，可以照见人影。好事者立在他面前，不须镜子，即有顾影自怜之乐。脚上终年一双双梁平底布鞋。如此这般一位混血儿模样，即使在前清时代，马路上出现这么一位华服教士似的人物，也不免令人瞪大眼睛，看得出神。辜鸿铭自己却有一套理论，在他的得意之作《春秋大义》中，他宣称：中国人有不洁之癖，因此中国人只注重精神而不注重物质。

冬烘先生又是很怕老婆的，怕老婆还有一段特别的理由，每当有弟子来访，谈客过从，他总忘不了告诫一声："不怕老婆；还有王法吗？"

记得古时有位将军怕老婆也是怕出名了的，据说别人问他为什么怕老婆，他回答说："不怕老婆如何做得将军？古来将军有几个不怕老婆的？"

冬烘先生倒可以与这位古时将军辉映古今了。而且他怕老婆也是怕得认认真真的。当他高谈阔论、兴致勃勃时，夫人淑姑是不管他的。但他老人家却有那么一副悲天悯人的心肠。北京当时叫花子很多，每一次叫花子来到门前，他总少不了开门，给叫花子些钱。不料有一次，却被淑姑当场拿获，淑姑大怒，拿饭碗就向他头上掷去，辜鸿铭没有留心，头上就挨了这么一下，随即听到身后淑姑一声大喝，骂道："好你个败家子。像你这般没个规矩似的施舍，再大的家当，也够不了你抛撒。你也不瞧瞧自己是谁，是菩萨吗？"

辜鸿铭气不敢出，小心翼翼地赔着笑脸，讪讪地走了开去。此后一听到叫花子呼号之声，立即开门，赶紧扔下一二枚银币，动作敏捷得如做贼一般，生怕淑姑看见。老夫妻二人如捉迷藏一般，时不时又被淑姑捉住，臭骂一顿。冬烘老人极爱子女，膝下有一子二女。

儿子辜守庸①，日本夫人贞子所出，备受辜鸿铭溺爱。用守庸自己的话说，是过了一辈子公子哥儿的生活，成婚后，育有四男二女。辜守庸长子辜能以 1949 年后到台湾卖文为生，1957 年，辜鸿铭百岁冥诞时，辜能以组织力量出版辜鸿铭的著作。次子辜营商 1949 年后留在北京。

女儿珍东、娜娃是淑姑所生的两位千金。这两位小姐不仅聪颖明慧，学得多国语言，而且也继承了乃父的性格，骄傲、清高。

据说，辜鸿铭的一位弟子非常仰慕珍东小姐，朝夕追求，殷勤备至。珍东小姐呢？却不为所动。到得后来，小伙子急了，直接问她："我的大小姐，到底你在想啥？你是觉得我长相丑陋还是有什么地方做得不对？倒是给我个说法呀！"

珍东小姐见他憋了许久，说出这番话后，手足无措、冷汗直冒、惶惶惑惑的模样，开口说话了："别的也没什么！只有一样，不知你能不能做到？"

小伙子如获大赦，心头独喜："做得到，做得到，只要你说一声，就是上刀山下火海，我也不怕。"

---

① 关于辜鸿铭的子嗣，辜振甫提供了另一种说法："鸿铭先生之哲嗣（乃独子）名守庸，容仪俊雅，才识出群，曾来台前后三次，于 60 年前逝世，惜无后。鸿铭先生唯一掌珠珍东，喜着男装，经年长袍马褂，举止有若须眉，未曾出嫁。"未知何据。

"也不要你上什么刀山、下什么火海，伤筋动骨的。说起来呢，也比较简单，只要你用中、英、法、德、意、日六种文字各写一封求爱信，什么都依你。"

小伙子倒抽了一口凉气，如寒冬天当头泼下一盆冷水，当下就死了这份仰慕之心。从此，再也没有小伙子敢心存奢望，珍东小姐却乐得个耳根清净。姐妹二人整日不是与来家拜访的青年学子们跳舞、玩台球，就是吟诗谈文，辜鸿铭倒不去管她们。在他看来，跳舞可是西洋人很好的礼仪，玩台球也是一种锻炼，淑姑也就只有徒唤奈何了。

两位小姐就这么在父亲的羽翼下，无忧无虑地生活着，始终不谈婚嫁，直到辜鸿铭后来突然去世，姐妹安排完后事，才满怀悲伤，遁入空门，在苏州的一所庙里出家，落发为尼。终究是过了绝尘的生活，也许只有庙宇才能容得了她们的骄傲和明慧。

在这座小院内，还有两位特别的人物不能不提。一位是这家子的仆人——刘二，兼着车夫的。另一位是年轻貌美的姑娘——碧云霞。

刘二，也是头顶一条又黑又粗的长辫子，一身粗布长袍外套马褂足蹬布鞋，长得虎背熊腰。也难为了辜鸿铭，都民国了，不知他从什么地方弄来这么位人物，忠心耿耿，像他的影子般，也可算是当时仆人、车夫行当中特殊的一位了。辜鸿铭常得意地笑着说："刘二是我的影子。不过虽然和我装扮一样，可是我却有大乔小乔之好，刘二却是皮硝李（李莲英）的把式。"

那位碧云霞小姐呢，则长得清清秀秀，活泼动人，机灵可爱，整个人上上下下浑身透着股子大姑娘的青春魅力，更妙的是还有一双三寸金莲，走起路来，如风摆荷叶，外加一件衫子，及地长裙，恰似一只温柔而又惹人心疼的小鸟，常伴在辜鸿铭身边。辜鸿铭得到这位可人儿也是机缘凑巧。

据说有一次，辜鸿铭到一家著名的妓院去冶游，那鸨母当然关照姑娘得好好侍候这位贵客。姑娘极力奉承，辜鸿铭大为愉快。辜鸿铭与姑娘唔唔闲话，天上地下一阵胡说，却听得间壁一阵喝斥之声，好像是鸨母在教训一位姑娘，那姑娘哭声殷殷，本就一副菩萨心肠的辜鸿铭听得心烦意乱，问陪他的姑娘：

"这么嘈杂，是在训什么人呢？"

"还有谁？不是新来的才怪。这丫头前日刚才送到，人么可是长得水灵灵的，花了妈妈大笔银子，以为要赚大钱。哼，谁知这丫头不识抬举，不愿好生侍候客人。我的爷，你们这些男人到这里来，挥金如土，图的是什么，谁不明白？难道谁会到这儿来念经拜佛？要念也念的是情意绵绵经，要拜也拜的是玄天欢喜佛。唉，一开始进这种地方，谁都不愿意，等到瓜破蒂落时，也就会自愿认命了，那份等着攀高才兑换的贞操也就早已抛到九霄云外了，不如及时趁早多换几个钱，有机会，从了良去。这丫头现在不肯，要死要活的，得罪了客人，妈妈正生气呢！"

辜鸿铭听她侃侃而谈，间壁却正越骂越凶，坐不住了，叫那鸨母带了小姑娘过来询问，一见之下，心道，天下竟有如此温容柔貌的人儿，不禁想起了死去的贞子，已有几分属意，便不理那鸨母，温言问那姑娘："小姑娘，你怎么到了这里？"

那姑娘听了，如此这般说了一遍，自己是家里适逢死了爹，无钱下葬，才被卖了几两银子，安排后事，说罢又抽抽咽咽起来，这一阵伤心模样，恰如梨花带雨般，惹起了辜鸿铭一副怜香惜玉之心，当下说道："姑娘愿不愿意随我走？"

姑娘顿时如抓到根救命稻草，使劲点点头，眼睛却盯着鸨母那边。鸨母立时变了个笑脸，脸上做出一堆笑容，心知今日可以敲这位爷竹杠了，两张血红的嘴唇一张，说道：

"既是辜爷有意，就带去好了。"

说着却盯着辜鸿铭的钱袋，辜鸿铭仿佛觉得她脸上的一层厚粉在扑簌簌地往下掉，两张红唇闪亮，少不得要破费一笔了。最后，辜鸿铭付了五百大洋的赎身钱后，带姑娘走了。辜鸿铭带回去之后，金屋藏娇，对这位楚楚可怜、小巧可爱的人儿，那真是含在口中怕化了、捂在手中怕飞了。

幸好淑姑已年近半百，早年他娶贞子也未介意，现在更不与他计较。

这倒便宜了辜鸿铭，让他落了个小鸟依人、温香在抱，以娱老怀了。

这座小院，却又是最热闹不过的，因为主人是辜鸿铭，凡是辜鸿铭在的地方，岂能有不热闹之理？

清静与热闹奇特地交织在他身上。一边躲到清静的书斋，潜心于古籍学问，玄想先圣辉煌，古贤遗风；一边更喜座中客常满，砥砺他那身"金脸罩铁嘴皮"功夫。这功夫眼见是越来越精纯、越来越游刃有余了。出入于门墙的中外人士总是络绎不绝，特别是西洋人，无不拜服得五体投地。据说，当时辜鸿铭的书就很不容易买到，价格昂贵，因为洋人到处收购他的著作，一时洛阳纸贵。

在这座热闹的小院内，经常出入的中外人士中，总少不了两个人的影子：一位是辜鸿铭结识多年、倾心交往的梁敦彦，一位是也出生于马来亚槟榔屿的伍连德①。

---

① 伍连德（1879—1960），生于马来亚的槟榔屿，祖籍广东新宁（今台山）。1886年，进英国人办的学校学习。1896年获英女皇奖学金，进剑桥大学纽曼学院学医，多次获奖。1899年，获医学士学位。1903年，他以有关破伤风细菌的论文，出色地通过剑桥大学医学博士考试。1904年，回到槟榔屿挂牌行医。

1907年，应邀赴英国伦敦参加由神学博士文英兰主持的禁鸦片烟会议。后接受清政府邀聘回国任教，担任天津陆军军医学堂副监督（副校长职）。

1910年12月，东北发生鼠疫大流行，清政府任命伍连德为东三省防鼠疫全权总医官，到哈尔滨进行调查、防治。1911年4月，出席在奉天（今沈阳）召开的万国鼠疫研究会议，任会议主席。1915年，建立中华医学会，任书记并兼任《中华医学杂志》总编辑。

1916年，任黎元洪总统特医及京汉、京张、京奉、津浦四条铁路总医官。当选为中华医学会会长，并兼任公共卫生部委员。

1918年，任北洋政府中央防疫处处长、北京中央医院院长。

1919年1月，代表外交部到上海监督焚烧鸦片。哈尔滨流行霍乱，伍连德利用防疫医院收治2000余名病人。

1920年，去美国约翰·霍普金斯大学进修学校卫生和公共卫生。

1922年，受奉天督军张作霖委托，在沈阳创建东北陆军医院。

1926年，创办哈尔滨医学专门学校（哈尔滨医科大学前身），任第一任校长。

1930年，任上海全国海港检疫管理处处长、技监，兼任上海海港检疫所所长。

1931年，代表南京国民政府卫生署刘瑞恒署长出席国际联盟卫生会议。在上海主持召开第一届检疫学术研究会。

1937年4月，任中华医学会公共卫生学会会长。"八一三"事变后，举家重返马来亚，定居怡保市，开设私人诊所。

梁敦彦因丁巳复辟受通缉，躲到外国使馆。1918 年，民国政府下令免除通缉后，回到北京，常出入辜鸿铭府中，一起追忆在张之洞手下二十年的岁月，以及清末民国巨变，感叹时事沧桑。一次梁敦彦又来辜宅闲谈，辜鸿铭对他说，自己能一字不落，将弥尔顿的英文长诗《失乐园》背诵出来。梁敦彦心下不信，说："汤生兄，如现在你年轻 20 余岁，岁月倒流，那么我信。可你已这把年纪了，咳，说说还行，不背也罢。"

辜鸿铭见他一副大不以为然的样子，当即从书架上取下一本《失乐园》，递到梁敦彦手上，说："我倒要看看背不背得出。"

说完，即流水般地背将起来，一口流利的英语，将弥尔顿这首六千五百余行的无韵诗一字不差地背了下来，脸不红，心不跳，气闲神定，自得之情溢于言表，弄得在场诸君无话可说。辜鸿铭又抽下一本，还要背下去，众人只好服了，连说不用背了。

弥尔顿的《失乐园》辜鸿铭是太熟悉不过了，他一生背了 50 余遍，特别是晚年，想起弥尔顿这位不屈的潦倒老人，深自感伤，一遍遍地吟诵弥尔顿充满激情的诗句，常常是涕泪满襟，歔欷泣下。

伍连德到访时，辜鸿铭总是真情流露，直率真诚，充满着对生养地槟榔屿的美好回忆。

伍连德这位常客一到，槟榔屿山光水色，民风民俗，便回到辜鸿铭眼前。回忆起遥远的童年，辜鸿铭总是眷眷之情溢于言表，两人一同沉浸在美好的回忆中，辜鸿铭情不自禁地唱起马来歌曲，苍老的声音中，饱含着时光的辛酸，人世的沧桑，随之涕泪满襟也不以为意，一片赤诚忠贞之心将二人相隔二十余年的年龄消融于无形，相对歔欷，对中国的梦幻，流寓异地的伤痛，千头万绪，涌上心头。

对辜鸿铭来说，这个世界太不可思议了，太让人追念了。遥远的槟榔屿有他无穷无尽的童年梦，有他随年龄而增长的深切思念。故乡，对他来说太不好理解了。现在他住在皇城根下的独院里，在帝国的黄昏，忍受着茕茕独守的精神家园。而在这块故乡之地，他终究是被看作外来者，同时追逐着故乡精神的伍连德深有同感。

在清寂的深夜，辜鸿铭总会思绪万端。故乡，故乡啊！你到底在何方？也许对于人类来说，故乡是种遥远的梦，一种对母爱的追怀，一种仿效父辈的刚毅后的疲惫，一种欲说还休、骨鲠在喉的创痛。

第二章　北大讲台

公元 1917 年

民国六年

蔡元培① 先生出任北京大学校长

聘请辜鸿铭为教授，主讲英文诗

1916 年 12 月 26 日，蔡元培被任命为北京大学校长。1917 年 1 月 4 日，

---

① 蔡元培，字鹤卿，号孑民，浙江绍兴人。1868 年出生，1890 年中进士。甲午战争后，接触西方资产阶级思想，同情维新派，戊戌政变后，回乡任绍兴中西学堂监督。1901 年，在南洋公学任教。次年，在上海组织中国教育会，任会长。同年冬创设爱国学社，宣传排满革命，积极从事革命活动。

1907 年，蔡元培深感对西方世界了解不够，前往德国莱比锡大学留学。这座位于德国中部城市莱比锡的学府，正是 20 年前辜鸿铭求学的所在。当年辜鸿铭在这里专攻土木工程。现在，蔡元培到这里时，辜鸿铭以他的一支笔写出的大量为中国争地位争面子的文章，特别是 1901 年至 1905 年分 5 次发表的 172 则《中国札记》，以及《尊王篇》的结集出版，使他在西方早已不是一个默默无闻的人，蔡元培开始听到辜鸿铭的声名。

1911 年蔡元培回国，次年出任南京临时政府教育总长。袁世凯窃国后，拒绝与袁世凯合作，辞职而去。次年 9 月，蔡元培再度赴欧游学，继续在德国莱比锡大学学习。这期间，卫礼贤翻译的辜鸿铭著作《为中国反对欧洲观念而辩护：批判论文》已在德国出版，引起很大轰动，受到蔡元培的注意。

1915 年，蔡元培在欧战中，移到法国巴黎，继续研究西方学术，又逢辜鸿铭最重要的著作《春秋大义》出版。在战火硝烟的欧洲，蔡元培体会到了西洋人对辜鸿铭的崇敬，辜鸿铭在那里的影响，加深了蔡元培对他的印象。

1917 年，蔡元培出任北京大学校长，即延聘辜鸿铭。五四运动后，直到 1923 年，蔡元培一直在北大任校长，辜鸿铭也在蔡元培于 1923 年辞职后离去。

1927 年后，蔡元培历任国民党政府大学院院长，中央研究院院长。"九一八"事变后，主张抗战，1932 年与宋庆龄等发起组织中国民权保障同盟，任副主席。抗日战争爆发后，移居香港，1940 年病逝。

蔡元培正式到任。

上任伊始，蔡元培即决定将这座学府办成研究学问的场所，改变过去以大学为升官发财的捷径的状况，在就职演说中，他阐明了三项原则：

抱定宗旨。

砥砺德行。

敬爱师友。

同时指出："大学者，研究高深学问者也。"大学生当以研究学术为天职，不当为升官发财之阶梯。

蔡元培对北京大学进行了一系列整改，聘请有真学问、真本领的教授，参照德国的大学体系，合理调整院系设置，办理研究所，培养研究生，创办各种学会，开办讲演会，一时北大学术空气浓厚起来，真正成了研究学术、培养人才之地。特别是蔡元培的办学方针——兼容并蓄，使这所学府成为一个心胸广大的学府，网罗百家人才，不以成见取人，只要言之成理，持之有据，即任其自由发展。

教员一律按聘约合同合作，水平低下的即使是外籍学者也必予解雇，而且特别强调教师的自由学术空气，强调："对于教员，以学诣为主。……其在校外言行，悉听自由。"

一时人才荟萃，各派人物毕至，陈独秀、胡适、李大钊、周树人、钱玄同、刘半农等新派人物皆在麾下。

各派名宿，黄侃、刘师培、黄节、陈介石、刘文典、马叙伦、陈垣、马裕藻、朱希祖等闻名国内的专家学者，也在聘用之列。

聘任人员当中，辜鸿铭列于英文一门。

辜鸿铭对蔡元培办理大学事务的大手笔，极为佩服。大约从1914年后就开始在北京大学陆陆续续讲授西洋文学的辜鸿铭，在他看来，不过如充国学四门，不算变节，但也如牛刀割鸡，心情的冷漠自不待言。现在蔡元培出任校长，这么一番雷厉风行，有章有法，辜鸿铭对他的聘请也就照章接受，专讲英文诗。

第一天上课，辜鸿铭特意戴上一顶干净的红结黑瓜皮小帽，将一条灰黄灰黄的头发夹杂着红丝线仔细编好，套上长袍马褂，脚蹬一双双梁平底布鞋，出现在讲台上。

座中一班新生见台上站着这么一位人物，顿时全都将一双眼睛盯到讲台上这位仿佛古董般的人物身上，凝神静气，真有些目瞪口呆了。日后，辜鸿铭每一次与新生见面，皆是这般情形。

辜鸿铭却毫不在意，颔下几绺长须，面色红润，一副仙风道骨气派，伸手拣一根粉笔，辫子一抛，便在黑板上大大地写下自己的名字，那根辫子拖在后面，直指学生们。学生们一直将他当做神话中的人物看待，调皮的学生窃窃私语，若谁能将此公的脑后那根辫子剪下，必定名扬天下，但毕竟无人敢动手。

辜鸿铭却抛下粉笔，对着学生宣布他的约法三章："我有三条规矩，你们必须知道。第一，我进来时，你们要站起来，上完课我先出去，你们才能出去。第二，我向你们问话或你们向我提问，你们都要站起来。第三，我指定背的书，你们都要背，背不出的不能坐下。"

座中学生听他解释约法三章的理由，滔滔不绝，诙谐百出，听得学生们愣了神。许多学生心里直打鼓，疑惑此公居然是讲英文诗的，英文诗中能有这般古董，自然令人印象深刻，对他的约法三章倒也没有异议，只想见识此公神异风采了。

最后辜鸿铭点题了，他告诫学生们："必须深通文以载道的道理。我们中国人最懂做人的道理，诗文特别发达，但我们为什么还要学习英文诗呢？那是因为要你们学好英文后，把我们中国人做人的道理，温柔敦厚的诗教，去晓谕那些四夷之邦。"

一堂课下来，学生们还不知道此公究竟有多大道行，纷纷揣测，不知道他有何妙方，只等着听他接下来的授课了。正式上课这天，学生们见他站到讲台上，也不带讲义教材，赤手空拳，便滔滔陈述起来，他说：

"我讲英文诗，要你们首先明白一个大旨，即英文诗分三类：国风、小雅、大雅。而国风中又可分为苏格兰、威尔士等七国国风。"

就这么一会儿英语，一会儿法语、德语、拉丁语、希腊语……引经据典，旁征博引地讲了起来，学生们虽然经过严格考试，毕竟有许多人跟不上这位老师的语言天赋，直愣愣地盯着他，最后辜鸿铭只得告诉他们：

"像你们这样学英诗，是不会有出息的。我要你们背的诗文，一定要背得滚瓜烂熟才行。不然学到头，也不过像时下一般学英文的，学了十年，仅目能读报，伸纸仅能写信，不过幼年读一猫一狗式之教科书，终其一身，只会有小成而已。我们中国的私塾教授法就很好，开蒙不久，即读四书五经，直到倒背如流。现在，你们各选一部最喜爱的英诗作品，先读到倒背如流，自然已有根基，听我讲课，就不会有困难了。而且，我们中国人的记忆力是很不错的，中国人用心记忆，外国人只是用脑记忆。我相信，诸君是能做好的。"

学生们只有依着他的意思，日夜用功背诵洋诗，待到上课时，都小心翼翼的，学生们用中文问他，他用英文答复你。倘若用英文问他，他偏偏又用中文答复，逼得学生们猛学。

辜鸿铭教学生英文诗，则从最基本的功夫做起，教学生们念英文本《千字文》，亲自从"天地玄黄"到"焉哉乎也"译成英文，朗朗念下去——

Dark skies above the yellow earth,

Chaos before the creations earth...

译得音调齐一，他站在讲台上，一身油光可鉴的长袍马褂，鼻涕唾液沾满双袖，一根光彩夺目的小辫子，手舞足蹈，心醉神迷地念着；下边一班着学生装、留学生头、穿皮鞋的学生们，跟着念诵，整个一幅百年前塾师和民国时学生的时间错位似的风俗画，色彩夺目。讲台上的人头上是红结黑缎瓜皮帽，一条色彩斑斓的辫子，身上是枣红宁绸的长袍，天青大袖方马褂，座中的学生们是素朴的一身玄色学生装，又恰是古稀老人正与一群少年嬉戏，只想想就会令人绝倒，何况还真有其事呢！

学生们看着老师，越看越觉有趣，越觉诙谐百出，滑稽异常，弄到师生融融，乐以忘倦。当时，学生们对辜鸿铭的喜爱，据说当年风头最劲的胡适先生也比不上。《千字文》下来《三字经》，辜鸿铭告诉学生们《三字经》的宏大精深，他说：

"《三字经》一书，里面有许多科学道理，开宗明义便说'性本善'，有关人生哲学问题，与法国大儒卢梭的论调相同。什么'一而十、十而百、百而千、千而万'是数学，'曰水火，木金土……'是物理学。什么'三纲五常'，又是伦理学。什么'天地人，日月星'，又是宇宙论、天文学……而君臣父子的道理全都是很有教导学生价值的。"

辜鸿铭还时常教学生们翻译四书五经，认真指导，学生们的英文大有长进。然后，他让学生们译英文诗，这可有些难了，难在典雅。有一次，他让学生译了一首英文诗，结果译出的中文歧义百出，令人啼笑皆非，只好自己示范，译出来念给学生们听——

> 上马复上马，同我伙伴儿；
> 男儿重意气，从此赴戎机。
> 剑柄执在手，别泪不沾衣；
> 寄语越溪女，喁喁复何为！
> 请谢彼妹子，艳色非所希，
> 岂似同里儿，喁喁泣且悲。
> 名编壮士籍，视死忽如归。

又译德国从军辞曰：

> 击鼓其镗，胡茄悲鸣。
> 爰整其旅，夫子从征。

英英旗旆，以先启行。

我心踊跃，踊跃我情。

赠我战衣，与马从征，

自出东门，我马骆骤。

遏云其远，与子同行，

爰居爰处，强敌是平。

乐莫乐兮，与子同征。

整个一篇古风韵味，真是难为了他如此要求学生们。

辜鸿铭上课，又是兴之所至，旁征博引，随口而出，洋洋渊深，学生们佩服得五体投地。有一次，他突然对学生们说："今天，我教你们洋离骚。"

只见他拿出一本英文诗，原来这洋离骚正是英国大诗人弥尔顿的一首悼亡诗——Lycidas，为悼念诗人淹死的亡友而作的。这首长诗，学生们从第一页翻开起，直到这一学期的最后一堂课，仍然翻的是第一页。辜鸿铭在课堂上，却是节节课都滔滔不绝，慷慨陈词，不是骂洋人就是骂一班坏了君臣大节、礼义廉耻的乱臣贼子，一会儿又回过头来骂那些自命有大学问的教授诸公，说：

"今日世界所以扰扰不安，非由于军人，乃由于大学教授与衙门役吏。大学教授是半受教育，而衙门役吏是不受教育的，要治这两种人的病，只有给以真正教育。"

一会儿又回过头来嘲笑所谓民主潮流，说："英文 democracy（民主），乃是 democrazy（民主疯狂）。俄国作家陀斯妥耶夫斯基，乃是 Dosto—Whiskey（Dosto 威士忌）。"

辜鸿铭信手拈来，随口而出，嬉笑怒骂皆成文章，听得座中的学生们神思荡漾，倾慕不已，从中学到丰富的学识，机敏的才智，绝妙的联想，听得极为过瘾，不觉时间飞逝，只知妙趣横生，从未嫌其臭长。

军阀袁世凯复辟，辜鸿铭在北大上课时，就站在讲台上，从第一分钟开骂，直骂到最后一分钟，骂袁世凯骂到无以复加的程度，这大约也是他上课的奇绝之处吧！

凡有演讲，他照例是要去的，别人讲外国事情用中文，他呢，讲中国事情却用英文，滔滔不绝，意兴飞扬。

听过辜鸿铭的课，亲聆教诲的学生都对这位老师印象特深，极为佩服。后来，他的一位学生著文回忆时，极为慨叹，称：

"辜先生已矣！我们的同学当中，还没有一个能登堂入室，就是在中国再想找到第二个辜先生，恐怕还不知道什么时候会有呢！待河之清，人寿几何！我不只为辜先生一生潦倒哭，也为中国的文学界悲哀。"

辜鸿铭在学校中，常常是独来独往，不太与别人交往。当时北京大学特设教员休息室，来早了或课讲得累了，他也会到教员休息室坐坐，然后坐上等在外面的刘二的车回家去也。

就在这休息室短短的时间里，也闹出了不少趣事。

当时北京大学聘请来的外国学者，无不知道他的大名，每次见面，执礼甚恭。但他却毫不客气，见到英国人，用英语骂英国人；见到德国人，用德语骂德国人；见到法国人，用法语骂法国人，挨骂的个个心服口服。有一次，来了位新聘的英国教授，此公第一次跨进教员休息室的门槛，即见到辜鸿铭整个窝在沙发里，头上瓜皮帽，身上长袍褂油光闪亮，两只衣袖秽迹斑斑，特别是一根五彩斑斓的小辫子，整个一副土老头模样，猥琐不堪。这位洋先生非常奇怪，怎么会有这样一个人物坐在那里，不理不睬的，便去请教坐在一旁的一位洋教授：

"此人是谁？"

"辜教授！"那人悄声对他说。

这英国教授不以为意，用一副不阴不阳的目光仔细打量着这位辜教授，看着有趣，不意笑了笑。辜鸿铭也毫不介意，他见得多了，只是一看这位新来的陌生洋面孔，便慢吞吞地用一口纯正的英语请教尊姓大名、教哪一科的。这位英国教授听他张口，便有些吃惊，以为听错了，难道这土老头儿竟能讲一口如此纯正的英语？不会，绝不会，定是哪一位西方同仁在询问自己，但他举目四望，向自己发问的，除了这土老头儿还会是谁？这会儿正懒懒地看着他呢！他大吃一惊，急忙回答自己是教文学的。

辜鸿铭听他说是教文学的，马上用拉丁语同他交谈。这英国教授顿时结结巴巴，语无伦次，看来拉丁语太差，无法应付，一时手足无措。辜鸿铭定定看了他一会儿，然后说：

"你教西洋文学？不懂拉丁文？"

这两句话一出口，英国教授大窘，恨不得地上有个洞，钻下去算了，赶紧逃离休息室。后来才弄清楚，原来这位辜教授不是别人，正是名满海外的 Ku Hung-Ming。这个名字对他来说，是太熟悉了，牛津大学等著名学府的课本中就有此公所著《春秋大义》一书。

教员休息室中的辜鸿铭虽总是那样静静地坐上一小会儿，翩若惊鸿，但他那副派头、气度，这一小会儿已经够让人记忆深刻了。

民国七年（1918 年），年方 25 岁的梁漱溟在北大教授中国哲学时，对教员休息室里的辜鸿铭就有很深的印象。他回忆说：

偶然一天相遇于教员休息室内。此老身量高于我，着旧式衣帽，老气横秋。彼时我本只二十五（岁），而此老则七十上下了。因当时南北争战，祸国祸民，我写了《吾曹不出奈苍生何》，主张组织国民息兵会的小册子，各处散发，亦散放一些在教员休息室案上。老先生随手取来大略一看，自言自语地说了一句："有心哉！"他既不对我说话，而我少年气傲，亦不向他请教。今日思之，不免歉然。

辜鸿铭在北京大学，真可谓是卧龙深隐、杜门谢客一般，从不主动访友，偶露一鳞半爪，亦足以让人深思不已。特别是他的奇言奇行，也许可以算是奇人群集的北大之首了。在当时北京大学少有的文科教材讨论会上，就有过惊人言论。

据同在北京大学文科执教的周作人回忆，是这样的——

有一次是北大开文科教授讨论会，讨论功课，各人纷纷发言，蔡元培校长也站起来准备说话，辜鸿铭一眼看见，首先大声说道："现在请大家听校长的吩咐！"

这是他原来的语气，他的精神也就充分地表现在里面了。

辜鸿铭当时面对文科教授，作如此惊人之语，其语气、声调、表情无不表明他的传统和守旧心态。想必当时说完此话后，此公大为洋洋自得，精气神十足的模样，仿佛庖丁解牛，牛解完之后，善刀而藏之，为之四顾，为之踌躇满志。但也可以看出辜鸿铭对蔡元培的钦佩，特别是在五四运动中，更是表露无遗。

1919 年 1 月 18 日，第一次世界大战硝烟散尽，战胜的协约国在巴黎凡尔赛宫正式召开和会，解决善后问题。在和谈桌上，中国无疑是一道精美的大菜，只是商议如何动用刀和叉了。

早在 1917 年，西洋人正在战场上拼得你死我活，血肉横飞，西洋人大肆活动的中国也成了一个拼搏的大舞台，谁都想借这场战争从对手手中捞到在中国占有的好处，把中国当成一只待宰的肥羊。日本人盯住山东半岛；英国人呢？要看守好兜里装着的长江流域的利益；法国人对西南早已是心痒难熬，直吞唾液，唾沫星子已溅到了西南地面；德国人当然还在盘算消化山东半岛，不容日本人窥视；俄国人已经疲了、困了，但何尝睡着。只有美国人迟了一步，席位已经占光，不过他倒想每个盘子里弄点，利益均沾嘛。

菜板上的中国却正自闹哄哄纷争不已，不管别人的屠刀从哪个部位割下，大小军阀都想先养肥自己再说。一会儿袁世凯，一会儿黎元洪，一会儿张勋，乱哄哄你方唱罢我登场，不知道还有国土、国民。这会儿该段祺瑞登场了，正式对德宣战。私下里，日本美国互相妥协，美国承认日本在中国吃到的好菜，日本承认美国可以到处沾光，热热闹闹的中国就这样被投进一锅新鲜热辣的油中去了。

潜心向壁的辜鸿铭立即发表了一篇《义利辩》，警告段祺瑞政府参战这种自投罗网的做法——

> 我与德邦交素睦，初无深仇夙怨，又无航行西方商船（按：当时
> 参战借口是德国的无限制潜艇战），足以受德艇之攻击。顾动于战役
> 之利，受协约国之劝告遽加入战团与之为敌，使战祸益延长而不可遏，
> 证以君子之道，得为武乎，今人动言国际法，不复知有君子之道……
>
> 西人动欲教我以国际法，不知我国自孔子以来自有真实切用之
> 国际法在。其言曰：以礼让为国。又曰：师出必以名。今我出师抗德，
> 其名安在？徒为协约所牵率投入旋涡，此后无餍之慎，应担之责任，
> 无可逃免，稍或不慎，越俎代庖者立至，恐欧战未毕，而我已不国矣。
>
> 孔子曰：君子喻于义，小人喻于利。窃谓以小人之道谋国，虽
> 强不久，以君子之道治国，虽弱不亡。我国此时欲决大计定大猷，
> 先必审将为君子之国乎？抑将为小人之国乎？诚欲为君子之国，惟
> 当勤修内政，加意人才，登用俊良，廓清积弊，使一切措施厘然当
> 于人心。在朝在野，人人知礼让而重道德，对于外交一衷于义至当
> 而无所偏袒。不此之务，而溺惑于贪利小人之言，冒耻诡随，妄希
> 此战后权操不我之利，斯益去亡不远矣。

辜鸿铭一番恳切言辞，不免有些书生气十足，但却也切中时弊，现
在该是应验的时候了。战胜了的协约国，坐在谈判桌前，举起餐刀，他们
要分食中国这只肥羊了。现在分食正好，刚从油锅中捞出，热气腾腾的，
趁热的拿来，趁热的吃下，正好医治战争中积下的痨症，正好治日本人站
在一旁的馋病。在巴黎和会上，中国作为战胜国之一，充满着幻想，希望
收回各国在华特权和德国在山东的权益。中国代表提出要求列强废弃在华
势力范围，撤退外国军队，归还租借地、租界等七项希望，还提出取消
1915 年的中日协约。

然而，这次和会完全是美、日、英、法、意等国控制了的，他们已

腾出战场，菜板已空，正好把中国这条刚出锅的羊扔到上面，拒绝讨论中国代表的要求。随之，中国代表又提出把战前德国在山东强占的各种特权归还中国，但日本在美、英、法等的默许、怂恿下，蛮横地硬要把德国盘子上的山东权益吃下去，和约竟规定日本全部接收德国在山东半岛的特权。中国的外交失败已成定局，中国注定还要继续填饱帝国主义者的肚皮。

消息传到北京，热切希望祖国富强、满腔爱国的青年学生们愤怒了，5月4日，三千多爱国学生汇聚天安门，愤怒呼出了中华民族流血的声音——

中国的土地可以征服而不可以断送！

中国的人民可以杀戮而不可以低头！

国亡了！同胞们起来呀！

爱国的学生们的一腔热血又有什么用呢？没有用的。如今是操刀弄枪诸公的天下，他们有的是枪炮，政府诸公个个都能争官做，官做好了，洋楼起来了，小老婆有了，金银珠宝还会少吗？国家、民族早已是九霄云外的东西了。辜鸿铭不是说过吗，官而劣则商，商而劣则官，但如今他已不爱说当权者诸公了，他已称自己为冬烘先生。

5月8日，蔡元培为当局诸公的无耻所激怒，深感事不可为，提出辞职，并留给北大师生一个启事——

我倦矣！杀君马者道旁儿也。民亦劳止，讫可小休。我欲小休矣。北京大学校长之职已正式辞去，其他向有关系之各学校各集会，自5月9日起，一切脱离关系，特此声明，唯知我者谅之。

蔡元培的辞职，引起了一场轩然大波，成为军阀政府与学生运动斗争的又一个焦点。军阀政府愚鲁顽钝，不为所动。

6月3日，派兵镇压学生运动，一时双方僵持难下。教授们纷纷提出辞职。

6月5日，北大教授在红楼第二层临街的一间教室内召开临时会议，主要为了应付事件，特别是挽留蔡元培校长，许多教授纷纷发言，一致希望挽留蔡元培校长。但对怎样挽留，一时说不出个结果。正在商议的时候，辜鸿铭也站了起来，走上讲台，表示应该挽留校长，他说：

"校长是我们学校皇帝，所以非挽留不可。"

当时坚决主张反封建的陈独秀、胡适、钱玄同、刘半农等均在座，但因他是坚持挽留蔡元培校长的，也就没有人站出来和他抬杠了。

辜鸿铭对蔡元培极力推崇，常在课堂上告诉学生：

"现在，中国只有两个好人，一个是蔡元培先生，一个就是我。我不跟他同进退，好人不是就陷入孤掌难鸣的绝境了吗？好人是有原则的。蔡先生点了翰林之后不肯做官，就去革命，到现在还是革命。我呢？自从跟张文襄做了前清的官以后，到现在还是保皇。"

他对自己的坚持保守主义感到自豪，但他也对蔡元培的坚持革命无比佩服，看来冬烘先生是很强调一个有始有终的信念，不随风乱转，口是心非，这也是辜鸿铭率直真诚感人的地方。可惜，这个世界似乎越来越不喜欢、不容忍真诚的人了，他的寂寞可以为证。

蔡元培的肚量胸怀，正使辜鸿铭这位自认赶不上潮流的冬烘先生能执教北大，他的傲慢、清高、自尊、怪癖也只有蔡元培先生能容纳得了。据说陈独秀很不服气，说：

"辜鸿铭上课，带一童仆为他装烟倒茶，他坐在靠椅上，辫子拖着，慢吞吞地上课，一会吸烟，一会喝茶……蔡元培能容忍他摆架子，玩臭格，居然一点也不生气。"

最后，军阀政府迫于压力，6月10日，终于满足了学生们的要求，拒绝在巴黎和约上签字，挽留蔡元培。

7月9日，蔡元培致电全国学联、北京学联和北京大学学生会，表示放弃辞职。

9月12日，蔡元培回到北京大学，北京大学又恢复了正常。

辜鸿铭也出现在讲台上，继续讲英文诗。

第三章　斑斓色彩

公元 1918 年

民国七年

陈独秀、蔡元培、胡适

奉送了辜鸿铭三层帽子：

君主论者，复辟论者，久假不归

辜鸿铭却站在看台上

君主论者

新文化运动主帅陈独秀率先发现并看中辜鸿铭，不为别的，只因辜鸿铭此时是最好的封建余孽的代表，遂把横扫封建壁垒的矛头调过来，对准辜鸿铭。

1918 年 9 月 15 日，《新青年》上登出陈独秀署名文章，题目是："质问《东方杂志》记者——《东方杂志》与复辟问题"，把辜鸿铭列为复辟论者之首，称"辜鸿铭、康有为、张勋诸人……"，一场关于东西方文化的论战围绕着辜鸿铭拉开了架势。

硝烟起于西洋人，特别是德国人对辜鸿铭的推崇。

第一次世界大战硝烟散尽后，德国作为战败国，失去了所有的海外殖民地和租借地。吃到嘴里的地盘退还邻国，而这些地方又是富藏矿物的肥肉。作为战胜国的英、法、美等国为防德国军国主义死灰复燃，对德国施行军备制裁，想解除这个战争巨人的武装，特别是苛刻的对法赔款，使本已厌战祈求和平的德国人大为不满，他们本就看不起法国，憎恨英、美等国家，却又无可奈何，此刻更对西方文化充满疑虑。

而当时作为战胜国之一的中国，陪同德国这道大菜被端到巴黎和谈桌上，任人宰割。德国人与中国人有同病相怜的感觉。战败的德国不甘屈辱，对西方世界满怀怨恨，对东方文化更感兴趣。战争前后在德国出版的辜鸿铭著作有：《为中国反对欧洲观念而辩护：批判论文》和《中华民族的精神与战争的出路》，包括1920年编译的辜鸿铭论文集《怨诉之音》（亦译作《呐喊》），在战后的德国更为畅销，拥有大量的读者。辜鸿铭的名字常常挂在德国人的嘴边。据说后来德国著名哲学家、历史学家施本格勒写那部轰动西方世界的著作——《西方的没落》时，就受到辜鸿铭思想的影响。辜鸿铭已降伏了最为哲学的民族，德国组织起一个"辜鸿铭研究会"，以示尊崇。

有一个故事足以说明辜鸿铭在德国的影响之大。有位叫魏嗣銮的中国留学生来到德国，遇到一位哲学教授纳尔逊先生。这位教授是教康德哲学的，在哲学和数学方面很有贡献。纳尔逊约魏嗣銮到家中闲谈，谈话中问起辜鸿铭在中国的情况，问他读过辜鸿铭的著作没有？魏嗣銮告诉他："辜鸿铭这个名字，听说过，但却没有读过他的著作，一般都把他看作顽固派，青年人是不大理会他的。"

纳尔逊教授大为吃惊，大名鼎鼎的辜鸿铭在中国居然如此潦倒，他说："辜鸿铭的著作，我有幸读过几种，我以为他的哲学意义深远，令我佩服。"说着从书架上取下几本书，正是辜鸿铭的三种德文出版物，一一向魏嗣銮介绍，诚恳地劝他，有空取来读一读，魏嗣銮也未在意。到书店买了这几种书后，略一翻看便放在一边。

隔了许久，纳尔逊又约他面谈，告诉他："我近来在伦敦《泰晤士报》读到辜鸿铭的一篇文章，叙说他在北京的孤苦，看见许多贫民食不果腹，衣不蔽体，一片哀鸿遍野景象，时时想方设法救济，却又苦于家无余财，政府诸公无办法，也不想办法，精神异常苦闷，痛苦异常，日日唯祈求速死。我看后，最近想法筹了一小笔款子，想寄给他，但又怕他不愿接受，我想以他的书籍在德国所得的版费的名义寄给他，你以为他会不会接受？"

魏君听后大为感动，非常敬佩和赞成他的义举，举笔帮他在信封上写上——中国北京辜鸿铭先生。好大的派头，看来在德国人眼中，辜鸿铭已经成了中国北京的象征，神秘得有几分耀眼的中国文化似乎已经集中在这位东方圣哲身上。辜鸿铭，显然是求仁得仁，成了中国文化的一张"铁嘴皮"，名扬世界了。

几日之后，纳尔逊先生问魏对辜鸿铭的看法，魏嗣銮告诉他，虽读了一遍辜鸿铭的作品，但没有什么印象。纳尔逊教授大为失望，对他说："我读辜鸿铭的著作，至今已十多次了，多读一次，即更有所得一次。大凡一部书，倘若只值得读上一次，那它的价值实在值不得一读。我希望你再读之后，见解或有改变。"

纳尔逊教授言下对辜鸿铭赞誉不已。更有甚者另一位教授规定，如若他的学生不懂辜鸿铭，那就不准他参加讨论。而且在《怨诉之音》出版后不久，德国人成立了"辜鸿铭研究会"，作为一名活着的东方人能在自负的西方享有如此大的声誉，实在是令人吃惊，难怪留学西洋的中国留学生大多听说过这位活在中国的神话人物，回国后为辜鸿铭大鸣不平了。

辜鸿铭在西方世界的影响，恰与他在中国的影响形成鲜明的对照：他批判、怒斥的西方人对他佩服得五体投地，也许他是太了解西方人了，一出招便捅到西方人的痛处；而他忠心耿耿，一心一意为之呼喊，为之贴金的中国却目之为怪物，也许他对中国人太不了解了。中国人只是淡淡地寻章摘句，自以为了不起地说："咱们祖上就有过了，咱们祖上也阔过一阔的。"其实骨子里是悲哀的。洋大人们不是很能干吗？枪不错，炮不错，花花绿绿的钞票更好，洋人们实在是太能干了，他们享受的是更圆的月亮，更美的世界。咱们中国已经被剥下了一切，除了还剩一副骨架，以及附在上面的官僚蛀虫，看来是越快见成效的越受欢迎了，到后来十五年赶英超美，成为一种更热切的幻想。

　　1918 年，《东方杂志》译介日本《东亚之光》所载《中西文化之评判》一文，文中着重介绍了德国人台里乌司和弗兰士对辜鸿铭的看法，称：

　　"此次战争，使人对欧洲文明之权威大生疑念，欧人自己亦对于他人之批评，虚心坦怀以倾听者较多。胡某（指辜鸿铭，日本人音辜为 KU）之著作，在平时未必有人过问，而此时却引起相当之反响，为赞否种种之议论，及介绍其赞成者反对者与中立者之代表的意见，俾读者得知其概略焉。"

　　接下来作者介绍了台里乌司对辜鸿铭两种著作的看法，特别是教育上，中国三岁小儿，即在学校中学中国思想家之思想，洞彻其精神。德国人在学校，对自己国家文化之绝妙处，绝不得闻。德国大思想家们，仿佛群鹤在天上高飞，普通人听不到他们飞动时扑打羽翼之声。

　　弗兰士则批驳辜鸿铭强调欧洲人向中国人学习的看法，认为应当宣扬德国人的思想，把它介绍到世界上去。最后作者称：

　　"余对于学校中当大输入我思想家之思想之事予极赞成。"

　　同时《东方杂志》上还登载了一篇署名伧父①的文章——《迷失之现代人心》，文中认为民国以来，国是丧失，精神破产，实在是中国对现实纷乱之惶惑，出路只有一条，保持固有文明并以之为线索，融汇外来文明，一以贯之，在很大程度上是受到西方大战的影响而得出此种结论。文中也特别引用了辜鸿铭关于教育的看法。

　　《东方杂志》两篇文章登出后，被新文化运动主帅陈独秀抓住，在《新

① 伧父，杜亚泉笔名，杜亚泉，原名炜孙，字秋帆，号亚泉，后以号行，写作时亦署名伧父、高劳等。浙江上虞人。生于 1873 年。光绪十五年中秀才，乡试落榜后，绝意科举。甲午战后，深受刺激，舍国学而学历算。戊戌变法失败后，蔡元培南归，资办绍兴中西学堂，他为算学教员。接受新知，自学能力超群。到光绪十八年时，先后自学物理、化学、动植物、矿物学诸学科，而且自学了日文，借此接受新知识新思想，致力于提倡科学教育事业。1904 年应邀入商务印书馆编译所任理化部主任。1911 年开始兼任创刊于 1904 年的《东方杂志》，接手后，一改文摘作风，扩大版面，刊载论文、译文，销量大增。他本人也在上面宣传自己的渐进改革观念，后引来陈独秀的抨击。1920 年，辞去主编兼职，专心理化部主任职，从此封笔。1933 年病逝。

青年》上发表的这篇文章中，列出十六条，条分缕析，质问《东方杂志》记者：

"夫孔子之伦理如何，德国人政体如何，辜鸿铭、康有为、张勋诸人，固已明白昌言之，《东方》记者亦赞同否？敢问。"

逐条质问，气势夺人，大帽子一顶——"谋叛共和国"——直戴过去，颇能诛其心意。一阵猛烈抨击后，陈独秀提出挑战："以上疑问，乞《东方》记者一一赐以详明之解答，慎勿以笼统不中要害不合逻辑之议论见教，笼统议论，固前此《东方》记者黄远庸君之所痛斥也。"

看陈独秀的语气，大有一种纵枪上马，拍马叫阵，要与人单打独斗的架势，开始了一场以辜鸿铭为中心的东西方文化大论战。辜鸿铭却不置一词，站在看台上。

不久，杜亚泉在《东方杂志》上发表《答〈新青年杂志〉记者之质问》，就陈独秀的质问，列举十条，加以反驳，就中西文化中的一系列问题进行评说，强调借传统伦理精神来抚慰人心，但这大概也只是杜亚泉的一厢情愿。

陈独秀立即加以反驳，1919 年 2 月 15 日，《新青年》上登出陈独秀文章——《再质问〈东方杂志〉记者》，称："记者信仰共和政体之人也，见人有鼓吹君政时代不合共和之旧思想，若康有为、辜鸿铭等，尝辞而辟之，虑其谬说流行于社会，使我呱呱坠地之共和，根本动摇也。……《东方》记者……赐以指教。幸甚，感甚。……盖以《东方》记者既不认与辜鸿铭为同志，自认非反对立宪共和；倘系由衷之言，他日不作与此冲突之言论，则记者质问当时之根本疑虑，涣然冰释，欣慰为何如乎？惟记者愚昧，对于《东方》记者之解答，尚有不尽明了之处，倘不弃迂笨，对于下列所言，再赐以答。"

接着，对杜亚泉文十条逐一分析反驳，强调乃至反复强调："辜鸿铭主张君臣礼教"，指出强调传统伦理道德，即有主张君权之嫌疑，主张君权者，即反对民主共和，从而大加批驳。

两个回合下来，五四前夜提倡文学革命和全盘西化而树立起来的激进形象，陈独秀和他的阵地《新青年》，明显占了论战的上风。在当时的大中学生中，陈独秀及《新青年》的评点早已是一种风向标。这种争吵已变成了人生态度的争吵，具有很强的伤害性。

想当年伏尔泰为政府迫害卢梭鸣不平时，大声疾呼："我坚决反对他的观点，但我誓死捍卫他说这种话的权利。"然而毕竟他与卢梭有了难以愈合的冲突。此时的杜亚泉本想克服人心迷乱、重塑传统的价值源头，却成了一腔幻想。对于陈独秀等激进的知识分子来说，此时正是大力引进西方民主与科学的精神批判传统文化的时候，认为"西洋的法子和中国的法子，如像水火冰炭，绝对两样，断断不能相容"。

事情的结局总令人有些悲观，正如这时一位美国作家所说："我们美国人认为，由人民选举的政府意味着自由和公正，这一点未必是真的。民主给了我们成千上万的首领，而每一个首领都比欧洲一般的一个单独的君主更为浪费。"

是的，特别是中国这样没有共和主义基础的共和政体，最终是难以成功的。当时握着枪杆子和印把子的北洋诸公就很会利用民意，他们才不吃那一套。最大的悲哀也许不在于什么主义，而在于以什么样的方式指挥枪杆子，以什么样的方式盖印戳子。几年以后毛泽东就特别强调：党指挥枪，把中国从军阀的泥淖中拔了出来。

北大学生领袖傅斯年、罗家伦等主办的《新潮》，很快对出版《东方杂志》的商务印书馆发出指责，说是商务印书馆由支持西化向鼓吹国粹的立场倒退。毕竟杜亚泉显得不合潮流了，在巨大的压力下，商务印书馆的张元济、高梦旦等虽然与杜亚泉在思想上有诸多共同之处，也不得不考虑顺应潮流，改变《东方杂志》的形象，故劝杜亚泉保持沉默，以保住他们最大的读者市场。

这场以辜鸿铭为靶子的东西方文化论战，最后草草收场，其间是非恩怨、种种得失，至今思之，感慨系之。

毕竟现在已经不再是辜鸿铭发表《尊王篇》《清流传》的时代了。

在激烈汹涌的时代，辜鸿铭的遵从古代先贤圣哲，宣扬中国传统文化，已经到了如痴如醉的程度，甚至有些不辨精华糟粕，甚至有些逆历史潮流而动，在时代潮流中沦为各派的靶子也是很自然的事。

复辟论者

1919 年 3 月，辜鸿铭又卷入了是非圈中。

五四前夕，不断推进的新文化运动，引来了一帮主张传统复古的自命正统人物的攻击，一时关于北京大学的谣言四起，谩骂和攻击接踵而至。在这场新旧思潮的大激战中，带头对新文化运动、对北京大学进攻的，是桐城派古文家林纾。

1919 年 2 月间，林纾在上海《新申报》上发表《蠡叟丛谈》，以小说的形式，攻击北大新派人物，小说最后，借助一个伟丈夫，以武力镇压新文化运动。3 月 18 日，林纾又在《公言报》上发表了《致蔡鹤卿太史书》，攻击北大毁弃伦常，捏造北大妄想以法兰西文字为国语，写白话文，尽废古书，认为蔡元培凭位分势利而施趋怪走奇之教育，写完之后，得意地缀上一句："此书上后，可以不必示复。"

在如此挑衅面前，蔡元培不能再沉默了，当即于 3 月 18 日这一天，写了封《致〈公言报〉函并附答林琴南君函》，公开发表，对林纾的污蔑和攻击一一加以驳斥，同时指出自己的两点主张：

> 一、对于学说，仿世界各大学通例，循"思想自由"原则……
> 二、对于教员，以学诣为主。在校讲授，以无悖第一种之主张为界限。其在校外之言行，悉听自由，本校从不过问，亦不能代负责任。例如复辟主义，民国所排斥也，本校教员中，有拖长辫而持复辟论者，以其所授为英国文学，与政治无涉，则听之。

颇负时望的蔡元培继陈独秀之后，再一次给辜鸿铭贴上复辟论者的标签。蔡元培毕竟要谦和得多，他只是把辜鸿铭归结为复辟论者，却没有否认辜鸿铭教学之水平。这大约也是蔡元培不同于时俗之处吧？最后，林琴南又作了一次反攻，但是，他的持论显然是谬误百出，不攻自破了。不过这一阵攻击，却带给了辜鸿铭一顶加厚一层的复辟论者帽子。这帽子得的意外，辜鸿铭是个看客，无话可说。

久假不归

1919 年 8 月，紧接着飞来的这一顶帽子是新文化运动的另一主要人物胡适奉送的。胡适在《每周评论》上登出一段随感录《辜鸿铭》，称：

> 现在的人看见辜鸿铭拖着辫子，谈着"尊王大义"，一定以为他是向来顽固的，却不知辜鸿铭当初是最先剪辫子的人。当他壮年时，衙门里拜万寿，他坐着不动。后来人家谈革命了，他才把辫子留起来。辛亥革命时，他的辫子还没有养全，他戴着假发接的辫子，坐着马车乱跑，很出风头。这种心理很可研究，当初他是"立异以为高"，如今竟是"久假而不归"了。

辜鸿铭在新文化运动中一直站在一边，不置一词，唯对于文学革命中倡导的新文学大为不满，认为新文学才会真正使人的道德萎缩，是真正的死文学。

1919 年 7 月 12 日，蔡元培辞职风波后，辜鸿铭在一片"复辟论者"的大帽中，好整以暇，身套油光闪亮的长袍马褂，拖着五彩辫子，冷眼旁观之余，在上海《密勒氏远东评论》上用英文发表《反对文学革命》一文，指斥新文化运动诸君主张，称：

"所谓死文学，应指笨拙、无生气活泼的语文，不能表达生动力量的意思，而中国经典绝不符合这个定义。中国经典的文字正如莎士比亚作品中的文字一样，比现在所流行的通俗英语要高贵华丽，和市井白话当然不可同日而语！中国经典之典雅华丽是世界首屈一指的，又其能负传道责任，怎可能是死文字？文学革命者倡导的文学，只会使人道德萎缩，才是真正的死文学！"

而且他说："最通俗的语言也可以是最好的语言！在这世界上面包和果酱反而比烤火鸡消耗得多，然而我们能够只因为烤火鸡较少，硬说烤火鸡的营养价值和美味比果酱面包来得差，并且认为人人都只该吃果酱面包吗？"

8月16日，辜鸿铭又在同一刊物上发表《留学生与文学革命》一文，反驳新派攻击文言文难学造成中国众多文盲的观点，他竟然认为这些留学生能够在国内愉快生活，"应该承认我们4亿人口中的90%仍是文盲之事实，在每天生活中应该感谢神"。

他尖刻地写道："试想，如果中国4亿人口中之90%都变成为知识分子之结果——如像北京的苦力、马夫、司机、理发匠、店员、小贩、游民、流氓等全部都变成知识分子，并且和北京各大学学生一样参与政治，那将是多好啊！然而最近据说已有5000件电报拍往巴黎讨论山东问题的中国代表们，如果4亿人口中90%全变为知识分子，并且也都和留学生一样表现爱国狂，那就请计算一下拍发的电报件数和所耗费的金钱吧。"

辜鸿铭的书生之见又执拗地露头了。他永远也搞不懂，那帮治国的军阀能够称心如意地卖国，早已激起了一班爱国青年的不满，他们当然要以自己的赤诚在军阀们卖国的油锅中投下几只苍蝇，让他们卖得穷形尽相毫无遮蔽，让帝国主义者吃不下这锅加了苍蝇的大菜……

胡适的文章发表这天，恰巧是星期天。胡适到北京西车站一位朋友家拜访，同到附近一家饭馆吃饭，碰巧辜鸿铭也正和七八个朋友在这家饭馆吃饭，正在高谈阔论。胡适一眼看到辜鸿铭，真是说曹操，曹操就到，胡适立刻把身上带的一分《每周评论》递过去，送到辜鸿铭的手上，大概是想看看自己的这段话写得如何吧，更何况写的正是风趣尖刻、逸闻不断的辜鸿铭先生呢。

辜鸿铭接过报纸，略略一看，便调过头对胡适说："胡先生，你这段记事不确切。让我告诉你我辫子的故事吧。想当初，我父亲送我出洋时，把我托付给一位苏格兰教士，请他照管我。临行时，父亲嘱咐我：'现在我完全把你交给布朗先生了，你什么事都要听他的话，只有两件事你要记住：第一，你不可入耶稣教。第二，不可剪辫子。'

"我到苏格兰后，跟着我的保护人，过了许多时日，每天出门，街上小孩子总跟在我后面叫喊：'瞧呵，支那人的猪尾巴！'我却总想着父亲的教训，忍受着侮辱，始终不敢剪辫子。那个冬天，我的保护人到伦敦去办事。

"一天晚上，我去拜望一个女朋友，她拿起我的辫子来赏玩，说中国人的头发真黑得可爱。我看她的头发也是浅黑的，为了讨好她，便鼓起勇气对她说：'你要肯赏收，我就剪了送你。'她笑了，我就拿过一把剪刀，咔嚓一下，把我的辫子剪下来送给她了。这就是我最初剪辫子的故事。可是拜万寿，我是从来没有不拜的。座中这几位都是我的老同事，你问他们，我什么时候没有拜万寿牌呢？"

胡适本来就是听别人说的辜鸿铭的事情，现在他不温不火地自道家门，自己确实搞错了，便对辜鸿铭说："对不起，看来是我弄错了，我向你道歉。"

说完后胡适回到自己的座位上，远远看见辜鸿铭把那份报纸传给同座客人看。待吃完饭后，胡适因为只带了这份报纸，便走过去问他讨回那张报纸，辜鸿铭却站了起来，把那张报纸折成几叠，往兜里这么一插，也许受了同座几位的怂恿，正色说："胡先生，你在报上诽谤了我，你得在报上向我正式道歉。如若不道歉，我要向法庭控告你。"

胡适却忍不住笑了："辜先生，你说的话是同我开玩笑，还是恐吓我？要是恐吓我，那么请你去告状，我要等到法院判决了，才向你正式道歉。"

说起来辜鸿铭对胡适颇有微辞，当初胡适到北大任教，讲授哲学，辜鸿铭就曾对人评点胡适，说："满口美国中下层的英语。况且，古代哲学以希腊为主，近代哲学以德国为主，胡适不懂德文，又不懂拉丁文，教哲学岂不是骗小孩子？"

这次冲突约半年以后，两人再次相遇，胡适问他："辜先生，你告我的状子递进去没有？"

"胡先生，我向来看得起你，可是你那段文章实在写得不好啊！"

陈独秀已经给辜鸿铭贴了君主论者的标签。这位新文化运动中的主帅，决定了许多年轻知识分子的好恶。接着，又是蔡元培手中亲送的"复辟论者"大帽，再来一顶胡适先生的"久假不归"，三重帽子、三个影响时代的青年知识分子引导者手订的签条，辜鸿铭冷冷地，没说一句话就坠入了复辟论的中心位置。

北大的学生领袖傅斯年、罗家伦等主办的《新潮》也跟着上阵，辜鸿铭在这样的新潮中，寂寞冷淡，也就可知了。

在这三次是非之中，辜鸿铭完全成了一个靶子，一个新文化运动、文学革命所能找到的最好的靶子——封建余孽代表，直接冲着辜鸿铭来的，几乎没有。陈独秀与杜亚泉，一个批，一个赞，批的是辜鸿铭，赞的也是辜鸿铭，辜鸿铭却事不关己。蔡元培与林纾之争，扫到的又是辜鸿铭。胡适出击，看准的也是辜鸿铭，如此数方，从不同角度，不同取舍，或批或赞，不一而足，最闲的就要数辜鸿铭本人了。

在硝烟重重、火药味极浓的论战中，辜鸿铭还好整以暇，拿起他的那支笔，尖刻地刺了美国人一下。他写了篇《没有文化的美国》，寄到《纽约时报》，美国人居然登了出来，文中还插入一幅辜鸿铭的漫画像，穿着大清的顶戴朝服，拖一条大辫子。文中，辜鸿铭刻薄地嘲弄美国人没有文化，除了爱伦·坡的一行诗外，老实说，美国没有文学作品。

如果说新文化运动以前的辜鸿铭是寂寞孤独的，那么在戴了三重大帽后，他仍是孤独寂寞的，国人知道的是他的怪。

不过，此时辜鸿铭有了大量的同道，一批"回头浪子"。最先倡导天演论的严复也捧起了古书，也许他一直就是比较古的；独倡科学主义的杜亚泉为辜鸿铭鼓掌，虽然掌声寥落；梁启超也开始怀疑起西方来；南北学林的新老名流王国维、陈寅恪、吴宓、梁漱溟、梅光迪、柳诒徵……可以列出一串长长的大师们，都在齐声为中国文化呐喊。

但，他们也注定是寂寞的，这些光辉的学界闻人毕竟被岁月的激流冲刷得太远；而今，他们的声音又渐渐回到人间……

第四章　域外形象

20 世纪一二十年代访华的外国作家、记者

无不以一见辜鸿铭为荣，甚至宣称：

到中国可以不看紫禁城

到北京可以不看三大殿

不可不看辜鸿铭

辜鸿铭成了外国人到北京不可不看的一位圣哲。

辜鸿铭定居北京后，家中更是洋人不断，当时在华的欧美人士无不纷纷慕名前往拜访。特别是第一次世界大战中，德军节节胜利时，辜鸿铭却早已看到德国内部的危机，德国工人革命运动潜伏着不可忽视的力量，预言德国人必败。战后，中外人士对他的论断无不佩服。侨居北京的西方人，遇有争论不决的问题时，总是说："我们去请教辜鸿铭先生，看他怎么说。"而他也老实不客气，引经据典，侃侃而谈，以其渊深的西洋学术涵养，来个"以子之矛，攻子之盾"，常能得到明晰的结果，令西洋人钦佩不已。

有这么一次，洋人有一个演出，辜鸿铭当然也在被邀之列，观众中除了他是中国人外，全都是些洋人。演出开始后，洋人们起初还认认真真地看台上的演出，慢慢地全都注意到了座中还有这么一位中国人，一位

干瘪瘦削、形容猥琐的土老头儿。洋人们很是奇怪，开始还是窃窃私语，小声议论，后来索性演出也不看了，把这老头儿作了议论的话题，高声谈论起来。他们觉得无论怎么说都无关紧要，这老头儿绝听不懂，而且他那副模样怎么说都不过分，任怎么猜都有理。

辜鸿铭整个身子塌在座位上，蔫不拉叽地坐在那儿，似乎是早已魂飘天外般，任他们胡说。等到洋人说得正热闹，无所顾忌之时，冬烘先生一改冬烘之态，腾地站起身来，施施然向舞台走去。洋人们不知此土老头儿有何动作，全都停下议论，鸦雀无声地盯着他。此刻，他已是演出的中心人物了，只见他脚这么一抬，到了台上，猥琐之态全消，精气神十足，仿佛那身辜记敝服乃是精神的光芒恰当的装饰，嘴唇一动，一口流利的英语流水般涌出，滔滔不绝，将座中那些洋人嘲弄、挖苦、侮辱他的话狠狠地批驳一通。然后理直气壮，气冲斗牛，朗声说道：

"你们听清楚了，这里是中国的领土，你们不过是我们的客人，却在这里反客为主，对主人如此无礼。如果我们中国人到了你们那里去做客，绝不会如此无礼。所以说，今天的事实也证明了我们东方固有的文化，精神文明，比起你们西方不知高明多少倍。"

随即又用德语、法语补充一遍，然后才施施然踱下舞台，袍袖一拂，扬长而去，只留下一帮瞠目结舌的洋人。后来这些洋人才知道，这位就是名扬海外、大名鼎鼎的辜鸿铭博士，正宗爱丁堡大学出身。

这位大智若愚的冬烘先生，总令洋人感到吃惊、佩服，同时又对洋人极为刻薄。还有一次，据说是在1917年前后，辜鸿铭到真光电影院看电影，他的前排坐着一秃顶的苏格兰人。辜鸿铭把旱烟杆拿将起来，轻轻地敲击那位苏格兰人的秃顶，冷静地说："请点着它！"

那苏格兰人正在津津有味地看着电影，冷不防被人一击，大吃一惊，赶紧拿火柴连划数根，才替他点上烟。

辜鸿铭则傲慢地坐着，脑子里似乎想到了那句话："洋人看不起我们……"这下可让他过足了胜利者的瘾。

毛姆①来访

1920 年，英国著名作家毛姆游历东南亚，看过辜鸿铭故乡槟榔屿后，来到北京。现在，他急于想见的就是辜鸿铭。

毛姆到了北京后，即有一种奇特的感觉，大约此时的中国在一般西方人眼中，乃生番之地，出乎意料，这里居然繁华得很。他在访问记里，编造了一个神话似的城市，他写道：在如此偏僻的地方发现如此巨大一个城市，是出乎意料的。向晚，从城门的雉堞上望得见雪山。这里人口稠密，只有走在城墙上才走得自在，就是步子迅疾的人，走完一周也得花三个小时。周围 1000 英里内没有铁路，城旁的河流如此之浅，只有轻载的平底帆船才能安全航行。坐舢板到长江上游，得花五天。一时间你感到烦躁，不禁自问，火车轮船到底是否像每日搭乘的我们所想象的那样为生活所必需；因为在这里，100 万人口成长发育、结婚、生儿育女、死亡；在这里，100 万人口致力于商业、工艺和思想。

也许这是毛姆对北京城虚幻的感受。但他知道这座城市住着一位著名的哲学家，名震西洋的辜鸿铭。他之所以踏上到北京的旅程，动机之一就是想见辜鸿铭一面。

在毛姆的想象中，辜鸿铭早已是位神话般的人物。他是中国最伟大的儒教权威，为慈禧太后手下最大的总督当过多年秘书，如今已退隐。然而，一年中，每周总有几天开门揖客，接待求学的人，宣讲儒家的教义。他拥有一班门生，但为数不能太多，太多就不会有高人之清奇了，就俗了。因为学生们敬畏他那朴素的寓所和严厉的教诲，而更向往洋大学的豪华楼房与蛮子的实用科学，而这必是他嗤之以鼻的，而且这位传说中的人物性格倔强。

---

① 毛姆（1874—1965）英国著名作家，文艺评论家。生于巴黎，曾在法、英、德等国受教育，40 余岁后开始游历东方，在南太平洋追寻画家高更的遗踪，后到槟榔屿观光，再到中国旅游。1929 年起，定居法国。一生创作丰富，题材多样，涉足小说、剧本等创作。

　　毛姆向他落脚的那家主人——一个快活的英国人，提出希望会见这位神话人物，主人当即表示愿意为他安排一次会晤。毛姆便一边游览北京城，一边热切地等着这场会晤，然而日子一天天过去，却音讯杳无。毛姆实在忍不住了，拜见一位渴望拜见的人，就像渴望一杯美酒，越喝不到，越想喝。他向主人探听，主人却耸一耸肩。"我派人捎信过去，叫他快来。"

　　他说："不知怎么，他还没来。他是个固执的老头。"

　　毛姆听他一说，知道坏了，以这种倨傲的态度去接近一位伟大的哲学家成何体统，难怪他置之不理了。当下立即写了封信，措辞谦恭，态度诚恳，希望能前去造访云云，派人送去。不出两小时就收到复信，约他于次日上午十时会面。毛姆兴奋不已。

　　次日一大早，经主人指点路径，毛姆就上路了。这段路程，在他眼里仿佛穷无尽头。经过一条条拥挤的市街和寥寥的街区后，终于寻到了一条小巷内。这条小巷在毛姆的眼里，是阒无人迹的、隐者居住的小巷——椿树胡同。来到白色的墙上开凿的门庭前站定，抬头一望，不错，椿树胡同十八号，正是辜鸿铭的隐居之地。一看时间尚早，只好一人独自到近处溜达，不敢造次，时间差不多了，才再次来到门前。

　　毛姆举手叩门，门上的窥视孔"嗒"地一声开启，一双黑黑的眼珠望着他，见是位洋人，知是找他家老爷来的，立即开门让他进屋。毛姆见是位身着粗布长袍，脑后拖着辫子的男子，心里嘀咕，这位不知是那伟人的仆人还是门生。他不通汉语，怎知这位就是北京城最独特的车夫、仆人刘二、辜鸿铭的影子呢！这刘二早经主人交代，立即带毛姆穿过那个小花园。此时已是秋天，显得有些破败，间或几株黄菊，开得正艳，顿生一片生机。然后毛姆踏进了一间长而低矮的房间——辜鸿铭的书房，只见室内陈设稀疏，摆有一张美国式活动顶板书桌，两三把乌木椅子，两张中国式小几，靠墙是书架，不消说大多数是中文书籍，但也有不少英文、法文、德文版哲学和科学著作，以及数百本未经装订的各种学术评论。墙上的空隙地方，挂着一卷卷各种书法卷轴，毛姆心里猜测，写的定是孔子语录吧。

毛姆扫视过这间书房后，心想。完完全全冷清、空旷、简陋、令人不适。幸好书桌上那只孤零零的长花瓶不是空的，插着一株傲岸的黄菊花，整个房间里沉郁的空气才顿时调和了。

毛姆独自在那里等了许久，刘二才送来一壶茶，两只杯子与一包弗吉尼亚香烟，刘二前脚出去，辜鸿铭后脚进来。毛姆赶紧恭恭敬敬地说："辜先生，承蒙慨允，使我能亲见先生，不胜荣幸之至。"

辜鸿铭微微一笑，手一挥，说："坐，坐，坐下来聊。"

然后沏了杯茶，顺手抽了根烟点上，深深吸了口，说："你想来看我，我深感荣幸。你的同胞专同苦力打交道，他们以为，中国人不是苦力就是买办，两者必居其一。"

毛姆一时摸不着头脑，不知他用意何在，只好硬着头皮抗辩。辜鸿铭却坐在椅子上，靠着椅背，头微微后仰，以嘲弄的神色盯着他，说："他们以为，只要一招手，我们非来不可。"

毛姆这才弄明白，原来对他的朋友那封倒霉的信，辜鸿铭还记在心里，一时毛姆不知如何回答才好，于是含混着说了些恭维话。

这时，毛姆才看清眼前这位神话人物，年事已高，高个儿，脑后拖一根细长的灰色小辫，两眼炯炯有神，厚眼睑，牙齿已有些脱落了，而且泛着黑色；瘦骨嶙峋，手小而纤细，像鸡爪子似的；服饰如传说中的一样。看着辜鸿铭小心提防着别人的模样，毛姆不知道该如何是好，毛姆觉得哲学家在关心精神界的人中当然拥有高贵的地位，本杰明·迪斯雷利说得好，对高贵的人，我们应当百般奉承。

于是，毛姆开始认认真真地恭维起来。少顷，他感到辜鸿铭防备的神态略有放松，此时的辜鸿铭恰如站在拍摄镜头前，刻意表演，表情呆板僵硬，但听到快门"咔嗒"一声之后，便松弛下来，神态恢复了自然，拿出他的著作给毛姆看。

"我在德国得了博士学位，你知道。"

他说："后来在巴黎攻读过一段时间，但最早，我是在爱丁堡大学求学的。恕我直言，英国人最缺少哲学方面的才能。"虽然他说着抱歉似的口吻，却又不无快意地有稍含挖苦的意思。

毛姆暗示："我们有些哲学家在思想界也不无影响。"

"休谟与柏克？我在爱丁堡大学时，那些执教的哲学家们生怕触犯了他们的神学同事，他们不愿意遵循自己的思想以谋得合乎逻辑的结论，只怕危及了自己在大学社会中的地位。"

"现在美国在哲学方面的造诣，你研究过没有？"

"美国哲学？你指的是实用主义吗？那是愿意相信不可信的东西的人最后一个避难所。我们需要的与其说是美国哲学，倒不如说是美国石油。"

辜鸿铭尖酸刻薄劲上来了。对他来说，有机会发挥他的"金脸罩铁嘴皮"功夫，真是太好不过了，说到这里，辜鸿铭又点了一支烟，喝了口茶，然后操一口流利而地道的英语，不时借用一些法、德短语，滔滔不绝地侃侃道来。在毛姆看来，要说辜鸿铭这样倔强的人也会受影响的话，他显然是受了德国人的影响，德国人的条理与勤勉在他身上留下了深刻的痕迹。

当辜鸿铭谈到当时一位德国教授在一本学术刊物上发表一篇论文，论述辜鸿铭的一部著作时，他明显地对这篇评论很感兴趣，欣赏起德国人的敏锐来。他加重语气说："我写过些书，而这是欧洲刊物对我表示的唯一一次关注。"

毛姆心里明白，辜鸿铭对西方哲学的研究，到头来只不过使他更加坚信：智慧，说到底永远无法逾越儒家的教义的界限。辜鸿铭信心十足地接受孔子的哲学，这种哲学正适合他精神上的需要，而外国的一切哲学不过是徒具形式而已。毛姆私下认为，此正证实了他自己的一个见解，即哲学不是逻辑问题，而是性格问题。哲学家只是依自己的性情来相信的，他们的思想不过是使他们认为真实的东西合理而已。而儒家教义牢固地控制了中国人，恰表明它表达了中国人的真实，其他思想体系都无此魅力。

毛姆静静地听着，这时手指早已被香烟熏得蜡黄的辜鸿铭，又点上了一支香烟，开始还有些懒洋洋的，声音轻微而疲乏，但随着他对话题兴趣的增加，嗓门儿越来越放开了，一副慷慨陈词模样。在他身上，毛姆找不到一丝圣贤的淡静闲适，他是雄辩家，是战士。对他来说，社会是唯一的单位，而家庭是社会的基础，他拥护旧中国与旧学派，拥护君主制，提倡孔子的教义。

当辜鸿铭天马行空，信口开河，谈到那些刚从洋大学毕业的留学生们，他们用亵渎神明的手撕下世界上最古老的文化时，他不禁怒火中烧。

"啊你，你可知道你们在干什么吗？你们自以为胜我们一筹，理由何在？你们在艺术上还是在文学上比我们高明呢？我们的思想家不及你们的深刻吗？我们的文明不及你们的精致？不及你们的复杂？不及你们的典雅么？吓，还在你们住山洞、裹兽皮的时候，我们就是有教养的民族了。

"你们可知道，我们做过世界上绝无仅有的试验。我们以智慧而不是武力来统治这个伟大的国家，而一连几个世纪以来，我们都成功了。那么白种人何以轻视黄种人呢？要不要我告诉你？因为白种人发明了机关枪，那是你们的优点。我们是赤手空拳的群众，你们能完全毁灭我们。你们打破了我们的哲学家的梦，你们以为世界可以用法律和秩序来统治。现在你们正把这种秘诀传授给我们的青年，你们把可恶的发明强加到别人头上。你们不知道我们有机械方面的天才吗？你们不晓得在这个国家，有四万万世界上最务实最勤恳的百姓吗？你们以为我们要花很长时间才学得会吗？当黄种人和白种人一样会造枪支，而且像白人一样瞄准射击，你们的优势还算得了什么？你们喜欢机关枪，必将受到机关枪审判。"

辜鸿铭正兴致勃勃地说着，毛姆愣神听着，突然一个小姑娘悄悄走了进来，挨近辜鸿铭身旁，用好奇的眼睛盯着这位客人。辜鸿铭告诉毛姆，这是他最小的女儿娜娃。他拥过小女儿，怜爱地吻了一下，一边低声逗了她几句。姑娘身穿黑外衣，下穿齐脚踝的黑裤子，背后有根长辫，她出生于革命成功、皇帝逊位的那天。

辜鸿铭说："我想，她是迎来新时代的使者，是这老大帝国覆亡的末了一朵花儿。"

他从书桌的抽屉里取出几枚铜钱，给娜娃，让她到外面去玩。他手拿辫子，说："你瞧，我留辫子，这是个象征，我是老大中华最后一个代表。"

现在，他情绪平静下来，语气缓和了，慢慢谈着，整个人窝在椅子上，仿佛神思已飞上天际，半是明白半是恍惚地讲述着伟大的孔子，以及孔子所处的时代。那时，哲学家们在悠长的岁月里，带着他们的门生如何到处周游列国，如何教诲那些贤明之士。这些哲学家有的封侯拜相，荣宠无比。

辜鸿铭以他的博学、雄辩的口才和心向往之的态度，叙述着那哲人并出、雄杰征逐的时代。毛姆看着他这种深深沉迷的神色，感叹不已，他心中自言自语："看来，他多少是个可怜的角色。他深感自己有治国之才，但没有能捞个王朝的一官半职，生不逢时啊！他一心想把自己极为丰富的学识传给大批学生，但前来请教的仅寥寥几人。"

毛姆深深为这位生活在潮流之外的神话人物叹息，辜鸿铭却只顾滔滔不绝自说自话，甚至毛姆觉得该告辞了，小心地暗示了一两次，辜鸿铭也不肯放他走。他好不容易才得个能安安稳稳听他吹牛的人，岂能轻意放走？

最后，毛姆觉得实在该走了，站起身来，辜鸿铭握住他的手，说："别忙，我想送件东西给你，作为你访问中国最后一位哲学家的纪念。可我是个穷人，送你什么好呢？"

"辜先生，这次访问的记忆，对我来说已是件无价厚礼了。"

辜鸿铭笑了。他决定了的事情，是改变不了的。他说："在当今这个退化的时代，人人都很健忘，我想送你件实物。什么实物呢？"

看着他友好而又为难的神色，毛姆灵机一动："送我一件墨宝吧！"

辜鸿铭当即坐到桌前，拿出宣纸，铺到桌上，倒些水在砚上，用墨磨了磨，然后提起笔来，写起他那一手拖三掉五、歪歪扭扭的书法大作来。

毛姆却突然一笑，忆起了他听说的关于辜鸿铭的轶事，这位老人总爱到那些群莺密集、莺歌燕舞的花街柳巷寻欢作乐，也许研究人生的人对此不过淡然置之。哲学家们往往在书斋里精心结构理论，对自己间接了解的人生得出结论。如果他们能身历常人生活的种种，那他们的著作必将有一种较为确定的意义。毛姆觉得该用宽厚的态度看待辜鸿铭这样的人在幽僻之处狎妓调情的行为，也许他只是要解释人类最不可思议的幻觉而已。

毛姆思绪飘飘、浮想联翩之际，辜鸿铭已挥洒完毕，站起身来。毛姆及时请教："你写的是什么内容？"

辜鸿铭眼中似乎闪过一丝恶意的目光。

"恕我冒昧，送你小诗两首。"

"没想到你还是位诗人。"

"中国远古时候，还不开化时，凡是有文化的人都能写出至少是雅致的诗。"

毛姆看着上面的中国字，仿佛是一整幅悦目的图案。

"你能翻译出来，让我知道写的是什么吗？"

"还是去找一个你的英国朋友。那些自命为对中国了解最多的人往往却一无所知，不过你至少能得知其间大意。"

毛姆向他告辞。他彬彬有礼地送毛姆出来。

后来毛姆找个机会，把诗交给一个汉学家，当他看到译文时，不免有些惊讶，诗的译文是这样的：

> 当初你不爱我，
> 你的声音甜蜜，
> 你的眼波含笑，
> 你的纤手柔黄。
> 后来我爱你了，
> 你的声音悲切，
> 双手令人痛惜，

爱情蚀了魅力。
好不令人悲戚。

企望岁月飞逝，
好让你快失去，
你眸子的光泽，
你肌肤的桃花，
连同你青春的
全部残酷娇艳。
那时只我爱你，
你也终会愿意。

当岁月已流逝，
而你也失去了
你眼眸的光泽，
你肌肤的桃色，
青春销魂娇艳。
唉唉，我不爱你，
不在乎你心愿。

芥川来访

毛姆离去后的第二年，1921 年春，日本著名作家芥川龙之介①受新闻社派遣，到中国游历，采写新闻时事。辜鸿铭引起了他的兴趣。

---

① 芥川龙之介（1892—1927），别号柳川隆之介、澄江堂主人，日本著名作家，创作上有怀疑主义和唯美主义色彩，后因精神苦闷于 1927 年自杀。

　　芥川龙之介首先到达上海，拜访了章炳麟先生。他发觉：章氏的书斋里，不知因了什么趣味，有一个剥制的大鳄鱼爬着也似地悬在壁上。那填满了书籍的书斋，冷得真是彻骨，四围都是砖壁，既无地毯，也无火炉。坐的不用说是那没有垫褥的四方的紫檀椅子。而那时芥川所着的还是薄薄的哔叽洋服，坐在那样的书斋里面而没有感冒，简直是奇迹。

　　就在这样的清冷中，芥川龙之介听着章炳麟的雄辩，竟然忘了吸烟。自命为帝王师的章太炎（章炳麟号太炎）对时下中国时局大发议论。最后，芥川龙之介冷得羡慕起墙上的鳄鱼，希望这鳄鱼怜悯他，怜悯这样活着的他了。

　　从章炳麟先生冰冷的书房中跳出来后，芥川龙之介长长出了口气，却在脑中留下了深刻的印象。不久，在一次宴会上，上海的一位英国人约翰斯听说芥川龙之介下一步是到北京，握着他的手说："不去看紫禁城也不要紧，不可不去一见辜鸿铭啊！到那里，保准你会有不同的感受。"

　　芥川龙之介一到北京，在日本驻北京报社一打听，原来都知道大名鼎鼎的辜鸿铭，而且此人特健谈好客，一些轶闻逸事从那些人口中冒出，更坚定了芥川龙之介拜访辜鸿铭之心。芥川龙之介就下榻在离辜鸿铭住宅不远的东单牌楼一方的旅馆，次日即步行前往，很容易就找到了椿树胡同辜鸿铭住宅。

　　刘二将他引入一间屋子，这间屋子在他眼里，却又与毛姆的观感完全不同，也许他是日本人，更容易理解中国人的情趣吧。在他看来，这间屋子，不同于章炳麟那间高处不胜寒的书房，这是一间壁间悬挂着碑版、地上铺着地毯的厅堂。看上去虽然似乎是有臭虫的地方，乱七八糟的，却不失为潇洒可爱的屋子。

　　不到一分钟，辜鸿铭推门而入，用英语给他打招呼："哈啰，请坐。"

　　这时天气已经转暖，辜鸿铭穿着一件白色长褂子，一派轻松模样。可能是待在家里吧，头上没戴瓜皮小帽，头上拖条灰白色的辫子。芥川龙之介觉得他的面孔很奇特，鼻子短短的，整个面孔看上去就像一只张开双翼的大蝙蝠。辜鸿铭坐下后，递一支烟与芥川龙之介，自己点上一支，猛吸一口。见芥川龙之介穿着一身中国服，便说："你不着洋服，难得。只可惜没有辫子。"

芥川龙之介听他这一说，大为惊奇，心下里有了几分明白他的奇异，静听辜鸿铭继续谈着，手操着铅笔在纸上写着汉字，一边口若悬河地操着英语高谈阔论，不太懂中文的介川龙之介这下可以不用翻译了，他的那些日本同胞也早告诉过他，他身边本也没有带翻译。

就这么谈了大约 30 分钟，辜鸿铭的小女儿娜娃走了进来，辜鸿铭把手放到小姑娘的肩头，告诉她："这位客人，远从日本而来，你可以唱一首日本歌给他听。因为他不懂汉语。我看就唱伊吕波歌①吧，这是你很熟的。"

于是娜娃羞羞地张开小口，唱了起来。辜鸿铭满意地微笑着，芥川龙之介却有几分感伤，他本就是位容易感伤的青年，像日后的川端康成，有一副敏锐而又易于感伤的心灵，不幸却自杀了。娜娃唱完后随即离去。

辜鸿铭转而和芥川龙之介讨论起时局来，一会儿段祺瑞，一会儿吴佩孚，一会儿托尔斯泰。骂，骂得体无完肤；赞，赞得绝无仅有，态度鲜明，言辞激烈，海阔天空，神思飞扬，意气昂昂，眼睛更是明亮，真正其目如炬，脸孔愈像蝙蝠了。到此时，芥川龙之介不由得不信上海那位英国人的话了。真是闻名不如见面，见面更胜闻名，比见章炳麟，又是另一番滋味，热热闹闹，浓浓烈烈。

他禁不住问辜鸿铭："先生对时事如此慨叹，为何又不愿过问时事？也许这对时局会有所帮助吧！"

辜鸿铭急急地回答说："现在中国，政治上不幸已堕落，廉耻全无，不正公行，或比清末还要更甚。至于学术，尤其沉滞。我老矣，时不可为，归去来。"

---

① 日本四十七字母集成的歌。

芥川龙之介没听明白他这么急急一阵回答，重复着说："再出去试试，如何？"

辜鸿铭愤愤地以手中铅笔在纸上大书着，口中大声念道："老，老，老，老……"

芥川龙之介告辞出来，回东单牌楼旅馆的路上，微风轻拂，斜阳照到他那身中国服上，仿佛给镀上一层淡黄而短暂的光芒。辜鸿铭那张蝙蝠似的脸，又晃动在他的眼前，久久不去。当要转上东四大街时，回过头来，望着辜鸿铭的宅院，一个念头冒了出来："先生，幸勿见责！我在代先生叹老之前，还是先赞美年少有为的自己的幸福！"

与陪戴密微 ①

1921 年 10 月 13 日，王彦祖先生（胡适的同学）宴请来华访问的法国汉学家戴密微先生，地点就在王彦祖家中，陪客的有胡适几位，辜鸿铭也在被邀之列。胡适后到，与在座的各位一一握手。当他同辜鸿铭握手时，辜鸿铭操一口英语向两位法国客人说："我的论敌来了。"

座中客人全都大笑起来。酒菜备好后，请各位就座，辜鸿铭坐在戴密微的左边，徐墀坐在戴密微的右边。大家一起正喝酒吃菜，闲聊之间，辜鸿铭突然伸手在戴密微的背上一拍，说："先生，你可要小心！"

戴密微吓了一跳，问他为什么？

"因为你坐在辜疯子和徐颠子的中间。"

---

① 戴密微 (Paul Demiéville，1894—1979)，法国汉学家，敦煌学著名学者。戴密微一生所获荣誉极多，1951 年当选金石美文学院院士，后来又获得了比利时鲁文大学（Universitéde Louvain）名誉博士、意大利罗马大学（Universitéde Rome）名誉博士、英国伦敦亚非研究学院（School of African and Oriental Studies）通信院士、英国亚洲研究学会（Association of Asian Studies）通信院士、英国科学院（British Academy）通信院士、日本东洋文库名誉院士、日本科学院名誉院士等。

1921 年 6 月至 1922 年 1 月间，戴密微由法兰西远东学院派遣赴中国考察，在北京居住了很长时间，对中国博大精深的文化产生了浓厚的兴趣。1924 年至 1926 年来华，被聘为厦门大学教授，担任西方哲学、佛教和梵文的教学工作。

全体又一起大笑起来，当时徐墀也在北大执教，都知道他的绰号叫"徐颠子"，"辜疯子"的名号更是如雷贯耳。

然后辜鸿铭大谈安福国会选举时，他一掷四百金的豪举。接着，他回过头来，对胡适说："胡先生，你知道，有句俗话，监生拜孔子，孔子吓一跳，上次我听说孔教会要去祭孔子，便编了首白话诗。"

说着，他念出四句诗来——

> 监生拜孔子，孔子吓一跳；
> 孔会拜孔子，孔子要上吊。

然后，他笑着问胡适，"胡先生，我的白话诗好不好？"

胡适微微一笑，不置可否。

一会儿，辜鸿铭指着座中两位法国客人大发议论起来。他说："先生们，不要见怪。我要说你们法国人真有点不害羞，怎么把一个文学博士的名誉头衔送给了那个人！某先生（那位记者），你的报上还登出了他的照片，照片上，只见他一本正经地坐在一张书桌边，桌上堆了一大堆书，还煞有介事地标上，某大总统著书之图！唉，唉，真羞煞人！我老辜向来佩服你们贵国，La Belle France（法国小说家）！现在真丢尽了你们的 La Belle France 的脸了！你们要是送我老辜一个文学博士，也还不怎么样丢人！可怜的班乐卫先生，他把博士学位送给了那人，唉！"

言下大为瞧不起，两位法国人听了他这番话，很是不安，那位报社记者尤其面红耳赤，只得硬着头皮为他的政府辩护几句。辜鸿铭不等他说完，就打断了他的话，说："先生，你别说了。有一段时间，我老辜正春风得意，你每天都来看我，我一开口说句话，你马上就说：'辜先生，请等一等。'急忙摸出铅笔和日记本子来，我说一句，你就记一句，一个字，甚至一个标点符号都不放过。现在我老辜倒霉啦，你的影子也不上我门来了。"

那位法国记者脸上更红了，讪讪地不知所措，主人王彦祖看辜鸿铭这副架势，空气太紧张了，只好提议散席，这才解了围。

泰戈尔[①] 来访

1924 年，与辜鸿铭同时提名而最终获得诺贝尔文学奖的泰戈尔，怀着对旅行使节般的着了魔的激情，决定到中国旅游。

最后一位佛徒带着释迦牟尼的慈爱与和平到中国一事，已过去了千年。千年人世阻隔，使两国陌生起来。泰戈尔梦想着恢复两国之间的古老文化传统的联系，这种联系已中断了如此之久。

1924 年 4 月，受中国讲学社社长梁启超的邀请，泰戈尔及其随行人员踏上了中国大地，受到了梁启超等的热烈欢迎。泰戈尔开始了他的中国之行，风度翩翩、幽默和富于想象力的青年诗人徐志摩一直陪着他，充当译员。这两人一起畅谈他们在英国所欣赏的那些诗人的作品以及世界文坛的状况……二人之间建立起了深厚的友谊，一直到徐志摩不幸遇难。

泰戈尔每到一地，总作大量的即兴演讲，诗人以他的激情，歌颂着亚洲，他说："多少世纪以来，贸易、军事和其他行业的客人，不断来到你们这儿。但在这之前，你们从来没有考虑过邀请任何人。你们不是赏识我个人的品格，而是把敬意奉献给新时代的春天……请允许我同你们一起，对你们这个国家的觉醒寄予希望，并能参加你们欢庆胜利的节日。……我想用自己那颗对你们和亚洲伟大的未来充满希望的心，赢得你们的心。当你们的国家为着未来的前途站立起来，表达自己民族的精神，我们大家将分享那未来前途的欢快。"

这位为亚洲呼喊，为亚洲描绘希望的诗人却不易被中国人理解。正

---

① 泰戈尔（1861—1941），印度作家、诗人和社会活动家。生于地主家庭。曾留学英国。1921 年创办国际大学。用孟加拉文写作，一生创作丰富。对殖民地印度的下层人民悲惨生活和妇女处境深表同情，抨击封建种姓制度。风格清新，具有民族风格，带着浓郁的神秘色彩和感伤之情。创作的《人民的意志》，1950 年被定为印度国歌。1913 年获诺贝尔文学奖。

在进行着激烈的新文化运动的中国人，把他看成一位颂古的人物，是西方文明的敌人，或者说科学思想和物质进步的反对者。此时正期望着能在物质进步赛程中超过日本的中国青年，对泰戈尔的中国之行表示愤怒，他们总想抵制他的演说，后来因为他力主用人民的口语作为文学表达的工具才得到谅解。

在这种情形下，泰戈尔决定拜访辜鸿铭。两位为亚洲呼喊的哲人坐到一起。在西方人看来，这两位是东方文化的代表，一位背负着悠久的印度文明，一位背后站着尧舜禹汤，文武周公，孔子孟子。两人都是一身地道的本土服饰，却都深通西学，向西方人宣传本民族文化，为亚洲呼喊。

泰戈尔满头银发，一部浓密的须髯覆盖了面孔的下半部分，深邃的眼中是诗人清澈多梦的眸子；他的梦仿佛来自大自然，来自森林；身上一袭长袍，一派哲人风范。辜鸿铭特意换上一身干净服饰，着一件枣红宁绸长外套天清大袖方马褂；头上一顶红结黑缎平顶小帽，缀一颗祖母绿；脚踏一双双梁平底布鞋；一头灰白的头发，细细地杂着红丝线编起来，唇上颔下几绺长须，目光炯炯；手扶一支拐杖，他的智慧仿佛来自中国千年的古卷，浩瀚的经籍。

谈话中，泰戈尔强调："如果真理从西方来，我们应该接受它，毫不迟疑地赞扬它。如果我们不接受它，我们的文明将是片面的、停滞的。科学给我们理智力量，它使我们具有能够获得自身思想价值的积极意识的能力。为了从垂死的传统习惯的黑暗中走出来，我们十分需要这种探索。我们应当怀着感激的心情转向西方活生生的心灵，而不应该煽起反对它的仇恨倾向。此外，西方人也需要我们的帮助，今天我们彼此的命运应是息息相关的。我们应该努力，不通过我们低劣的东西，而通过我们优秀的东西，战胜西方的心灵；不用仇恨和复仇态度对待他们，而用友善和相互尊敬的感情去对待他们。"

辜鸿铭完全赞同泰戈尔对西方人的态度，但他却有不同的看法，他觉得："西方人的机关枪制服不了一个伟大的民族，最终，西方人必会被机关枪所制服。但西方科学给我们的理智力量不会有那么高，中国孔子的教义也许是拯救西方机械的唯一办法。"

泰戈尔强调说："是的，不仅是孔子的教义，最终是道德的价值充实着每一种文化，如果丧失了这一点，那么，那种文化将无以自主。"

两位为亚洲民族主义欢呼的哲人对日本都有着不容置疑的好感，他们一致认为："现今许多人因为日本的战争机器而恐惧，对日本充满了怨恨。"

辜鸿铭特别强调日本人对汉族文化的继承，坚持儒家的精义。而泰戈尔则以他诗人的眼光强调："如果看不到日本艺术家的创作，如果没有看过他们的戏剧和舞蹈，不参加他们的集会，不到神户去看看，那里成千上万的工人把用餐时间的三分之一消磨在公园的散步中，那么就不算看到真正的日本。日本是亚洲的榜样。"

两人对于日本都有着出于亚洲民族主义的偏爱，特别是在日俄战争时，两人都不约而同地从日本那里得到了安慰，抚慰了他们沉郁的民族主义心灵和对西方强横态度的切肤之痛。虽然两人有如此多的共同之点，辜鸿铭还是直率地说："你是诗人，不适合讲东方文化，更不懂《易经》高深的哲理，你还是去写诗吧！宣扬东方文化的精义还是让我来做吧！"

辜鸿铭狷狂之气又发，泰戈尔一笑置之。

会谈后，两人在清华大学工字厅合影留念，一张照片上是两位西方人最赏识的东方哲人；另一张照片上，除两人外，还站着徐志摩等 5 个西装革履的中国青年，形成鲜明的对照。也许两位哲人的一身传统服饰，正代表着日益受冲击的人类温情脉脉的数千年梦想，不管这梦想是多么屈辱地支撑起来的辉煌的贵族传统，毕竟这是人类做过的数千年的梦。那几位西装革履的青年，也许正诉说着一个青春的梦，虽然这梦有着血腥、残忍，但毕竟全世界全人类都已卷入其中，其前路如何？就系于人类的一念之间了。先贤圣哲毕竟也是人，他们的忧虑也许与我们今日的忧虑没有什么不同，只是衣冠变了而已！

第五章　洗脚江湖

> 天生狂傲的辜鸿铭，在民国初年的北京
> 虽然活着，似乎已经是传说中的人物了
> 他身上天生的"番仔"脾气，不合流俗的想法
> 对中国文化的坚执，塑造了一个独特的形象
> 也许，辜鸿铭不过是在浑浊的江湖洗脚罢了

民国时代的冬烘先生是落寞的。

辜鸿铭上课之余，沉潜经籍之暇，总爱吹牛聊天，当然少不了寻欢作乐，在他看来逛妓院似乎也是继承了古代文人的风雅。

但是，毕竟在他狂傲的心中，有着太多的郁闷，胸中的郁闷，经长时间的发酵，不是发酸、发臭而被糟蹋，就是变得更醇厚、余味悠长。辜鸿铭倒愿意将其糟蹋掉，不想却越酿越醇厚，信口而出，皆是一派浓郁。

也许人世间的事情就是这样，偏偏不让人称心，你想要的东西，偏偏得不到；你不想要的呢，随手皆是，甚至送到你手上。

辜鸿铭呢，却偏偏不让老天爷称意，他偏偏与流行背道而驰。也许到民国时，人人都仍是长袍马褂长辫子，保不准他会率先剪掉辫子，脱下长袍马褂。总之他就是要与人不同，与人相同了，就不是辜鸿铭了。你要把他那身辜记服饰拿去洗得太净了，他穿着会浑身不自在。

在他心中，有一段早年抹不去的记忆，他在爱丁堡受到珍稀动物般的观赏，也许那时，他是出现在爱丁堡唯一的可以嘲笑的"猪尾巴"，洋人看不起我们，这是辜鸿铭深刻的伤痕。因此，他总是对西洋的一切，有一种本能的蔑视。

也许他已烦透了，像两千余年前的屈原来到渔父的身边，渔父惊问：

"子非冬烘先生乎？沧浪之水清兮，可以濯吾缨；沧浪之水浊兮，可以濯吾足。"冬烘先生欣然大笑——"老辜我到混浊的江湖水中洗脚去也。"

1918 年 8 月，辜鸿铭特意赶到天津，来到妓女一枝花楼上。这一枝花颇有艳名，姿色绝佳，正当青春年华，门前鞍马往来，生意红火。一枝花见这一位浑身上下油光闪亮的土老头儿，站在面前不需镜子，就可以敷粉着妆了，更兼头上一条五彩缤纷的小辫子，在这花团锦簇、艳丽无比的花房前这么一站，真令人有些吃惊，难怪看得她心中乐了，什么地方还有这么位大人物？辜鸿铭见她面上笑容，隐有难色，随即拿出四百大洋，放到她手里，说："四百大洋，一毛不少，收好了。我只在这里玩两天。"

一枝花这下笑脸全展，眉开眼笑，连声说："唉呀，我的大爷呀，你说哪里话，只要大爷愿意，别说两天，爱住多久就住多久。怎么还没住下，就说走了呢！来来，快请进，快请进。"

一枝花顿时腻在辜鸿铭身上，连搂带拖般将辜鸿铭让进屋内，心下却嘀咕，我的妈呀，四百大洋呢！普通人家几个大洋就可过一月了，看来财运当头了。随即吩咐置上酒菜，与辜鸿铭浅斟慢饮起来。几杯酒下去，双颊已晕，使出浑身解数，奉承得不亦乐乎。辜鸿铭也就待在一枝花的花房里，纵情玩乐，如神仙中人了。这么两日下来，辜鸿铭玩够了，也玩累了，四百大洋也花出去了。哈哈一笑，告诉一枝花："爷我去也。此乃古之嫖者为己，今之嫖者为人。"

随后，辜鸿铭套上他那身油光闪亮的辜记服饰回到北京。刚到家门，即有位仁兄名叫吴明的赶了来，大骂他不守信义。敢情他老先生，拿了别人银子，却不与人消灾，躺到销金窟里花了个精光。

原来，1917 年 7 月，段祺瑞赶跑张勋后自任国务总理。这帮治国的军阀们一手拿着印把子，一手拿着枪把子，弄起政治来如擀面杖擀饺子皮儿一般，得心应手。段祺瑞抓了印把子后，心中还不踏实：国会里的一大帮子人还摆不平，直系军阀操纵着国会，为把这些人挤出中央政府，段祺瑞决定利用日本人的借款，在即将举行的国会选举中，用银子开路，操纵选举，安排国会，以使自己能够称心如意。

1918 年 3 月，段祺瑞指使他手下的得力干将徐树铮、王揖唐等积极活动。在北京安福胡同密谋，自名为"安福俱乐部"，人称安福系，后来在直皖战争中，段祺瑞失败后，解散。

徐树铮、王揖唐一班人马为段祺瑞出谋划策，炮制了一个新的国会选举法，其中有一条特别规定，部分参议员由一个叫中央通儒院的成员选举，凡是国立大学教授，在国外获得学位的都有选举权。于是乎，许多留学谋了学士硕士博士学位文凭的，都有人注意起来，而且投票时不必亲自到场，自有人拿了文凭去登记投票。这么一来，文凭倒有几分值价了，市面上每张文凭可卖到 200 元，那些收购文凭的拿了去，还可以变化着发财。比如一张洋文凭上注明的大名是 WuTing，第一次可报武宣，第二次可报丁武，第三次可报吴廷，第四次居然还可以说是江浙方音，报丁和，充分利用了汉字与拼音字母间的妙处，最后可得 800 元了。

辜鸿铭留洋多年，手中洋文凭不少，此时也有人关心起来。有位叫吴明的赶紧找到辜鸿铭府上，见到辜鸿铭后，一阵高帽子戴过去，狠狠吹捧了一通。辜鸿铭听得肉麻，说："难道你这么急急跑来，就是为我戴高帽子么？如是这样，快走快走。礼下于人，必有所求，我看你是别有图谋，我可不吃这一套。有屁快放，有话快说。"

吴明倒也有这手功夫，脸不红心不跳地说："辜老，晚生有一事相求，希望你投票时能投我一票。"

"我的文凭早丢了，怎生投法？"

吴明一张笑脸，巴巴地说："谁不认得你老人家。你的身影一出现，比几十张文凭都管用，只要你老人家亲自前去投票就成了。"

"啊，说得好，只是人家一票只值 200 元，我老辜至少得卖 500 块。"

"别人 200，你老人家 300。"

这么讨价还价，惹火了辜鸿铭，说："400 块，一毛不少，不干拉倒。

还有一条，先付现款，不要支票。"

吴明还想还个价，辜鸿铭不耐烦了，嚷着说："拿不出钱，还想买我老辜一票，没门儿。滚，滚出去。"

"400块就400块，别发火，依你老人家就是。可投票时务必请你到场。"

选举前的一天，吴明果然拿着400块现钱和选举入场证来找辜鸿铭。银钱两讫后，再三叮嘱他届时务必到场。谁知辜鸿铭却转身乘当日下午快车赶到天津妓女一枝花处去也。于是便有了前面的一幕。辜鸿铭虽不是一掷千金，倒也掷了400金，快意之下，回到椿树胡同家中。

吴明一听说他回来，即刻找上门来，指着辜鸿铭大骂开来，骂他无信无义，骗人钱财。辜鸿铭有心消遣他，现在见他居然还敢送上门来，顺手抄起一根棍子，指着这个小政客，喝道："你瞎了狗眼，也不好好看看你大爷是谁，居然敢拿钱买我！你这种人还配讲信义！给我滚出去！从今往后，不许再上我门来！"

见他这么一副怒气冲冲模样，吴明只好自认倒霉，灰溜溜急忙忙逃了开去，背后传来辜鸿铭一阵大笑之声。

妓院，正可以作他放浪形骸的地方，如先朝名士，历代风流，藏其不平之气，更何况他还因这分缘分谋了位可人儿——碧云霞呢！

酒馆茶楼更妙，东安市场附近的小馆子，从椿树胡同出来，顺着东四南大街往南不远，就到了。他常常到那里去领略酒馆妙趣，就是独自一人也去。在那样的小馆子里，人声喧嚷，跑堂的大声吆喝，仿佛宋时东京汴梁的风俗画，一律是纯净的，虽然有些粗俗，犷放。

在这样的小馆子里，常见他独据一桌，仿佛古代酒徒如刘伶之类，手持一杯，再佐以香烟，几样精致小菜，慢慢品来，目光闪动，一身油光闪烁的枣红袍，大青褂，一条五彩小辫，又仿佛是古时传说中混迹尘世的仙人，到尘世间，游戏风尘。有时又让人觉得他是清王朝仍在世上游走的魂魄，他自己也自命为古老帝国的幽魂，不单是清王朝而已。

有时，他会到东西牌楼恒和庆、金鱼胡同同泰去，这是两家经营大酒缸的酒馆。经营大酒缸的以零卖白干为主，贮酒用缸，缸上盖以朱红缸盖，即以代桌子。华灯初上，北风怒吼，在这样古朴的酒馆消磨上一刻，足抵十年尘梦。一般的大酒缸多半临街，以饮客为市招，太不雅相。恒和庆和同泰则设有后堂，多有衣冠人物出入，不仅普通百姓了。

到了这里，辜鸿铭又是别一番风貌，只看见一个人于寂寞黄昏，独行踽踽地蜇入后堂，小碟酒菜满桌，甜咸异味，酸辣有分，几杯酒下肚，眼中炯炯有光，仿佛小说中的大侠一般，据案大嚼，一身油光闪烁的辜记服饰，此时看来，正是个在江湖中随波逐流的渔父了。

更常见的是在一昏暗的茶楼或者时尚的咖啡馆内，与一帮外国人高谈阔论，鼓动他的"金脸罩铁嘴皮"功夫，大谈辉煌的中国文明，贬斥西洋文明，臧否时局，信口高谈，妙趣横生。听得一帮洋人口服心服，敬佩不已。一次就有位外国人在席上问他："为什么中国的方言那么多？"

他反问那人道："为什么欧洲的语种那么多，而中国土地广大，人口众多，实等于全欧洲！中国的语言虽然不统一，可是中国的文字数千年是统一的。"

茶楼酒馆之余，北京的中外朋友都极喜请他做座上客，他也乐于前往。

有一次，在一个宴会上，座中尽是一时名流和政界人物，还有许多洋人，全都高谈阔论，纵论时局。只有辜鸿铭目光闪动，盯着席上佳肴，大快朵颐，大口喝酒，整个一副冬烘先生相，旁若无人。突然，有位洋记者向他请教："辜先生，中国国内政局如此纷乱，有什么法子可以补救？"

冬烘先生伸袖子将嘴一抹，精气神十足地说："有。法子很简单，把现在在座的这些政客和官僚拉出去枪决掉，中国政局就会安定些。"

辜鸿铭一低头，又去研究酒菜去了，一举手，一杯酒吞下肚去，更不理会旁人。酒席上有了辜鸿铭才像酒席，没有辜鸿铭的酒席趣味至少减去三分之二。

卜居北京的辜鸿铭，自命冬烘先生后，就这般混迹于浊世江湖中，将那一股子孤傲、倔强、嘲讽人世之性情发挥得淋漓尽致，伸长他的那双脚，洗脚江湖，让人觉得意外，觉得不可思议，觉得……

第六章　离开北大

公元 1923 年

民国十二年

蔡元培辞去北大校长职务

辜鸿铭也随即离开北大

1922 年 11 月，北京政府任命彭允彝——一个早已见恶于国人的无耻政客为教育总长，干涉司法独立，指挥北大教员。蔡元培忍无可忍，认为自己不能再沉默了。

1923 年 1 月 17 日，蔡元培提出辞去北大校长的职务，在辞呈中强烈抨击黑暗的军阀统治，对这些治国的军阀们大声喝斥："元培目击时艰，痛心于政治清明之无望，不忍为同流合污之苟安，尤不忍于此种教育当局之下支持教育残局，以招国人与天良之谴责！"

一腔热血，献身教育的蔡元培，再也不能坐视黑暗时代的漆黑一团了。是的，在这样的时代，还需要什么教育呢？支配着政局的是些手拿枪杆子的军事独裁者，他们只需要把手伸到百姓的口袋中掏钱就是了，教育出来的一帮有知识有文化的赤诚爱国学子，也不过是沦落到他们的枪尖，或者沉入社会黑暗的深渊，对时局又有何影响呢？军阀们的枪照样好用，普通百姓仍挣扎在死亡线上，悲哀啊，中国！满怀报国之心的蔡元培伤心之余，于 7 月底重往欧洲去了。

辜鸿铭本就对教育界不满，称教育界：近日上下皆倡多开学堂，普及教育，为救时之策，但不知将来何以处如此多之四体不勤、五谷不分而妄冀为公卿大夫之人耶？且人人欲施教育而无人肯求学问，势必至将来遍中国皆是教育之员而无一有学问之人，何堪设想？他还对教育当局大发牢骚，发泄不满，曾对人感慨："中国待将来之真正宪法，真正共和，真正总统，譬如河清之难俟。仆固任大学教授者也，今且三月不得脩金。欲俟真共和之时代，仆之为饿殍，盖已久矣。"

自命在中国只有蔡元培和他才是好人的辜鸿铭也就在蔡元培离开北京大学后，不再到北大讲课了。辞职之后，却又生活无着，更加上他那副悲天悯人之心，弄得家无余资，茕茕独处，日日号饥，在报上骂，在私下里也骂，骂一帮当权者，以至于那位远在德国的纳尔逊教授也知道了，要给他寄钱来呢！

不久，经人推荐，辜鸿铭到日本人在北京办的一家英文报纸当总编辑，正应了他的话，"中国人不识古董，所以要卖给了外国人。"月薪五百元，够丰厚的了。当初孔夫子不是也感叹，"求善价而沽之"，卖了罢，卖了罢。辜鸿铭此番虽卖了个好价钱，想来也像孔夫子一般，口中叫卖，心下倒作的是伤心人语了。

看来，日本人不识货，中国人不要的东西他们却出了个大价钱买去，还大有便宜之嫌。

这一年，还发生了一起轰动世界的事件——临城劫车案。

原来，到了民国时代，本就土匪如织的晚清社会非但未见好转，甚至更为恶化，举国上下，土匪如织。土匪简直成了中国社会的一个组成部分，洗劫列车的案件时有发生，不过以前受害的都是中国人，这一回可了不得，惹到了洋大人身上。

1923年5月5日，以孙美瑶为首的上千名土匪掀翻了豪华列车"蓝色特快"，让它摆在山东南部临城的津浦线上，并且带走了300名乘客，其中包括30名白人，逃到山中，向政府提出许多要求，包括政府从山东撤军，赦免所有的当事人，并接受招安……

最后，经青帮头子杜月笙出面调解，以85000元赎金释放俘虏，大约3000名土匪变成了正规军队。

关于这件事情，辜鸿铭编了首英文歌《孙美瑶之歌》，歌词大意如下：

　　我们不需要作战，如果不碰见侵略主义。
　　我们干起来的话，我们也拿到了纸币；我们已经训练好蒙古健儿。
　　大英帝国将不能操纵花花世界的中国！

▲ 67 岁的辜鸿铭的坚贞之心感动了皇上，终于得到了允准，面见宣统皇帝。这是他第一次见到中国传统的君主。

▲第二次东渡日本。一次长途散心。一次旷日持久的聊天。

▲张作霖说："你能做什么？"辜鸿铭闻言，拂袖而去。

▲肺炎击中辜鸿铭，弥留之际，仍不忘弥尔顿诗句。

七　恩恩怨怨·是是非非

第一章　面见溥仪

公元 1924 年初

民国十三年

这一年，辜鸿铭 67 岁，他的坚贞之心感动了皇上

终于得到了允准，面见宣统皇帝

这是他一生中第一次见到中国传统的君主

也是最后一次。大清的光芒眼看就要熄灭

辜鸿铭却亲领了它的最后一道荣光。

1912 年，清帝逊位后，却仍然据有紫禁城。在民国的首都，有一盏正在趋向熄灭的千古帝王灯，光线越来越弱，光亮所及不出紫禁城高高的红墙。同时还有一位总统，一位不知明天还是不是能在位的总统。直到民国十三年，仍然如此，但帝王之灯看来已油尽灯枯，在日益燥烈的风暴中，它已禁不起轻轻带起的一丝微风。民国的旋风太燥烈了，一会儿东北风，一会儿西南风，东西南北，随时会改变风向，甚至会空穴来风，时刻有灭

顶之虞的清宫小朝廷困守紫禁城，无可奈何地品尝不知何时已变酸的帝王酒，喝下去酸鼻、涩喉，不喝又口干舌燥。昔日百官朝觐的三大殿，如今已冷冷清清，蛛网绕栋。华丽的廊柱上奔腾的雕龙已脱了粉饰，百官叩拜的广场和丹墀上已长出青草……

　　这个小朝廷却仍然吸引着一帮遗老遗少，每月初一、十五，满街都是出入清宫、戴大红顶子的主人和戴红缨帽子的奴仆，陆陆续续去给宣统请安。这些人仍维持着中国精神的一点顽劣的精髓：奴才与主子的关系。他们巴巴地赶来，不为别的，只为见见主子。主人是什么？是主其生杀，主其灵魂。他们似乎是鬼使神差不得不来，只为向主子说一声："奴才给主子请安。"这边得到主子一句话："起来吧。"这奴才也是得有规矩的。在大清的天下，只有满族官员才能向皇上自称奴才的，汉人嘛，是奴才也不配，只好称臣了。

　　这次辜鸿铭接到溥仪召见的手谕后，心潮翻滚，思绪飘飞，似喜似忧，躺在床上反反复复，就是睡不着。一会儿是张之洞的影子，一会儿是袁世凯的小人像……深更半夜，索性坐起来，也不掌灯，披衣走到小院，院中初春的残雪泛着微光，此外便一片漆黑。他抖抖索索地摸出一支香烟，放在嘴上叼着，火柴一划，点着了，深深地吸一口，盯着手中火柴的火苗，熄了，整个世界仿佛就只有他的那支烟头，还有点红光……

　　辜鸿铭这么愣愣地站在那里，突然一丝风袭来，他才觉出一股凉意，赶紧到书房里去，披了条毯子，在沙发上坐下。坐在静静的黑夜中，不知道该想什么？又似乎是没有什么可想。口中叼了烟，前尘历历，似画面般浮在空中，有几分惘然。生于南洋，到了西洋，哎，那是爱丁堡，我的辫子，洋人看不起我们。那是香帅府上，唉，没用的，香帅书生气十足，与我一般。慈禧太后允执厥中，不偏不倚，狗屁，那是给洋人看的。让他们知道我政府民心犹在。这老太太只会花钱，不去想她也罢。他顺手从书架上抽了本《春秋大义》，不用光线，他也知道那一页上写着什么。唉，真正的威胁是共和这个恶魔，它不仅毁坏欧洲文明，而且将毁坏整个世界文明。顺手又抽下那本弥尔顿的《失乐园》，这是他背了数十遍的东西，拿在手里，仿佛又看到了弥尔顿这位不屈的老人威严的神色，强烈的激情和无所畏惧的勇敢，一阵感动，有几滴浊泪从眼中滑落……天已经开始见亮，五点过了，辜鸿铭立即换上早备下的一套干净整洁的衣衫，将辫子夹杂以红丝线细细编了，戴上缀有祖母绿的红结平顶黑缎瓜皮小帽，着一袭黑色宁绸团花长袍，枣红樟缎大袖方马褂，一双布袜细细地在脚上裹定，套上一双双梁平底布鞋，然后叫起刘二，坐上人力车，向紫禁城赶去。

路上铺了一层薄薄的残雪，屋顶上东一片西一片地分布着些细雪，街上冷冷清清的。过了王府井大街，过了皇城根，到了紫禁城的东墙外，坐在车上的辜鸿铭心情难以自抑。这里是天子的禁地，是帝国的精神，是中国文化的保护神，是真龙天子的住地。辜鸿铭心想，这巍峨的宫殿，有着多么威严的神态，有着多么宏大的精神啊！不过显然老了，再老，就要不行了……心中有一丝苦涩。

刘二拖着车跑着，早已拐上东长安街，来到紫禁城前。车一停，辜鸿铭才又回过神来，此时尚早，辜鸿铭站在雾气笼罩的天安门前，静候召见。走这段路，到皇宫的这段路，耗尽了他近40年的光阴，现在终于要进去领略"天家"风范了。皇帝却不见了，只有前清的皇帝。天大亮后，辜鸿铭出示了溥仪的手谕后，一位太监带他走了进去，走过静静的过道，看清了两边的朝房，当年梁敦彦就在这里听诸公议论的吧？再往前，过了午门，前面是当年百官跪拜、山呼万岁的广场了。辜鸿铭看着细细嵌着的地砖已有些破裂，上面斑剥的痕迹不知跪倒过多少名臣，缝隙中生出细细的青草，黍离之悲涌上心头，鼻中、眼里略觉酸楚，差点抵消了将见皇帝的愉快。

紫禁城里的世界仍在诉说着什么，这已注定是世界上最古老的皇帝宝座的最后一刻。紫禁城里最深处的那些宫殿与中华民国在空间上像是相距万里而不是几百米，在时间上与之相差千载而不是同一个时代。在这里，很容易嗅到陈腐的气息，不过一不小心倒更容易嗅到似乎来自天国的威严和凝固不变的神韵。在这里，这年阴历年初，宫廷里举行了一场新年盛典，前来朝见的所有满汉人员都穿着华丽的官服，然而却破例允许一位外国人参加这次盛典，同时邀请了几位洋人观礼，似乎是注定了已是最后一次在紫禁城里举行这盛典了，仿佛让他们作这最后一次盛典的见证，让他们目睹天朝盛况的余光。这位外国人就是溥仪的英文老师庄士敦。

当时观礼的这位外国人对这次盛典有一种奇怪的印象。他认为不仅由于它那外观的华丽和尖啸的乐声以外别无声息的寂静，而是在民国骚乱的岁月里，中华民国蓄意留下的这条束缚它的过去与现在的黄丝带，也许经过若干黑暗的岁月后，便会突然地和不可避免地受到磨损而断裂。也许这幕景象，就是所有人类宫廷中最辉煌的盛况的最后一次回声了。

辜鸿铭走进了古老的时空，一如他对帝王威严的想象，仿佛昔日耀眼的辉煌，却只剩下外观，已呼不回千年前的灵气了。他已被塞进一个凝固的博物馆。令他苦恼的是，他不是一件凝固的摆设，而是以诚惶诚恐的心情来证悟他心中的梦想，古昔的伟业。

辜鸿铭跟着带路的太监七弯八绕，终于来到养心殿。太监先进去通报，溥仪让他进去，辜鸿铭心中一阵狂跳，他就要见到大清的最后一位皇上了，不禁心慌意乱起来。平日里的辩才、自负和倔强烟消云散，进门即拜跪在地上，三跪九叩，口中说着：

"臣辜鸿铭向皇上请安。"

年方二十的溥仪微微颔首，道："起来吧。"

辜鸿铭即站立一旁，不，他是站在真命天子的身旁，他想象中天子的威严和光辉熏晕了他，令他不敢仰视天子的风范，脑子里一片空白。溥仪问他什么，他就机械地回答什么。在最后一位生杀予夺的君王面前，他是失了自己的理智了。日后，他总记不起此次面见皇上谈了些什么，仿佛只记得一片辉煌，时浓时淡地笼罩着他。一会儿是往昔帝王的荣光，一会儿是天朝黯淡的暮气，终归一腔悲喜交加。

谈了不久，溥仪带他去见自己的英文老师庄士敦①，一起共进午餐。辜鸿铭忐忑不安地跟在皇上背后，数分钟后到了养性斋——庄士敦的休息室。庄士敦即刻发现，这位年迈体衰的坚贞忠臣对此次见驾，不知如何感谢才好。当吃饭时，他仍然敬畏得连话也说不出来，以致曾同他见过面的庄士敦也感到吃惊，天不怕地不怕的辜鸿铭居然会如此拘谨，即使皇上那种朝气蓬勃的精神和不拘礼节的高兴劲儿也难以拨动他那敏感的心弦。

虽然如此，辜鸿铭仍将这次沐浴天恩牢记在心，至死不忘。

事隔不久，一阵意想不到的风暴将大清王朝的小朝廷彻底卷入了沉沉黑夜中。

1924 年中国再次发生了内战，战火首先在江浙点燃，浙江的卢永祥和江苏的齐燮元大打出手。支持卢永祥的奉系军阀张作霖②以为时机已到，是为他两年前的失败雪耻的时候了，胡匪出身的张大帅时刻准备入关，而齐燮元盟友吴佩孚③也正打算利用这个机会出兵北方，统一中国。

吴佩孚带领他的讨伐军来到北方，他夸口说在一个月内打到沈阳。就在九十月间，山海关附近成了军阀们重新修定民国的大战场。紫禁城里

① 庄士敦，苏格兰人，早年就读于爱丁堡大学，获牛津大学文学硕士学位。1898 年起，历任香港英总督私人秘书、辅政司和英租界威海卫行政长官等职。1919 年 3 月，受聘为宣统的英文教师，赏头品顶戴，毓庆宫行走，紫禁城内赏乘二人肩舆，月俸银圆 1000 元。相随溥仪达 3 年之久。

② 张作霖（1875—1928），北洋军阀奉系首领，字雨亭，奉天（辽宁）海城人，早年曾做过马贼，杀人越货。1902 年日俄战争中，先后充当俄国、日本的间谍，后投靠袁世凯的党羽张锡銮，1906 年任东北巡防军前路统领。1911 年任奉天国民保安会军事部副部长。袁世凯窃国后，投奔袁，历任师长，巡按使，督导兼省长等职。1919 年在日本支持下，控制整个东北，成为奉系军阀首领。1920 年助直倒皖，与直系共持北京政府。1924 年击败直系军阀曹锟、吴佩孚，控制北洋政府。1926 年称安国军总司令、安国军政府海陆军大元帅。宣言反共讨赤，于 1927 年枪杀共产党人李大钊等。1928 年败退关外。后被日本关东军炸死。

③ 吴佩孚（1873—1939），直系首领。字子玉，山东蓬莱人。清末秀才。为生活所迫投军，1906 年任北洋军第三镇曹锟部管带。1917 年任师长，1922 年直奉战争后，先后任两湖巡阅使、直鲁豫三省巡阅副使。1923 年镇压铁路工人运动。1924 年第二次直奉战争中战败。1926 年又和张作霖联合，进攻冯玉祥部国民军。同年被北伐军击垮，逃四川。"九一八"事变后，伏居北京。

的人们对此时的战争并无忧虑，继续深藏于九重宫阙之中。

10月初，吴佩孚率领大军直逼满洲大门——山海关。吴佩孚极为乐观，胜利攻入沈阳似乎指日可待。吴佩孚命令冯玉祥带领军队驻守古北口，这里是双方交战的一个战略要地，以防张作霖侧面出击。吴佩孚这一谋略并无什么差错，只是选派基督将军冯玉祥①担此重任，铸成了他一生中代价最昂贵的大错。

冯玉祥接到驻守古北口的命令后，于10月1日赶到古北口，心中怨恨吴佩孚，同时冯玉祥自恃实力已强大，却不管吴佩孚前线吃紧，坐观战局。10月21日，当吴佩孚正准备在沈阳庆功时，冯玉祥命令部队强行军，以昼夜200公里的行军速度，开回北京城，22日夜冯部进入北京城。吴佩孚受此一击，一蹶不振。

冯玉祥控制北京城后，10月26日，提出建国大纲的五条件，称：

> 民国以还，十有三年，干戈扰攘，迄无已时，祸国祸民，莫知所届。推原祸始，不在法文之未备，而在道德之沦亡。大位可窃，名器可滥。贿赂公行，毫无顾忌。借法要挟，树党自肥。天良丧尽，纲纪荡然。以故革命而乱，复辟而乱，护国护法而乱，制宪亦乱……

如此这般指陈民国以来13年的混乱，也是在军阀的电文上看惯了的。冯玉祥不同的是，自称武人，不谙治国，敦请孙中山先生北上，商讨时局。同时，很快组成一个摄政内阁。冯玉祥认为，在中华民国的领土内，甚至在首都，还有前清皇帝的小朝廷存在着，这不仅是个不合理的奇怪现象，而且给国人以至外国的许多野心家一个企图利用的旗号，主张彻底解决这

---

① 冯玉祥（1882—1948），字焕章，安徽巢县人。早年投军，北洋军阀时期曾任陆军旅长、师长和督军等职。1924年发动北京政变，改所部为国民军，自任总司令。1926年9月当国民革命军进抵武汉时，率部于五原誓师，宣布参加国民党。1927年任国民党第二集团军司令。后发动中原大战，反对蒋介石。1946年出国考察水利，死于回国途中。

种畸形现象，趁机除去这一污点，为民国除去一个后患。11 月 4 日，通过修正清室优待条件，其主要内容是：

　　一、大清宣统皇帝，即日废除皇帝尊号，享有中华民国国民法律上之权利与义务。

　　二、……

　　三、清室即移出紫禁城，自由选择住所，民国政府负责保护。

　　四、清室社稷之祭祀等项，民国政府设法处理之。

　　五、清室私产仍归私有，一切公产国民政府没收之。

　　5 日，溥仪被逐出紫禁城，交出玉玺，溥仪躲进了使馆区。大清皇室终于从紫禁城消失了，仍维持着一个皇帝尊号的溥仪，这次彻底被剥下最后一道皇帝的装饰，数千年的王朝时代终于沉入暗夜中去了。这场看来有些突然却又是命定的结局，也引起了一场不大不小的震动，以至于一些本主张变革的人也深感不平。

　　特别是新文化运动中的文学革命先锋胡适，也同情起宣统皇帝溥仪来。曾在 1922 年 5 月、1924 年 3 月，两次入宫面见溥仪的胡适，自有他的看法。他认为，对待清室的优待条件乃是一种国际的信义，条约的关系，可以修正，可以废止，但趁人之危，以强暴行之，真是民国史上一件最不名誉的事。胡适此言招来一班老友的斥责。

　　然而，基督将军冯玉祥的一场旋风，确确实实吹灭了千年明亮的帝王灯。

　　大清王朝在民国后苟延残喘了 13 年，终于是完全消失了，退入历史的陈列馆中，成了永恒的一段凝固的风景。在紫禁城的大殿上，在金水桥上，在红墙碧瓦的威严神色中，在那高高的龙椅上……讲述着一段帝王的传奇。凝固，凝固得让人生疑，以至于在这片凝固的风景上，至今还流传着许多似真非真、似假非假的故事……

帝王之灯确实该灭了。为点燃这盏灯，耗尽了多少民脂民膏。这盏灯的阴影中，又有多少权力的血腥，宫闱秽史；多少深处后宫终年甚至一生都见不了皇帝的怨女，终日甚至终生面对着被阉这一事实的宦官，而这些不男不女的人物，又制造了多少扭曲的悲剧……如果撰写一部《帝王灯》，也许从"始皇帝"到"宣统"，该是顺理成章的谢幕时刻了。从开"始"到宣布大"统"，这灯是到头了。甚至于在帝国的末年，皇帝已没有能力为帝国诞下龙种，同治、光绪、宣统，已经是不育的真龙，是该结束了。

帝王的梦虽然结束，登台的却是遍地土皇帝，成千上万个左手拿印把子、右手拿枪杆子的无冕帝王出现了，他们比起正经八百坐龙廷的帝王更荒淫、奢侈、无耻、残酷、恶毒、下流……直到1949年中国共产党才彻底收拾了这个酝酿皇帝梦的舞台。

第二章　东游日本，辗转台湾

公元 1924 年 10 月

民国十三年

东游。做嘴皮买卖

1924 年 9 月，辜鸿铭应朝鲜总督日本占领者斋藤实子爵之邀，前往朝鲜首都汉城。

1924 年 10 月，接受日本大东文化协会的邀请，漂洋过海。辜鸿铭对日本，有着始终不渝的好感。在日本，寄托了他对中国文化的梦想，有一段话，常挂在他嘴边——

自知国人目彼为痴汉，不容于中国。惟日人能予以同情。中国汉唐文明，卓立于当世。惜后为夷狄所蹂躏，仅在江浙边域，犹残存宋代文明。然彼退御蒙古之侵袭，以全国之日本，却完全继承唐之文化，迄今犹灿烂地保存着。是以极望日本能肩负发扬东洋文明之大任。

此次东去，正当北京城风雨飘摇，吴佩孚、张作霖拥兵山海关，冯玉祥驻军古北口。民国以来，嚣嚣之争，又浮尘上，国人命运，犹寄枪口之下。在一种不祥的宁静中，禁不住一丝微风的清室小朝廷，眼看将绝。辜鸿铭接到日本大东文化协会邀请他赴日讲学，穷居北平、困顿无聊的他欣然应邀，前往日本。

这是辜鸿铭第二次前往日本。这一次他身无政治使命，也无什么迫切的目标。对他来说，倒更像一次长途散心，一次旷日持久的聊天，一次向世界传扬他的学说他的主张的演讲。

此时到日本，他早已名扬海外，盛名如日中天，受到日本的热烈欢迎。他的这次访日，也不像唐代的鉴真和尚，到日本弘扬佛法，兴布大唐精神，历尽艰辛，几起几废，终残双目。他是到日本体证他心中的中国文化的魅力，宣讲他所证悟的中国文明。

在受邀赴日前，辜鸿铭即在日本大东文化协会主办的杂志《大东文化》7月号、9月号上发表文章《中国文明的复兴与日本》，文中称：

今天的日本人才是真的中国人，是唐代的中国人，那时中国的精神，今天在日本继续着，而在中国却已大部失传了。

并且声称：

中国文明的精神自元代以后，在中国本土就不复存在。为了保护这个文明，日本必须把复兴真正的中国文明引为自己的天职。

总之，辜鸿铭有一种一厢情愿的"东洋文化"情结，这个东洋文化不是指日本文化，而是与西洋相对的"东洋文化"，试图呼吁中日联合对抗西方强权。实际上，辜鸿铭的说法在某种程度上契合了日本的"大东亚"战略，而受到日本的欢迎，并在 20 世纪 40 年代，日本军国主义侵略正酣之时，再次受到日本的关注。

10 月，抵达日本后，以《何谓文化修养》发表第一场演说，演说中辜鸿铭首先表达了对于晚清、民国政治的看法，将晚清民国时代的政治主流戏谑地概括为以李鸿章、袁世凯为代表的"旧中国党"，以张之洞等清流派为代表的"真中国党"：

> 李鸿章……这个寡头政体的集团……是一个混账的、傲慢的、利己的寡头政治家组成的一个帮派。
> ……
> 袁世凯这一寡头政治集团不光混账、傲慢而且也是一个由唯利是图的地痞组成的集团。
> ……革命爆发了，于是北洋派无耻地背叛了皇帝，卑鄙地投到革命党的门下，这就是现今"旧中国党"的大体来历。
> ……
> 真中国党的开山祖是已故的张之洞总督……他们的目的是……将被李鸿章一类的混账、傲慢、利己的大官僚败坏了的中国从堕落中拯救出来。

辜鸿铭称康有为为"吹牛党"、孙中山为"乱嚷党"，联合为"新中国党"——

> 康有为……是"艺人"，靠卖文为生，当然真正的艺人是以卖艺为生的，但即便如此，他们也还称不上是了不起的艺人。

......

康有为一派虽然自称为"新中国党",实际上,不如叫他们"吹牛党"更为合适。

拳乱以后,以孙逸仙为大将的、应称为"乱嚷党"的新团体在中国各地发展起来,……"吹牛党"和"乱嚷党"乌合起来,自称"新中国党"。

辜鸿铭在演讲中称,战争、革命、混乱,都是由于缺乏教养,只有从无私、谦逊、简朴着手,提高自己的文化教养,才是关键所在。随后在东京、京都、大阪、神户、滨松等地巡回演讲。

远离中国后的他,绝非穷居北京椿树胡同的冬烘先生。他久居北京,深感北京的暮气。在北京,他以他奇异的举动令国人惊异,那是他的愤激之痛。对于军事独裁者们在嚣嚣之争中表现出来的自私、自负、自大的反感,他偏偏要以他的奇言奇行与他们作对,洗脚江湖,可惜却毫无用处,国人固我,奈苍生何!到日本讲学的他是清醒的,他对张之洞的看法,还可以说明他看到了中国时局的症结之所在。不管你是自命学西洋的技术,还是看不起西洋人的道德,事情自有他的逻辑,纺织机、枪炮快艇是带了它们的哲学来的。日本人却是早在 1850 年后即懂得了这一点,日本人有着盛唐文化的胸怀、见识。他的担忧,是在这样的时代,这样自私、愚昧、穷奢的军事独裁者们层出不穷的时代,良治的难以实现。

10 月 16 日,辜鸿铭在日本东京帝国旅馆的泛太平洋会发表公开演说,身着大红宁绸长袍、天青大袖方马褂、油光闪亮,唾液痰迹斑斑,一双双梁平底布鞋的辜鸿铭,头上拖了条杂以红丝线的灰白小辫子,戴一顶红结黑缎平顶饰以祖母绿的瓜皮小帽,站在讲台上,滔滔陈述,唇上颔下几绺长须时时颤动。台下座中,满是西装革履、头戴大礼帽的日本人士和中国留学生、记者。人人对这位异服的人物只有敬意,没有猎奇的意思。

在演讲中，辜鸿铭反复强调的内容，大意如下：

> 一、西洋人言性恶，因为性恶，则互相猜忌，互相攻伐，演成欧洲大战，为人类的浩劫。
>
> 二、中国人说"人之初性本善"，其不善的原因，是为物欲所引诱，主张四海兄弟，世界大同，是为王道。
>
> 三、日本今后，当致力于中国文化，讲求道德，研究王道，千万不可再学习欧洲的军国主义，扰乱东亚。

他在台上侃侃陈述，希望以中国文化的道德主义拯救时弊，忧愤之心溢于言表，而将日本人日益膨胀的军国主义归之于西洋人的影响，提出警告。不幸的是，他的警告，没有警醒日本人，却成了一种预言。日后的日本在军国主义的道路上越走越远，终引火自焚，他的这一警告竟成了谶语。

不久，北京发生的那场政变，吹灭了千年帝王的最后一点火星，辜鸿铭在日本即刻得到消息，然而这已是他意料中的事情。他反复强调中国文化，并非忠于清王朝而已，他曾说过：许多人笑我痴心忠于清室。但我之忠于清室非仅忠于吾家世受皇恩之王室——乃忠于中国之政教，即系忠于中国文明。

但毕竟他受了清皇的最后一道荣光，心中仍不免激起不小波澜，心中有几分酸涩，特别是深忧中国文明的前途，时局的纷扰，使他乐于在日本继续盘桓。没想到一生四处漂泊，到晚年仍捡起飘流作为良药，医治他对中国文明的期望而致的失望。远离中国，不论是苦涩，还是酸楚，终究可以安慰他心中的梦想，所谓眼不见心不烦。远离中国，毕竟可以使他再生起一种遥远的中国梦，一种在日本看到的新兴的中国梦，仿佛他早年梦想中的中国世界。

这一留下来，就是 3 年时间，四处发表演说，游览参观、考察日本的民情制度，对日本的看法，更持欣赏态度。

1924 年 11 月 16 日，辜鸿铭应在台湾的远亲辜显荣 ①（字耀星）的邀请，来台游历。辜显荣负责他的食宿一切费用。

早在 24 年前，章炳麟即来过台湾。14 年前，梁启超也来过台湾。而此时台湾已在日本人统治下达 31 年之久了，到处弥漫着日本气息，日本人刻意使台湾殖民化，看来已收到不小效果。台湾人民抗日的武力抗争早已被镇压下去，但此时受了第一次世界大战的影响，民族自主的政治思潮开始萌芽，特别是受了五四运动成功的刺激，寂静而毫无声息的台湾文学界，也正有一场翻天覆地的"新旧文学之争"。

辜鸿铭拖着辫子，不远千里来台，正当此际，比章炳麟、梁启超来台更受到台湾各界的瞩目。一到台湾后，辜鸿铭即马不停蹄，四处演讲，大肆宣扬孔孟之道和他的中国文化救世说，又成为台湾新旧文学之争中两派交攻的目标，既受到热烈欢迎，又受到猛烈攻击。

欢迎赞赏者在报上著文吹捧，其中有连雅堂在《台湾诗荟》上发表一篇文章，称：

> 辜鸿铭先生此次来台，颇多讲演，而其论断，多中肯綮。如引"学

---

① 辜显荣（1866—1937），鹿港人，读过汉学，字耀星。1884 年，辜显荣赴上海、南京等地开设商号，经营糖业。1888 年，因助平施九缎之乱有功，获赏五品军功。1892 年，再度赴上海、宁波等地经商，兼运售基隆煤炭等。甲午战争时曾与南洋大臣张之洞订约供煤。1895 年，中日签订马关条约割让台湾，遭到台湾军民的一致反对，日本派军舰武力接收，在高雄港强行登陆，并向台北进发。清廷命令台湾的朝廷命官集体撤回大陆，台北顿时陷入混乱，辜显荣受士绅之托，只身一人出城延请日军进入台北城，是当时台湾与日军合作的第一个人，这有确切的历史记载，因此辜显荣曾被骂为"汉奸"。
　　1896 年，任台北保良局长。1905 年，带 12 艘船参加日俄战争，巡视台海。1909 年被选为台中厅参事，获得经销鸦片之特权。1914 年，为台中烟草专员人。1918 年，第一次世界大战后因卖爪哇糖而获暴利。
　　1920 年，创立大和制糖。1922 年 2 月，辜显荣创办大丰拓殖株式会社，从事土地开垦、造林、红糖制造及米面、肥料的贸易业务，次年任台湾红糖协会名誉理事长，从此"大和"与"大丰"成为辜家事业的两大支柱。
　　1934 年，被选为日本贵族院议员。1935 年，到大陆见蒋介石，倡议日华亲善。

而不思刚罔，思而不学则殆”二语，谓今之旧学者，大都学而不思，而新学者又思而不学。又说：“大学之道，在明明德，在新民，在止于至善。”可为治国平天下之本，施之古今而不悖者也。

大力主张新文化的青年们则著文反驳，在《台湾民报》上发表了许多长篇宏论，其中有一篇《复辟之辜博士》，驳斥说：

> 其来台也，说其大有造于台人，要做台人思想之先导，而台人亦渴望其有以教之导之。吾不知其缘何以教之导之也。若以其思想以教导之，而其思想已陈腐不堪用矣。若以其东亚文明以导之，而东亚固有之文明，吾等已知之深，而识之熟矣，何由其导为？

特别针对辜鸿铭在台湾的演说中所说，欲统一中国必须武力，吴佩孚之失败，宣统帝之放逐，虽属遗憾，然必有反对之运动，而促复辟之成功也。作者反驳说：

> 其为中国人，中国之内容，中国人民之志向，岂亦不之识耶？在今日之中国，复辟可能再现，武力尚可期于成功与否？虽在中国之妇孺，亦已知其一二……何况为大名鼎鼎之辜博士乎？其发此言，乃梦想中之呓语耳。

另一篇《欢迎辜博士》中，作者以日本为例，驳斥辜鸿铭的看法：

> 日本以一蕞尔小国，跻至世界三强之一，实得力于西洋文明，而一班东洋学者，混淆事实，归功于东洋文明。这位老博士，就是此中的一人。不然，怎得一踏入日本之土，便连声说，东方文明之粹，尽集在日本，而日本人才是真正的中国人？这话至少可以来证明他

的意思，是说：日本有今日之盛，是存着东方文明所致的。

辜鸿铭对因他而起的这场战火，不置一词，仍四处发表他的演说，宣扬其中国文化救世论，发表他对中国时局的看法。他的辩才，语言天赋，令人敬佩。有一次，台湾殖民当局请他公开演讲，讲题是关于中国文化。

那天他那套辜记服饰一出现在台上，台下欢声如雷。他操一口流利的英语，滔滔陈述，讲的却完全是四书五经中的精妙处，口若悬河，弄得特意请来的教外国语教员的翻译，目瞪口呆，译不出一句话来。台下的人无不敬佩其语言天赋，特别是日本人。

辜鸿铭似乎一到国人的世界，又开始冬烘起来，鼓吹起中国文化中的躯壳——君主复辟之类，也许他是对中国的民众信心不足吧！也许他是要表现出一个外来者更中国气的意思吧？他总是觉得中国人现今是破落了，把自己文化的精粹拱手送人，留着些稗子自用。他对中国的前途总充满几分悲观，在他的思想深处，总忘不了他说过的那句话：

中国待将来之真正宪法，真正共和，真正总统，譬如河清之难俟。

并不是他不希望真共和，真宪法，而是他对中国时局伤心太过，退而求其次了，更何况真宪法，真共和就不要道德了吗？

演讲之余，辜鸿铭也常到咖啡厅，冲上一杯咖啡，悠然兀坐，找那里的招待女郎们，说些日本语，逗她们玩，常令她们笑不绝口。或者带着碧云霞四处观光。时而在辜显荣家的麻将桌上，一手持香烟，一手摸骨牌，口中妙语连珠，髭须颤动，令人绝倒。有人向他求字，他更是不假思索，慨然挥毫，一手左倾右歪、上下脱节的汉字书法，虽不能令人恭维，却也有几分稚趣，单看他写的"辜"，"十"与"口"之间有二三分阔的距离，就可令人绝倒了。

当时有位诗人，对他此次来台，心有所感，口占一绝——

辫发忠犹寄，齐眉愿竟虚。

还将尊王论，远布海东隅。

1925 年 4 月，辜鸿铭再次应大东文化协会的正式邀请，偕夫人与女儿还有可爱的碧云霞，前往日本各地作巡回演讲，周游日本列岛，甚至有了侨居日本的打算。不久，接到张作霖任政治顾问的邀请。

1925 年 6 月，辜鸿铭应张作霖函请作政治顾问而从东京来到东北。这时，胡匪出身的张作霖正得势，日本人与张作霖之间的利害关系复杂。张作霖野心不小，听说辜鸿铭的名头，便以厚礼函请。

辜鸿铭从日本东京赶来见到的正是这位掌控东北三省的"东北王"。辜鸿铭一身长袍马褂，拖着灰白辫子，来到张作霖府上。辜鸿铭见到的这位"东北王"，五短身材，一脸瘦削，唇上浓浓的一层髭须，原也普通，只是吊梢眉下的那一对眯缝着的眼睛，却像两把刀子。

张作霖见辜鸿铭一身清朝牌号的服饰，也有几分称奇，早得推荐，大名贯耳，岂知却是这等模样，也觉十分有趣，聊得倒也是不咸不淡。短时间内，张作霖与辜鸿铭见了四次面。最后一次见面，张作霖不再云遮雾罩，劈头就问："你能做什么事？"

辜鸿铭听到这句"你能做什么事"，一言不发，袍袖一拂，转身离去，再不兴作顾问之想。

1925 年 7 月中旬，返回日本，任大东文化学院教授，讲授东洋文化及语言学。日本的韵味，特别是古都东京的风貌，以及遍布日本的寺庙建筑等，一丝一毫、若不经意布局而成的著名园林，更是将中国文化发挥到极致，那种质朴、谦逊和无私的智慧，无不显露出来。在这里，辜鸿铭理想的中国文化梦得到了抚慰，让他的辉煌的中国文化世界梦得到了寄托。一批日本人对他的热情，则让他有了宾至如归的感觉。

就这样，辜鸿铭侨寓日本近 3 年时间。

第三章　终老户下

公元 1927 年

民国十六年

没有做成的山东大学校长

生命的余音

辜鸿铭赴日 3 年，虽然到处游历，四方演讲，他讲得快活，心情畅快，日本人也无比佩服，但毕竟讲得太多，日本人也就不如当初热情了。加之年届七旬，回首前尘，历历如梦，日本虽好，终非久留之地，遂有西归之意。

1927 年秋，辜鸿铭离开日本，由横滨乘船经台湾，然后回到北京。回到北京后不久，老妻淑姑去世，年迈的辜鸿铭历经尘世沧桑，似乎也成了尘外之人，辜鸿铭整日在家中翻阅经籍，接待访客，或者三五学子登门，他也谈兴大发。而大多时候，却是坐到院中，于冬日的积雪中待上一会儿，又回到书房去了。

此时的辜鸿铭更感寂寞，老成凋零，好友梁敦彦已于 1924 年列名鬼籍。伤心惨目之余，唯日坐书城，翻弄经传，间或吟诵几句弥尔顿的诗句，想想诗人晚年景状，心中寂寞酸楚时时泛起，深陷的眼眶中滚出几滴浊泪，诗句也就嘶哑难以吟出调子了，而他则是越来越爱弥尔顿失明后的诗作了。

辜鸿铭满怀沧桑，心思中华文化的豪情，只有一二古人可语了。

匆匆一冬已过，1928 年（民国十七年），南方国民党的北伐已直逼山东山西，战火纷飞，百姓哀鸣，国势不知前程如何？无辜人民正在刀尖上滴血，一帮争地盘、争官做的却视而不见。看来北洋军阀时代要过去了，却注定又有一批新的军阀们出掌政权。他们会起到良好的作用吗？谁知道？但他们似乎武装得更好，日后的势态证明，这是一帮更为能干的军事独裁者，绝不是什么政治家。

春天来了，椿树胡同十八号小院里的有名无名的花草又开始破土、发芽，抽出鲜嫩的叶片。那株老榆树经历了一冬的风霜雨雪，正带了新抽的嫩芽，精精神神地傲立于春风之中。

1928 年（农历年）初，张宗昌①决定委任辜鸿铭为山东大学校长。辜鸿铭本拟赴任，却因病未能成行。

1928 年 3 月底，辜鸿铭突然感冒，开始是头昏目眩、咳嗽连连，请了附近法国医院的医生来看，开了些药，吃下去却不见好转。继之以高烧，头脑里是一片混乱，往事历历现于梦中，一会儿是英国，一会儿又是槟榔屿故地，一会儿是张之洞府中……扰得他睡卧不宁，梦中时常惊呼："洋人看不起我们……"

辜鸿铭常常从惊呼中醒来，只有两位女儿珍东、娜娃和碧云霞姑娘陪侍在侧。

渐渐咳出的痰中夹杂着血丝，遍请京中西医，均诊断为肺炎。这在当时无疑宣判了死刑。医生们竭尽全力，也束手无策。中医也请来了，仍不见起色，眼见人一日一日地消瘦下去，最后竟咳出大口大口的血来，辜鸿铭却仍谈笑自若，视生死如儿戏。

一帮门生时常前来探访，带来日益激烈的战时消息，辜鸿铭强打精神与他们纵谈时局，末了，总一阵感喟："中国要有真宪法，真共和，真总统，譬若俟河之清……"

到了 4 月底，已是汤药不进、水米难下，眼见是气息奄奄了。重病期间，他常常让两个女儿轮流给他念弥尔顿的诗句……

---

① 张宗昌（1881—1932），北洋奉系军阀。字效坤，山东掖县祝家庄人。曾在陈其美、冯国璋门下任职，后投靠张作霖。1925 年，第二次直奉战争中，出任山东军务督办，从此独霸山东，成为以"祸鲁"著名的地方军阀，同时组织直鲁联军，自任总司令。此人贪财好色，姬妾无数，不学无术，倒自命风雅。1928 年 5 月被蒋介石、冯玉祥撵出山东，9 月其部被彻底消灭。1932 年，在济南车站遇刺身亡。

1928 年 4 月 30 日，辜鸿铭强打精神，在时昏时醒中望着一双女儿，心中无限感伤，对她们说："我最放心不下的就是你们二人，你们要好自为之啊！"

然后抚着两女的头良久不语，自知不久于人世的他怎放得下待字闺中的爱女？二人早已泣不成声，下午 3 时 40 分，辜鸿铭在迷迷糊糊中哼了句：

"名望、地位都不过是泡影，转瞬即逝……"

辜鸿铭终于闭上了眼睛，追寻他遥远的梦去了。在这个世界上，他不过是位过客。东西南北，来也匆匆，去也匆匆，现在他累了，哪儿也不去了。辜鸿铭去世后，溥仪特派人致祭，赐谥"唐公"。他的两位爱女伤心不已，将他的遗体，穿上全套崭新的清朝官服，把他那条发白的辫子夹杂着红丝线，细细编好，盖上棺木，按北京风俗葬了。为中国文化呼喊一生，大肆鼓吹之后，终于落葬于天朝古都，尘归尘，土归土，融入产生过辉煌的礼教世界的这方土地中，该是心满意足了吧？

尾声：帝国的最后一根辫子

辜鸿铭死了，死得正是时候，死得恰到好处。

在他去世的前一年，1927 年 6 月，同样痴心于中华文化的王国维留下一纸遗书："五十之年，只欠一死。经此世变，义无再辱。"然后投昆明湖去也。

如今辜鸿铭这一死，看不到北洋时代的结局，但也免了他见到一班新军阀有过之无不及的表演，倒也是死了干净，带着他那条长辫子和梦想永远休息了。

辜鸿铭的这根辫子留得实在不易，难怪他自诩为老大帝国的最后一根辫子了。

为了男人们脑后的这么一根长辫子，中国人流了多少血，遭了多少洋人的白眼？当初清军入主中原，为降伏千万汉人的灵魂，特下令"薙发"，在前额上薙那么一圈皮儿亮的头皮，其余部分任其自长，编成一根长长的辫子。素称"肢体发肤，受诸父母，不敢毁伤"的汉民族，为保那一头完整的黑发，不知掉了多少头，流了多少血……

渐渐地，辫子成了中华民族的一部分，当初用刀逼出来的辫子，油光滑亮地拖在脑后，已没了血腥，时间似乎洗涤了耻辱……

民国了，又开始剪辫子，这次虽没有流血，却有许多人抚着被剪了辫的头痛哭流涕，世情变幻，匪夷所思。难怪法国年鉴派史学主帅布罗代尔感叹："追逐时髦，乃人类进步的一种动力"，虽然他是悲观的。

辜鸿铭的那根辫子，得了他的洋气庇佑，无人敢碰，称了他的心愿，炫耀于民国十有七年。如今这根辫子随他一去，倒真是国中无辫了……

紧接着，1928年底老军阀又换了新军阀，全国飘扬起青天白日旗……

1929年，重新投入中国文化怀抱的梁启超也去了……

20世纪30年代，林语堂留学归国，出版《开明英文读本》和《开明英文文法》，在上海创办《人间世》杂志，专门为辜鸿铭出纪念号专刊，这也许是辜鸿铭寂寞身后的一点浪花吧。辜、林二位的著作在西方大行其道，而两人的成就却不可同日而语。20世纪30年代，旅居北京多年的英国学者鄂方智主教曾如此评价辜鸿铭：辜鸿铭虽然精通希腊文、拉丁文及英德法意各种文字，不过他还以英文的造诣最深。他用英文所写的文章，以英国人看，可以和维多利亚时代任何大文豪的作品相比……

往者已矣，汹涌的革命波涛一浪激了一浪……

革命成了最时髦的信仰。

传统成了陈腐的代名词。

旧物成了博物馆里的陈列品。

……

此刻，辜鸿铭不知魂飘何处，于寂无声息中，不露声色，摇动脑后的那根长辫，道声：呜呼哀哉，伏维尚飨！

附录1：辜鸿铭年谱

一八五七年（清咸丰七年丁巳） 一岁

大清王朝的门户已在 1840 年被英国人的大舰巨炮轰开。现在，英国、法国联军抵达香港，向广州城发起攻击，挑起第二次鸦片战争，擒获大清命官、两广总督叶名琛。

7 月 18 日（阴历闰五月廿七日），辜鸿铭生于南洋马来半岛西北侧的槟榔屿，名鸿铭，字汤生。

辜家原籍福建同安，此时移居槟榔屿已有四世，成为当地大族，社会地位高，财力丰裕。

自从曾祖父辜礼欢移居此地后，辜家成员散居四方。

祖父：辜龙池。

此时辜家成员：父亲辜紫云，母亲姓名不详。哥哥辜鸿德，辜鸿铭排行第二。

辜紫云在英国苏格兰人布朗先生的橡胶园担任总

管，深得布朗信任，交谊深厚。布朗先生认辜鸿铭为义子。

一八六三年（清同治二年癸亥）　七岁

历时十余载的太平天国起义进入末期，次年被彻底镇压。

日本人伊藤博文赴英国学习海军。

一八六九年（清同治八年己巳）　十三岁

辜鸿铭随布朗先生前往英国苏格兰首府爱丁堡，开始接受系统而又正规的西洋教育。一学便是 11 年。此时辜鸿铭用的名字是 KohHong-meng，辜鸿铭的闽南语拼音。

辜鸿铭的辫子在此时的爱丁堡成了唯一的民族主义嘲弄的对象，被孩子们追着喊"猪尾巴"。

一八七七年（清光绪三年丁丑）　二十一岁

严复到英国学习海军。

辜鸿铭顺利通过拉丁文、希腊文、数学、形而上学、道德哲学、修辞学等科目考试，获爱丁堡大学文学硕士。在爱丁堡大学学习期间，亲聆卡莱尔教诲，终身受其影响。

不久，赴德国莱比锡大学攻读土木工程。

一八七八年（清光绪四年戊寅）　二十二岁

辜鸿铭完成在莱比锡大学的学业，获土木工程师资格。旋赴法国巴黎大学进修法文，客居于一交际花家。

一八八〇年（清光绪六年庚辰）　二十四岁

辜鸿铭结束了长达 11 年的学习生涯，返回槟榔屿。此时他已修得一身本领：精通英语、德语、法语、希腊语、拉丁语等，除语言外，于文史哲、法商、理工、技艺诸门无所不学，亦无所不精，只是往后，其文名之盛没了他能。在《上德宗皇帝书》中自称："职幼游学西洋，历英、德、法国十有一年。"

不久，赴英殖民地新加坡担任公职。

适逢游学法国的马建忠返国，途经新加坡，两人会晤，一席长谈，在年长十余岁的马建忠的开导下，开始向往中华文化。立即辞去新加坡殖民地政府公职，返回槟榔屿家中。

立誓非小脚的女人不娶。

一八八一年（清光绪七年辛巳）　二十五岁

英国人马哈与科尔圭洪组织一支探险队，准备从槟榔屿起程，辜鸿铭应聘做翻译。到了广州，转往云南，正待穿越越滇缅边境时，本就以游历祖国山川为目的的辜鸿铭辞职离队，返回香港，住了三四年，继续钻研中国古书，尽得学海堂藏书而读之，窥其奥妙。

一八八三年（清光绪九年癸未）　二十七岁

8 月，法国通过《顺化条约》取得对越南的保护权，进一步把矛头指向清王朝。清王朝内部关于和战，争论激烈，李鸿章主和，左宗棠、张之洞等主战。

10 月 31 日、11 月 7 日，章鸿铭首次在上海出版的英文报纸 *North China Daily News*① 上发表匿名文章，题名为 *Chinese Scholarship*②。认为西方社会学者根本不了解中国文化。这成为他后来 40 余年的写作模式，不断向西方证明：他本人才是真正的中国权威，中国文化最起码和西方文化一样有价值。

---

① 《华北日报》，亦名《字林西报》。
② 《中国学》，意即西方之汉学。

一八八四年（清光绪十年甲申）　二十八岁

6月，法军进攻谅山。张之洞任两广总督，赴广州。

7月，法舰队进入福建水师基地马尾军港停泊。

8月27日，清政府对法宣战，张之洞派杨玉书前往福建侦探战情。

梁鼎芬入张之洞幕。弹劾李鸿章，被降五级调用。

赵凤昌任两广总督署文巡捕。

聘梁敦彦主管翻译电报。

蔡锡勇入张之洞幕。

一八八五年（清光绪十一年乙酉）　二十九岁

3月，老将冯子材指挥清军抗击法军，获得大捷，是为威震中外的镇南关大捷。

4月7日，清政府命令前线停战。

张之洞起用梁敦彦于电报生队列中。

杨玉书完成使命后，在返回广州的船上结识了辜鸿铭，大为称赏。回广州后与赵凤昌谈起，赵凤昌向张之洞推荐，张之洞即派赵凤昌前往香港迎请辜鸿铭。辜鸿铭到后，就任翻译委员，改订货单上的"土货"为"中国货"。订30余种外国报纸、500余种各国杂志。

张之洞练广胜军，辜鸿铭说服聘用的德国人柏庐欧、披次穿华服，接受官品顶戴，行拜跪半跪诸礼。

辜鸿铭改英文名为 Ku Hung-ming。

一八八八年（清光绪十四年戊子）　三十二岁

辜鸿铭如愿以偿，娶淑姑为妻。这淑姑恰有一双三寸金莲，知书识礼，乃深居闺房的千金小姐。

辜鸿铭大为感叹："到如今，方知小脚之妙……"

次年，娶日本大阪姑娘吉田贞子。

对于纳妾，辜鸿铭自有他的一套"众杯翼壶"理论，常常挂在嘴边。

一八八九年（清光绪十五年己丑）　三十三岁

11 月，张之洞调任湖广总督，交卸两广总督篆务。

12 月，张之洞带蔡锡勇、凌兆熊、梁敦彦、赵凤昌、辜鸿铭等赴湖广总督任。张之洞许为六君子。

一八九〇年（清光绪十六年庚寅）　三十四岁

4 月，张之洞筹建枪炮厂。

12 月，光绪帝接见各国使臣于紫光阁，各国使臣觐见之例遂定。

一八九一年（清光绪十七年辛卯）　三十五岁

9 月，炼铁厂开工兴建。

俄国皇储尼古拉来华游历，到武昌。张之洞于晴川阁宴请尼古拉。席上，辜鸿铭的语言天赋令尼古拉大为惊异，赠以镂皇冠之金表。后尼古拉到上海，在上海的欧美侨民中将辜鸿铭的声名传扬开来。

一八九二年（清光绪十八年壬辰）　三十六岁

4 月，湖广总督张之洞查办湖南长沙民间刊布之"灭鬼歌"，及攻击耶稣教之揭帖、图画。

辜鸿铭就教案纷起，特撰英文专论，送刊上海《字林西报》，伦敦《泰晤士报》摘要并加评论登载。

湖北枪炮厂聘洋专家，辜鸿铭怒赶假洋专家，请来德国专家福克斯。

一八九四年（清光绪二十年甲午）　三十八岁

5 月，朝鲜爆发东学党起义。请求清政府派兵协助镇压。日本也借口保护侨民准备出兵朝鲜。

7月23日，日本人闯入朝鲜王宫，劫持朝鲜国王，建立傀儡政权。

7月25日，中日舰队发生大战，是为甲午海战。紧接着战争全面爆发。

8月1日，清政府正式宣战。

张之洞为筹款派辜鸿铭到上海向德华银行借款，不取回扣，显示出廉洁的品性。

一八九五年（清光绪二十一年乙未）　三十九岁

2月，北洋舰队全军覆没。

3月，陆上清军全线崩溃。

张之洞让辜鸿铭翻译西方报纸，辜鸿铭说："虽上谕来，我亦不译。"

一八九八年（清光绪二十四年戊戌）　四十二岁

严复翻译的《天演论》出版。

3月，张之洞写定《劝学篇》。

6月，光绪帝下"明定国是"诏，宣布变法。

9月，慈禧发动政变，变法失败。

辜鸿铭英译《论语》出版，英文名称：*The Discourse and Sayings of Confucius：A Special Translation With Quotations from Goethe and Other Writers*。

伊藤博文来华，戊戌变法后南游武昌，与辜鸿铭相见。伊藤博文诘难他，说："孔子之教乃数千年前……"

辜鸿铭答之："孔子之教好比三三如九……"意思是孔教超越时空，是永恒真理。

一九○○年（清光绪二十六年庚子）　四十四岁

6月，义和团杀日本使馆书记生杉山彬及德国使臣克林德。清政府对各国宣战，张之洞筹划东南互保。

8月，清政府先后杀了反对利用义和团对外宣战的许景澄、袁昶等数人。

8月14日，联军攻入北京。

辜鸿铭于6月奉张之洞命赴上海，谈判"东南互保"有关事宜，达成东南互保协议，完成使命。

义和团运动中，辜鸿铭在《日本邮报》上发表英文系列政论。第一篇文章即题名为《关于中国人民对太后陛下的人格和权威的真挚感情的声明》，劈头便称此文得到张之洞、刘坤一两位总督的授权。文中，辜鸿铭针对康当时对慈禧太后的批评，为慈禧太后和义和团辩护。系列政论命名为《尊王篇》。

此外，又撰写《尊王篇释疑解惑论》，载于上海《字林西报》等报刊，针对康有为等对慈禧的抨击，力予辩驳，并吹嘘说："惟皇太后不偏不倚，允执厥中。"

一九〇一年（清光绪二十七年辛丑）　四十五岁

9月7日，《辛丑和约》签订。慈禧太后宣布变法。

辜鸿铭将义和团运动以来，陆陆续续在《日本邮报》等报刊上发表的英文系列政论，结集成书，定名《尊王篇——一个中国人对义和团运动和欧洲文明的看法》，英文书名 *Papers from a Viceroy's Yamen: A Chinese Plea for the Caune of Good Government and True Civilization*，直译为《来自总督衙门的论文》。赵凤昌题写书名。

开始发表《中国札记》。

一九〇二年（清光绪二十八年壬寅）　四十六岁

11月29日，慈禧太后生日，举国欢庆万寿节，大唱《爱国歌》。

张之洞的湖广总督署也正热闹非常，喜气洋洋，《爱国歌》歌声不断。

辜鸿铭却口占歪诗一首：天子万年，百姓花钱。万寿无疆，百姓遭殃。

一九〇三年（清光绪二十九年癸卯）　四十七岁

清政府成立商部，改革军制，成立练兵处。继李鸿章后担任直隶总督兼北洋大臣的袁世凯大肆练兵，直到1905年，练成六镇新军，成为最大的官僚军阀。

4月，张之洞连同辜鸿铭、梁敦彦奉旨入京，5月抵达北京。本想将封疆大吏收入京师的清政府诏张之洞入京，也无别意，随便让他会商学务，厘订学堂章程。

辜鸿铭第一次到北京，得见天朝帝都风范，与梁敦彦大发感叹。

随张之洞到天津面见袁世凯，辜鸿铭将袁世凯大为讥刺一番，算是一难袁世凯了。

一九〇四年（清光绪三十年甲辰）　四十八岁

2月，日、俄在中国东北发动战争，清政府宣布中立。

7月，英军入侵西藏，入拉萨。

如夫人吉田贞子去世。贞子为辜鸿铭生了他唯一的一个儿子——辜守庸。

据日本1925年出版的《辜鸿铭讲演集》收录的《关于政治经济学的真谛》演讲中称：35年前遇到大阪来的仙女，相随18年去世，"临死前，她还将我托付给她最亲密的中国姑娘，在这姑娘成为我的妻子之后，她走了。"不过，从目前所见资料看，辜所娶原配当为淑姑，演讲中所称恐不可据。另，贞子乃侨居武汉，因此辜鸿铭娶贞子当在随张之洞入湖广后，时在1889年，恐其所谓18年亦有误，从1889年至1924年这倒切合35年前之说。在英译《中庸》1906年上海别发洋行正式出版之扉页上有："特以此书志念我的妻子吉田贞子。"因此辜鸿铭所谓"相随18年"之说有误，恐当是"15年"。

张之洞派辜鸿铭前往上海，谈判有关浚浦事宜。《辛丑条约》中关于浚浦的协议，此时已提上日程，因规定中有损国家主权，所以重新谈判。

日俄战争爆发后，辜鸿铭在《日本邮报》上发表一系列关于日俄战争的文章，为亚洲民族主义高呼呐喊。同时于《日本邮报》上连续刊载英译本《中庸》。

一九○五年（清光绪三十一年乙巳）　四十九岁

5月，诏自丙午年为始，停止乡会试，生童岁科考亦停，一切士子皆由学堂出身，一千余年之科举制度，至此遂废。

9月，清政府派载泽等五大臣出洋考察宪政。日、俄签订和约，俄国将在南满攫得之利权转让与日本。

浚浦谈判成功，9月签订《改订修治黄浦河道条款》，收回主权，上海道即聘辜鸿铭为督办，辜鸿铭来到地处九江路东口洋房的浚浦工程局上任。同时，将贞子棺木移葬上海。

从1901年起分5次发表的《中国札记》登载完毕，继续著文评论日俄战争。

汉英对照的《痴汉骑马歌》由商务印书馆出版。

一九○六年（清光绪三十二年丙午）　五十岁

7月，清政府宣布预备立宪。

将英译《中庸》印成单行本问世，赵凤昌题写书名，英文书名 *The Conduct of Life*，意为一生的行为。

3月，辜鸿铭将他写的一篇关于日俄战争的文章——《当今，帝王们，请深思！论俄日战争道义上的原因》，并将此文和《尊王篇》一起，通过俄国驻上海领事寄给俄国作家列夫·托尔斯泰。

8月，托尔斯泰以他的著作译本相赠。

10月，托尔斯泰致辜鸿铭一封长信，托翁此信很快发表在德国的《新自由报》、法国的《欧罗巴邮报》上。据说托翁临逝世时称他自己一生著述"皆不足道。余以为最有价值者，复中国人某一书而已"。此信收录在《托尔斯泰集》卷七十六中。

另外，辜鸿铭还译有《大学》一书，但未刊行，据他说："拟将《大学》《中庸》二书译本合并出版，但《大学》一书之译文尚未臻理想之标准。"这也是他强调的严谨态度。他是这样说的，"吾之目的，不仅在译出原书之资料，而且在译出原文之风格。"

王国维在上海《教育世界杂志》上发表《书辜氏汤生英译〈中庸〉后》，对其译作进行批评。二十年后，王国维重订发表此文称："辜君雄文卓识，世间久有定论。"

一九〇七年（清光绪三十三年丁未）　五十一岁

7月，张之洞补任协办大学士，接着又授大学士，充体仁阁大学士，虽无宰相之名，却有宰相之实。

9月，张之洞补授军机大臣，中旬入京，兼管学部。

一九〇八年（清光绪三十四年戊申）　五十二岁

11月，光绪、慈禧于两日内相继去世，溥仪继位，是为宣统帝。

托尔斯泰八十大寿，辜鸿铭以中国文艺界名义发去贺辞。

浚浦事务期间，张之洞荐辜鸿铭入外务部。

辜鸿铭到北京后，应诏条陈，谴责袁世凯为"小人办外事"，是为二骂袁世凯。

辜鸿铭查出负责黄浦江疏浚工程的两名洋员冒领16万两银子，力主严惩。

一九〇九年（清宣统元年己酉）　五十三岁

1月，张之洞阻止杀袁世凯，袁世凯辞归故里。

10 月 4 日，张之洞病逝，谥文襄，晋赠太保。

辜鸿铭著书追念张之洞。

一九一〇年（清宣统二年庚戌）　五十四岁

2 月，命满、汉文武诸臣一律自称为臣，满员不得再自称奴才。

辜鸿铭以"游学一等"获赏文科进士，同榜文科进士有严复、伍光建、王劭廉等。

深感无所作为，辞去外务部及督办浚浦局职，任南洋公学校长。

同时，在上海出版两种著作：《张文襄幕府纪闻》①《中国的牛津运动》②。

一九一一年（清宣统三年辛亥）　五十五岁

4 月，黄兴等起义于广州。

9 月，四川成立保路同志会。

10 月 10 日，武昌新军起义。

辜鸿铭大发议论，指责起义后，辞去南洋公学校长职。

改订《中国的牛津运动》一书。

德国人卫礼贤翻译的《中国的牛津运动》一书在德国耶拿出版，定名为《为中国反对欧洲观念而辩护：批判论文》，后成为德国哥廷根大学哲学系必读书。

一九一二年（民国元年壬子）　五十六岁

2 月，清帝退位。中华民国成立。

辜鸿铭辞南洋公学校长职后，生活窘迫。这一年，常往返于上海、青岛、

---

① 中文版，自序署"汉滨读易者"，云："作易者，其有忧患乎！"自署时间为"宣统庚戌中秋"。

② 英文版，英文名 *The Story of a Chinese Oxford Movement*。

北京等地。

一九一三年（民国二年癸丑）　五十七岁

袁世凯正式就任中华民国大总统。

辜鸿铭受复辟人士委托前往日本游说政府。辜鸿铭游说日本不成，回国到青岛，看望在青岛学习的儿子辜守庸。旋赴北京，担任五国银行团翻译，开价年薪六千元。

一九一四年（民国三年甲寅）　五十八岁

第一次世界大战爆发。

月薪 350 银圆为陈友仁的《京报》每天写一篇专稿。

一九一五年（民国四年乙卯）　五十九岁

袁世凯组织筹安会，积极活动，阴谋复辟帝制，称帝。

12 月，袁世凯正式推出帝制，接受百官朝贺，大加封赏，下令改明年为"中华帝国洪宪元年"，准备于元旦正式登上皇帝宝座。

在大战的硝烟中，辜鸿铭出版《春秋大义》，梁敦彦题书名，英文版，名为 *The Spirit of the Chinese People*，意为中华民族的精神。书中批评西方文明，宣称："作为一种道德力量，基督教已经无效"，鼓吹东方文明救世说。

一九一六年（民国五年丙辰）　六十岁

袁世凯做了八十三天皇帝，在一片唾骂声中死去。

辜鸿铭在袁世凯的三日致哀期中，公然违背当局不准娱乐的命令，大宴宾客，请戏班，狂欢三日，是可谓三骂袁世凯。

《春秋大义》的德文版出版，由 Oscar A. H. Schmitz 翻译，德国燕那出版，定名为《中国精神与战争出路》。

一九一七年（民国六年丁巳）　六十一岁

1 月，蔡元培在 1916 年 12 月被任命为北京大学校长后，到校就职。

7 月 1 日，张勋等拥立溥仪复辟。3 日，段祺瑞于马厂誓师，通电讨逆。12 日，张勋逃入荷兰使馆，复辟失败。

8 月，段祺瑞政府向德国宣战。

辜鸿铭应蔡元培聘，执教北大，主讲英文诗。

沈曾植推荐辜鸿铭入张勋复辟所设外务部，此时外务部尚书是梁敦彦，复辟失败后，梁敦彦逃到荷兰使馆，辜鸿铭仍执教北大。

著《义利辩》，警告段祺瑞政府不要参战。

丹麦文艺评论家勃兰兑斯撰《辜鸿铭论》。

一九一八年（民国七年戊午）　六十二岁

第一次世界大战结束。

3 月，段祺瑞指使徐树铮等成立"安福俱乐部"，操纵国会选举。

7 月，安福系国会开会。

辜鸿铭大骂贿买选票者。

辜鸿铭卷入是非之中，杜亚泉于《东方杂志》上著文介绍辜鸿铭，新文化运动主帅陈独秀率先发难，送了他一顶"君主论者"的帽子。辜鸿铭置身局外，不置一词。

一九一九年（民国八年己未）　六十三岁

1 月，帝国主义列强分赃的巴黎和会开幕。

2 月，林纾发表文章，攻击新文化运动。

3 月，辜鸿铭再得一顶"复辟论者"的帽子。林纾在《公言报》上发表了《致蔡鹤卿太史书》，蔡元培登出《致〈公言报〉函并附答林琴南君函》加以驳斥，称"本校教员中，有拖长辫而持复辟者"。五四运动中，在北大挽留蔡元培中，辜鸿铭大发高论。

4月，巴黎和会通过决议，否决中国提出的取消帝国主义列强在华特权等，并决定将德国在山东的权利移交给日本。外交上的这一失败，导致五四运动爆发。

5月，五四运动爆发。

8月，胡适在《每周评论》上刊出一段随感，称辜鸿铭"久假而不归"。辜鸿铭得到第三顶帽子。

辜鸿铭冷眼旁观，漫不经心，分别于七八月，两次在上海《密勒氏远东评论》上发表文章，反对新文化运动。文章题目是：《反对中国文学革命》《留学生与文学革命》。

一九二〇年（民国九年庚申） 六十四岁

辜鸿铭在美国《纽约时报》上发表题为《没有文化的美国》，称美国除了爱伦·坡的一行诗外，没有文学。

张勋66岁生日，撰联贺寿，其联曰：荷尽已无擎雨盖，菊残犹有傲霜枝。

英国作家毛姆登门拜访，录情诗两首相赠。

德国莱比锡市①出版《怨诉之音》②，此书是汇集几篇论文的合刊，原名用拉丁文"Vox Clamatis"，加上前几种著作的出版，使辜鸿铭在德国以及整个西方的影响都极大。在德国还成立了"辜鸿铭研究会"。

一九二一年（民国十年辛酉） 六十五岁

接受日本作家芥川龙之介的采访，与芥川大谈时局，自称"老，老，老……"，所以不问政治。

---

① 旧译莱卜市。
② 亦译作《呐喊》。

一九二三年（民国十二年癸亥）   六十七岁

1月，北京大学校长蔡元培因教育总长彭允彝克扣教育经费，无理撤换法专、农专校长，提出辞职。北京大学掀起了"挽蔡驱彭"运动。19日北京学界数千人赴众议院请愿。被反动军警打伤多人，造成流血惨案，激起全国学界的愤慨，形成了全国性的驱彭运动。

5月，山东临城发生以孙美瑶为首的土匪劫车案，劫持豪华列车"蓝色特快"，带走300名乘客，包括30名白人。

7月，蔡元培重赴欧洲。

辜鸿铭在蔡元培辞职后，与蔡同进退，辞去北大教职。编了一首英文歌《孙美瑶之歌》。不久就任日本人在北京办的一家英文报纸的主编。

一九二四年（民国十三年甲子）   六十八岁

4月，印度诗人泰戈尔来华访问，在上海、南京、北京等地讲学。7月，取道日本回国。

辜鸿铭与泰戈尔会谈，并在清华大学工字厅合影，合影的还有徐志摩等。

5月，梁敦彦死于北京。

9月，第二次直奉战争爆发。

10月，应日本大东文化协会的邀请东游日本，四处演讲，宣扬中华文明，先后待了3年。

林纾病逝，终年72岁。

11月，冯玉祥将清朝废帝溥仪驱逐出宫。辜鸿铭应远亲辜显荣邀请，到台湾游历，鼓吹中国文化，间或鼓吹复辟，有诗为证：辫发忠犹寄，齐眉愿竞虚。还将尊王论，远布海东隅。

一九二五年（民国十三年乙丑）   六十九岁

张作霖函请辜鸿铭任政治顾问。

6月，由日本前往东北，未就任顾问。

7月，返回日本。

一九二七年（民国十六年丁卯）　七十一岁

2月，蒋介石阴谋在南昌另立中央。北伐军占领浙江。

3月，武汉国民政府正式成立。

6月，奉系军阀张作霖在北京组织军政府，自称陆海军大元帅。

8月，张作霖决定解散北京大学，改办京师大学校。

辜鸿铭回国，居于北京。

一九二八年（民国十七年戊辰）　七十二岁

张宗昌聘辜鸿铭为山东大学校长，拟赴任，因病未成行。

3月，辜鸿铭患肺炎。

4月30日，辜鸿铭去世。清逊帝溥仪派员致祭，赐谥"唐公"，赐匾额"含谟吐忠"。

临死前，将在清末所著奏疏、条陈与域外政制等文结集，由罗振玉润色并作序，题作《读易草堂文集》。此外，还曾著有中文著作《辑蒙养弦歌》。

辜鸿铭毕生最大的成就是向西方介绍中国典籍，作为第一位做这种工作的人而载入史册。勃兰特夫人感慨说：

"辜鸿铭死了，能写中国诗的欧洲人却还没出生！"

西洋人是引他为同类的。

附录 2：参考资料

1. 辜鸿铭著《张文襄幕府纪闻》，收录于《清人说荟》，上海文艺出版社，1990 年影印。

2. 辜鸿铭译《痴汉骑马歌》，收录于《中国近代文学大系·翻译文学集》，上海书店，1990 年。

3. 辜鸿铭著，黄兴涛等编译《辜鸿铭文集》，海南出版社，2000 年。

4. 王国维著《书辜氏汤生英译〈中庸〉后》，见王国维著《静庵文集续编》，商务印书馆，1940 年石印。

5. 罗振玉著《外务部左丞辜君传》，收录罗振玉著《辽居乙稿》，辛未年（1931）刊印。

6.〔英〕庄士敦著，淡泊/思齐译《紫禁城的黄昏》，紫禁城出版社，1991 年。

7. 赵尔巽《辜汤生》，见赵尔巽等撰《清史稿》，中华书局，1998 年。

8. 胡适著《记辜鸿铭》，刊《大公报》文艺副刊，

1935 年 8 月 11 日。

9. 周作人著《知堂回想录》，香港三育图书文具公司，1974 年。

10. 平佚著《中西文明之评判：译日本杂志〈东亚之光〉》，《东方杂志》，第 5 卷第 6 号。

11. 伧父著《答新青年杂志记者质问》，《东方杂志》第 15 卷第 12 号。

12. 吴宓著《悼辜鸿铭先生》，刊《大公报》，1928 年 5 月 7 日。

13.《时人汇志——辜鸿铭》，刊《国闻周报》，1927 年第 4 卷第 44 期。

14. 贾逸君著《辜鸿铭（1856—1928）》，见贾逸君编《中华民国名人传（下）》，北平文化学社，1932 年。

15. 惜阴著《国学辜汤生传》，刊《人文》，1931 年第 2 卷第 4 期。

16. 嗣銮著《辜鸿铭在德国》，刊《人间世》，1934 年第 12 期。

17. 语堂著《辜鸿铭》，刊《人间世》，1934 年第 12 期。

18. 孟祁，陈昌华著《记辜鸿铭翁》，刊《人间世》，1934 年第 12 期。

19. 陈昌华著《我所知道的辜鸿铭先生》，刊《人间世》，1934 年第 12 期。

20. 震瀛著《记辜鸿铭先生》，刊《人间世》，1934 年第 12 期。

21. 震瀛著《补记辜鸿铭先生》，刊《人间世》，1934 年第 12 期。

22. 袁振英著《辜鸿铭先生的思想》，刊《人间世》，1934 年第 12 期。

23.〔俄〕列夫·托尔斯泰著，味荔译《与辜鸿铭书》，刊《人间世》，1934 年第 12 期。

24.〔丹麦〕Geory Brandes（勃兰兑斯）著，林语堂译《辜鸿铭记》，刊《人间世》，1934 年第 12 期。

25.〔英〕W.Somerset Maugham（毛姆）著，黄嘉音译《辜鸿铭访问记》，刊《人间世》，1934 年第 12 期。

26.〔英〕毛姆著，陈寿庚译《在中国屏风上·哲学家》，湖南人民出版社，1987 年。

27.〔日〕芥川龙之介著，夏丏尊译《中国游记》，见《芥川龙之介集附录》，开明书店，1927 年。

28.〔日〕宗方小太郎著《宗社党的复辟活动》，见《近代史资料》，1982 年第 2 期。

29.蔡冠洛著《辜汤生》，载蔡冠洛编纂《清代七百名人传》，世界书局，1937 年。

30.夏敬观著《辜汤生传》，刊《国史馆馆刊》，1948 年第 1 卷第 2 期。

31.姜文锦著《辜鸿铭与林语堂》，刊《"中央日报"》，1950 年 9 月 22 日。

32.文烂著《辜鸿铭先生来台琐闻》，刊《"中央日报"》，1952 年 8 月 13 日。

33.杜滤水著《林纾严复辜鸿铭》，刊《"中央日报"》，1954 年 12 月 13 日。

34.王理瑛著《一代奇才辜鸿铭》，刊《"中央日报"》，1956 年 7 月 4 日。

35.瞿立恒著《辜鸿铭》，载张其昀等著《中国文化综合研究》，中华学书院，1971 年。

36.《辜汤生（1857—1928）》，刊《传记文学》，1973 年第 2 卷第 4 期（刘绍唐主编《民国人物小传》第 1 册收录，传记文学出版社，1975 年）。

37.叔子著《漫笔辜鸿铭》，《人物》杂志，1981 年第 1 期。

38.沈来秋著《略谈辜鸿铭》，刊政协全国委员会文史资料委员会编《文史集萃》第 4 辑，文史资料出版社，1984 年（《福建文史资料选辑》第 5 辑，1981 年）。

39.吴相湘著《辜鸿铭》，载吴相湘著《民国百人传》（第一册），传记文学出版社股份有限公司出版，1982 年。

40.吴文著《托尔斯泰与辜鸿铭》，刊《明报月刊》，1983 年 1 月（总 205 期）。

41. 马伯援遗稿《民初人物印象记（辜鸿铭）》，刊《传记文学》，1984年第44卷第5期。

42. 谭慧生著《辜鸿铭》，载《民国伟人传记》。

43. 邵镜人著《辜汤生》，刊《近代中国史料丛刊续编》第95辑（总950），台湾文海出版社，该丛书1966年开始陆续出版。

44. 程光裕著《辜汤生》，载华侨协会总会编撰《华侨名人传》，台湾黎氏文化事业公司，1984年。

45. 兆文铭著《辜鸿铭先生对我讲述的往事》，全国政协文史资料研究委员会编《文史资料选辑》（总108辑），文史资料出版社，1986年。

46. 陈颐著《民国奇才交往录》，台湾圣文出版社，1989年。

47. 梁实秋著《梁实秋怀人录》，中国广播电视出版社，1991年。

48. 凌淑华著《爱山庐梦影》，北京广播学院出版社，1993年。

49. 朱维铮著《辜鸿铭生平及其他非考证》，刊《读书》，1994年第4期。

50. 王邗华、梁立成、袁廷玉著《民国名人罗曼史》，江苏古籍出版社，1996年。

51. 陈石孚著《我所认识的林语堂——一些片段的回忆》，刊《华学月刊》，第34期。

52. 秦立德著《文坛怪杰辜鸿铭》，刊《今日名流》，1994年第5期。

53. 黄兴涛编《旷世怪杰——名人笔下的辜鸿铭》，东方出版中心，1998年。

54. 〔美〕艾恺著《世界范围内的反现代化思潮》，贵州人民出版社，1991年。

55. 王明根主编《辛亥以来人物传记资料索引》，上海辞书出版社，1990年。

修订再版后记

　　此稿成于 20 余年前。

　　1994 年，我在四川省图书馆管理古籍图书时，在《读书》杂志上看到朱维铮先生的一篇关于辜鸿铭的文章，觉得此人十分有趣，遂留意其生平有关资料。材料搜集多了，深感此人奇言异行更觉有趣，却发现找不到能够完整介绍此人事迹的材料，因而就想花些时间写个传记性的东西。

　　动笔到完成稿件，有一月余（1994 年 10 月至 11 月间）时间。时，妻怀孕已五月余。

　　1996 年，机缘巧合，得以出版，距今已 20 余年，吾与妻也是年过半百了，小女也已成人。时光如梭，令人慨叹。

　　书一出版，就是遗憾，这大约是常态。此书出版后，新资料频出，特别是黄兴涛先生着意搜罗、编译大量辜氏作品，材料愈加丰富，愈觉得有修订之必要。

于是颇做校正，订正误植，改正错讹，在所不免，而未再印。

2019 年 2 月，团结出版社赵真一编辑来电联系出版事宜，于是以近半月时间，更做详细订正，部分章节也做了些调整，然全书结构则基本保持原貌；文中引语未以注释形式注明，殆因此稿主旨为介绍辜鸿铭生平言行及传奇事迹，主要参考、引用资料以附录形成列出，识者谅之。

本书得以修订再版，在此要对赵真一编辑及团结出版社致以深挚的谢意。

是为记。

严光辉

2019 年 3 月 7 日